本书获“中国建设银行厦门分行——厦门大学中青年教师培养基金”资助

中国古代建筑抗震

张鹏程　赵鸿铁　著

地震出版社

图书在版编目（CIP）数据

中国古代建筑抗震/张鹏程　赵鸿铁 著. —北京：地震出版社，2007.12（2009.3 重印）
ISBN 978-7-5028-3090-8

Ⅰ.中…　Ⅱ.①张…　②赵…　Ⅲ.木结构-古建筑-抗震结构-研究-中国
Ⅳ.TU366.2　TU352.1

中国版本图书馆 CIP 数据核字（2007）第 083227 号

地震版　XT200900014

中国古代建筑抗震

张鹏程　赵鸿铁　著

责任编辑：王　伟

责任校对：孙铁磊

出版发行：地震出版社

北京民族学院南路 9 号　　邮编：100081
发行部：68423031　68467993　　传真：88421706
门市部：68467991　　传真：68467991
总编室：68462709　68423029　　传真：68467972
工程图书出版中心：68721991
E-mail：68721991@sina.com

经销：全国各地新华书店

印刷：北京地大彩印厂

版（印）次：2007 年 12 月第一版　2009 年 3 月第二次印刷

开本：787×1092　1/16

字数：307 千字

印张：12

印数：501～3500

书号：ISBN 978-7-5028-3090-8/TU·239（3817）

定价：36.00 元

序

中华民族具有五千年的悠久历史。中国古建筑是中华文明中重要组成部分，也是世界文化宝库中一颗璀璨的明珠。对古建筑及其文物的发掘与研究，无论是对历史、文化、建筑、艺术、宗教，乃至政治、经济及社会学的研究和发展都具有深刻的意义。因此现存的中国古建筑是国之瑰宝，也是世界的重要财富。深入地发掘与研究古建筑及文物古迹对传承与发扬中华民族的优良传统，激发国民的爱国主义精神，增强民族凝聚力，无疑具有重要的社会意义。

中国古建筑代表着东方文化，与西方古建筑相比，无论是结构形式、结构体系、建筑用材与建筑艺术等各方面都有很大的差别，而具有其独特的风格。广义地讲包括殿堂、楼阁、寺院、民居、古塔、长城、城墙、桥梁等等，采用不同的材料与结构形式，但是以木结构居多，约占50%以上。如从狭义的讲，在房屋建筑类中，古建筑90%以上均为木结构承重。因此我们首先主要研究中国木结构古建筑就更具广泛性与实际意义。

由于几千年来的战乱、列强豪夺、地震、自然风化等天灾与人为破坏，大量古建筑及文物古迹已荡然无存，而古建筑是不可再生的重要历史资源与文化资源，因此如何能使现存的古建筑及文物妥善保护，永远地传承下去，是我们科技工作者不可推诿的历史责任与义务。近代已有许多爱国学者在发掘与研究古建筑方面做了大量工作。以朱启钤、梁思成和刘敦桢先生等为代表的营造学社，通过大量的历史搜集和实物考察、调查，进行了深层次的研究，他们花费了毕生的精力潜心研究与大声疾呼，为保护古建筑作出了杰出的贡献。但是进行古建筑研究的学者，大都为建筑史专家与建筑学专家，他们主要从建筑构造、建筑形式及建筑艺术等方面进行研究。可是要使现有古建筑永远的传承下去，根本上还必须从建筑结构方面进行研究，首先要保证古建筑结构的安全性，才不致使古建筑遭到严重破坏。虽然有许多结构专家与工程技术界人士在古建筑结构方面进行了一些试验研究，但他们大多数是针对某个古建筑的某种破坏与加固进行了一些局部的试验研究与加固修复，尚很少有学者对古建筑结构进行基础性的、系统的、全面的、整体性的试验与研究。因此本课题组在国家自然科学基金、陕西省自然科学研究计划及陕西省重点实验室基金的支持下立志对中国古建筑开展全面系统的基础性研究，从根本上保证古建筑安全性。

如前所述，中国古建筑以木结构体系为主，它与西方古建筑与现代建筑有着完全不同的结构体系与构造方法。其结构受力分析与抗震性能也完全不能生搬硬套现代结构计算方法。例如木结构殿堂（大量民居亦类似）由台基、柱架、铺作层及屋盖等四部分构成。柱浮搁于础石，不仅是简单的铰接，而且有着明显的隔振作用；柱、枋（梁）等均为榫卯连接，既能抵抗弯矩，又能发生挤压变形而产生部分转动是半刚性连接，并具有明显的耗能作用；铺作层斗栱本身是一个多向“铰”，它搁置于枋上，既有隔震作用，又能产生塑性变形耗能；硕重的屋盖不仅在艺术造型上有独特的风格，其实是保证房屋整体稳定所必需的。这些独特的构造方法与结构形式，不仅构成了完美的建筑造型，而且形成了一组多重隔震、减震的复杂而合理的结构体系。正因为结构与抗震性能的合理、科学，所以许多中国古建筑历经几百年甚至千年以上的风霜，历经多次大地震能依然屹立，完整保存至今，这不能不说是世界奇迹。我们的祖先用心灵与智慧给我们后人留下了如此完美与科学的财富，我们有什么理由不去潜心研究，保护与加固，使其世世代代永远地传承下去呢？正鉴于此，我们愿意竭尽全力，做一点工作，但愿本书能给国人一点启发，发挥一点微薄的作用，我们将感到十分欣慰。

赵鸿铁

2007 年 9 月于西安

前　言

中国古代建筑是中华古代文明中重要的一部分，它经历了漫长的历史发展，积淀了丰厚的经验，形成了一个完善而独特的体系。它以土木为主材，安全经济，舒适耐久，凝聚了很高的技术成就。目前，尤其是木结构巧妙的构建方法和它卓越的抗震性能，已经引起了建筑结构抗震科学家的瞩目。而在我国对中国古建筑的研究仍然是“建筑的”较多，而“结构的”很少。

我们对中国古建筑结构及其抗震研究最早的准备工作开始于1997年元旦前夕，我的导师赵鸿铁教授有意于开展结构史的研究，提议由我开展一些调研工作。我所就读的西安建筑科技大学在建筑历史研究方面当时就有几位卓有成果的教授，在我的调研开始阶段，给予了我极大的帮助。第一位是林宣教授，他是林徽因先生的堂弟，当时已是85岁高龄，一直从事建筑史研究，应该说他是带我走进中国古建筑研究领域的启蒙老师。我向他请教的第一个问题是“研究中国古建筑从哪里入手?”，林宣老师的回答却从一个“南刘北梁”的有趣故事里娓娓道来。他说最早刘敦桢和梁思成两位先生见面讨论的也是这个问题，两人都没说话，拿笔写在手上，展开来一比，竟然都是“材”字。“材”指的就是《营造法式》中的“材分八等”的“材”。林宣老师拿出一套珍藏了多年，爱不释手的古旧的线装本《营造法式》，从“材”、“栔”等基本概念给我讲起。又如数家珍般地讲述了前辈们已经取得的研究成果和经验，并指引给我位于山西五台县豆村的佛光寺东大殿、位于河北蓟县的独乐寺观音阁和山门、山西的应县木塔、河北正定隆兴寺等几处应该现场勘察学习的经典遗构。他帮我精心设计的这条调研线路后来发挥了巨大作用，使我对中国古建筑的认知迅速入门。第二位是西安建筑科技大学的赵立瀛教授，也是我国著名的建筑史专家，他在研究方法上给予我很好的启示，按照他的观点，“对古建筑的研究首先是‘正确认识’，然后才能谈‘引申创见’”，这提醒我在读懂《营造法式》和搞清不同时期古建筑结构特点上投入了很多时间和精力，这些基础性工作使得我们后来的实验研究有的放矢，收到了很好的效果。这也奠定了本书研究的基本方法。

作为一个结构工程专业的研究生，我的第一次现场调研有幸得到国家文物局古建修缮司的支持，他们为我开具了介绍信，使我可以近距离触摸到这些珍贵的古建筑瑰宝。

在第一次实地调研途中，我专程拜访了太原理工大学李世温教授，当时也已80多岁高龄，在他家中短暂的会面里，他向我介绍了古建筑结构研究的现状和多年来的研究经验，指出这个领域的研究还远未深入开展，增强了我继续钻研的信心。

2000年，我第二次去山西调研时，在太原有幸见到了应县木塔修缮委员会主任柴泽俊先生，他的谈话让我颇受感触。他恳切地谈到多年来在古建筑保护和修缮领域“建筑”和“结构”之间的鸿沟，指出古建领域偏“建筑的”研究较多，而有关结构安全方面的太少。对一些珍贵古建文物进行抢救性加固时，常常有些结构专家拿出来的加固方案让人难以接受。大概因为他们对中国古建筑缺乏了解，只好武断的套用现代结构的计算理论，许多符号、方程不知从哪里来的，根本看不懂，有的修缮方案一看就是不分青红皂白，要进行面目全非的西式的“重建”。不少地方在古建文物保护中存在的庸医狼药的做法常常令人痛心不已。古建筑结构研究要认真搞，要搞出它真实、本原、简单的东西来才行。

我们对中国古建筑结构的研究工作正式从1997年开始，1999年申请到国家自然科学基金资助，使我们的工作得以深入开展。在导师赵鸿铁教授的带领下我们进行了一系列比较细致的实验，一些是验证性的，一些是开创性的。如作为理论研究，我们进行了房屋整体大比例模型的振动台实验，用现代测试手段来检验古建木构架真正的抗震性能，此前在国内尚缺少类似较系统的研究成果。

本书试图对中国古建筑的结构进行系统地阐述，内容主要是对《营造法式》中的大木作结构独有的特点，用现代结构概念和语言对其各种构造做法和结构功能加以解析，对关键的重要的构造进行实验验证。很多的结论和梁思成先生及前辈科学家们原先概括的一致，有意义的是用实验验证了他们未能实践的卓见和构想。书中所揭示的中国古建筑木结构的构建原理和它独特的防震方法对现代结构抗震技术的发展和古建文物的保护都是有意义的。

由于研究领域的特殊，书中引文、引图和照片大部分完全引自《营造法式》、《梁思成文集》及现有公开出版的古建筑相关研究论文和书籍，没有再作改动，这些引用在文中和参考文献里都有注明，在此，谨向这些文献、著作、图版的著者致以诚挚的感谢和崇高的敬意，如还有不慎疏漏，敬请谅解指正为盼。由于年代久远，许多插图已不够清晰，但我想要给读者展示的核心内容尚清楚可用，这些驳杂的图片让这本书看起来有很多补丁，但它们都是真实的原作，参杂起来不够美感的地方还请读者谅解。

书中所记述的实验，是由我的导师赵鸿铁教授指导，薛建阳博士，高大峰博士和我共同完成的。还有西安交通大学的俞茂宏教授、西安建筑科技大学丰定国教授，姚谦峰教授结合他们丰富的研究经验，多次参与研究课题的讨论，并亲临试验现场指导。西安交通大学孙清博士、赵歆冬博士也为试验数据校核作出了很有益的工作。

这部书是在赵鸿铁教授悉心指导下完成的。六七年来，我们大部分问题一起讨论，记得试验方案的讨论常常用时最多、最细致，有时甚至有激烈的争论，赵老师往往最终选定最谨慎的做法，这保证了试验一步步都取得了可信的成果。实验现场的劳作、论文的建构和字斟句酌的修改都倾注了他大量的心血，是他手把手带领我们开展研究，取得这些来之不易的成果，借此也对我敬爱的导师表示最深切的谢意。

初稿本来只是我的博士学位论文，在论文送审评阅阶段有几位专家提出，由于国内目前同类研究很少，且古建筑结构研究入门较难，论文已经取得的一些有益成果可以发表出版，可以使更多的人从结构学和工程学角度了解东方古建筑。尤其是陕西省建筑设计研究院的胡德鹿教授，在审阅论文时就对文稿作了详细的甄别和校对，给我很大鼓励。经过三年多增删修改，现在出版，权且抛砖引玉。如果有更多的读者，对书中的错误或不到之处提出宝贵的批评指正和建议，也是我渴望的收益。

本书的出版也得到了我现在工作的厦门大学的领导、同事和有关部门的大力支持与资助。

谨以此书献给喜爱中国古建筑的读者，和为古建筑研究保护工作孜孜研学的专家、学者和为人类抗震防灾事业积极探索的国内外同仁们。

张鹏程

2007 年 11 月 8 日

目　　录

第一章　绪论 ……………………………………………………………………（1）
1.1　中国古建筑抗震研究的意义 ……………………………………………（1）
1.2　中国古建筑文献研究 ……………………………………………………（2）
1.3　中国古建筑抗震技术研究现状 …………………………………………（5）
1.4　本书研究内容和方法 ……………………………………………………（8）

第二章　中国古代建筑结构发展史拾遗 ……………………………………（10）
2.1　中国古代建筑木结构的发展历程 ………………………………………（10）
2.2　中国古代建筑木结构的基本特点 ………………………………………（24）

第三章　中国古代建筑木结构总论 …………………………………………（27）
3.1　古代建筑木结构概论及构件的名称 ……………………………………（27）
3.2　殿堂结构 …………………………………………………………………（33）
3.3　厅堂结构 …………………………………………………………………（39）
3.4　结构模数制及构件尺寸的确定 …………………………………………（40）

第四章　地基及基础 …………………………………………………………（46）
4.1　地基及基础做法及其演化 ………………………………………………（46）
4.2　柱脚与鼓镜石分离平支构造的结构意义 ………………………………（52）
4.3　木柱石础静摩擦滑移试验 ………………………………………………（54）

第五章　殿堂柱架结构 ………………………………………………………（57）
5.1　柱、额枋和榫卯 …………………………………………………………（57）
5.2　柱架层的空间稳定 ………………………………………………………（65）
5.3　单柱承载力试验研究 ……………………………………………………（71）
5.4　柱—额框架性能试验研究 ………………………………………………（74）
5.5　柱架的计算简图和静力分析 ……………………………………………（82）

第六章　铺作层 ………………………………………………………………（87）
6.1　铺作构造 …………………………………………………………………（87）
6.2　斗栱的演化 ………………………………………………………………（94）
6.3　斗栱结构实验研究 ………………………………………………………（97）
6.4　斗栱的计算简图和静力分析 ……………………………………………（103）

第七章 殿堂梁架结构 …… (107)
7.1 横向梁架 …… (108)
7.2 檩和纵栿向襻间 …… (110)
7.3 角梁 …… (111)
7.4 椽 …… (112)
7.5 明清时期梁架的改进 …… (112)
7.6 梁架层整体抗倾覆稳定性 …… (115)
7.7 梁架结构计算简图和静力分析 …… (116)

第八章 殿堂木构架抗震性能试验研究 …… (119)
8.1 古建筑的震害表现总结 …… (119)
8.2 试验研究方案 …… (120)
8.3 试验结果及初步分析 …… (122)
8.4 试验结论 …… (134)

第九章 殿堂结构地震反应分析 …… (136)
9.1 古代木作殿堂结构抗震措施总结 …… (136)
9.2 殿堂及阁塔结构的抗震机理模型分析 …… (137)
9.3 单层抬梁式殿堂结构的地震反应分析 …… (143)

第十章 厅堂构架 …… (149)
10.1 厅堂构架平面体系的计算简图 …… (149)
10.2 厅堂构架平面体系的机动分析 …… (166)
10.3 厅堂构架竖向荷载作用下内力分析 …… (167)
10.4 厅堂构架水平荷载作用下内力分析 …… (169)

第十一章 古建木结构修复、加固与新造 …… (171)
11.1 修复与加固的意义及原则 …… (171)
11.2 古建筑保护方法探讨 …… (172)
11.3 古建木结构的修复与防震加固 …… (174)
11.4 古建筑木结构的新造 …… (177)

致谢 …… (178)
参考文献 …… (180)

第一章　绪　　论

1.1　中国古建筑抗震研究的意义

中国是地震多发国家，大部分国土处于地震区，在这片广袤的土地上矗立着许多美丽的古代木结构建筑，有的已经完好保存了上千年。它们大多数都经历过多次强烈的地震，却至今安然无恙，并没有倒塌。

现存保存完好的古建筑中，最著名的如应县木塔，建于公元1056年，塔的平面为八角形，内外两周柱，由五明四暗，九层木结构叠架而起，总高67.5m，是现存最高、体量最大的木构架多层楼阁式木塔。文献记载，由辽代到明代经历“大震凡七，而塔屡历大震屹然壁立。”明代至今，应县木塔经历过战争炮击，有几处严重的构件破坏，但1976年经历了唐山7.8级地震，应县烈度为9度，塔仍巍然矗立。

还有如蓟县独乐寺观音阁，建于公元984年，矩形平面，阁为两层，中间夹有一个暗层，由三层斗栱和梁柱的构架相叠而成，梁思成先生称其为“叠柱式”。观音阁经历过多次强烈地震，史料记载康熙十八年三河平谷一次大地震，当时蓟县城内“官廨民舍无一存，”观音阁“独不圮”。独乐寺山门也没有破坏，它是个三间的体量较低，矮宽的殿堂式木结构。

修建时间更早，至今保存完好的木结构古建筑还有一些，如建于隋唐时期的山西五台山南禅寺大殿，五台县豆村的佛光寺东大殿等。由梁思成先生发现，最为驰名的佛光寺大殿，建于公元857年，为单层，七间，矩形平面，斗栱壮硕，结构形制严谨，建于突出的山石平台之上。虽尚未见其震灾记录，它所处的场地位置、地理环境和它龄逾千年的沧桑足以推测它的抗震能力。

日本是地震频发的岛国，现尚存有几处唐代以前的建筑，其中，如著名的奈良法隆寺金堂、五重塔，是飞鸟时代所建，相当于我国隋代，它们的建造者是从高丽东渡的匠师；奈良唐招提寺的金堂、讲堂是唐僧鉴真法师所立，建于天平时代，正好是唐肃宗至德二年。

这些历经千年而巍然矗立的木结构建筑以事实雄辩地说明了古代大型木构建筑如果使用得当，它们具有良好的耐久性和抗震能力。

翻阅《中国地震年表》，古代历次大地震中正构式的大型木构建筑抗震性能最好，震害最少。震害记录中常常是“墙倒屋不塌，”或“柱根挪位，而整体结构无恙”。《中国古代建筑技术史》巨册中收录了流传于我国西北甘肃省一代的几句很有意味的民谣：“台子要高，架子要低，枋子加栓，墙筑一半……”，描述简单而精辟，以今天结构抗震科学的分析来看，这些都是十分高明的概念设计。

如果再多加留意中国古代那些象征壮大皇权的宫殿建筑，不难发现，他们并没有选则巍峨高耸的高层建筑，而选则了相对矮宽稳固的体形。故宫太和殿、中和殿、保和殿等都无一例外。这只是历史的巧合，还是有着明确的抗震设计？

中华有史以来上下5000多年的科技文明中有许多成就已成为今天全世界科学技术发展的基石。建筑技术经过数千年的演变，在漫长的与自然灾害抗争的过程中形成了风格鲜明的体系，以其良好的使用性能一直为我国乃至世界人民所喜爱，很多至今沿用。

中国古代土木建筑，往往因地制宜，就地取材，工艺简便易行，使用方便，安全耐久，事实上取得了很高的科学成就。对古代木结构的构建方法和它的的抗震性能的研究，对于结构科学的发展有着重要的意义和价值。

中国古代建筑中的很多结构防震技术，已经历过长期的历史的考验，安全可靠，完全可以和现代建筑结构在隔震、消能、控振等领域最新的研究成就相媲美。比如主要结构构件之间的连接，结构竖向层叠构建等技术比之现代橡胶垫隔震支座、许多复杂累赘的阻尼器就显得轻巧简练。现代建筑隔震、减振、控振技术研究的已经开始走向了寻求简单、经济、效果好的抗震结构体系，而中国古建筑木结构经历了几千年地震灾害的考验，不断演进，早已形成了一个完善的抗震体系。这一独特体系日益显示出其极高的研究开发价值。这些技术和方法的开发利用将可以为现代建筑结构的发展带来很有益的思路。

中国古代木作建筑讲究“饬材用事”，营造者必需熟知材性、量材而用，材料的使用要做到“有章有栔”，常常是恰到好处。很多构件可以千百年重复使用，甚至可以“偷梁换柱”，用于不同建筑，在资源节约，材料循环使用，结构的通用性等方面的成就也值得现代结构工程学习。

古代建筑外表看似复杂，却能在中国乃至亚洲广袤的区域亘古留传，说明它们的营建和结构原理必定有相当凝练简单的窍门。实际上，它们的设计和施工方法常常是几句简单的可以口耳相传的口诀，比及现代繁冗的规范条文更易于传播和灵活使用。宋代颁行的《营造法式》就是一本集北宋以前建筑工程成就大成的，由皇帝颁布，国内海行的技术规范，其内容涵盖设计、施工、功料管理等方面，在材料学、结构学、力学、建筑学、管理科学、历史学等方面都取得了很高的成就。只是由于语言文字的变迁，书中古文对现代普通建造师有些困难，影响了它的传播，不能为更多的人所熟知而使用。对古代优秀的建筑技术进行收集、整理、译补和较系统的阐述或注释很有意义。

对古建筑结构的研究既可鉴古泥今，古为今用，又可为古建筑文物的保护提供确凿的理论基础和安全合理的加固方法，具有重要的科学价值和历史价值。

1.2 中国古建筑文献研究

近代对中国古建筑研究的开端有一段佳话，可以从1925年，梁启超先生将一本失传已久而又新近被发现并重印的宋代《营造法式》抄本寄给当时在美国读书的儿子梁思成说起。最先发现《营造法式》，并“蒐集公私传本，重校付梓”的是民国政府官员朱启钤，他于1929年组织发起了一个学会组织，中国营造学社，开始对该书和中国建筑史开展研究。而真正更有价值的进展开始于梁思成参加这个学社并领导其研究活动。按照他的方针，“唯一可靠的知识来源就是建筑物本身，而唯一可求的教师就是那些匠师”。他拜宫里的老木匠为师，从考察宫殿等建筑着手，从识别构件开始，结合他的国学、西学基础，将他一生精力最旺盛的年华献给了研究中国建筑史的事业，为后继研究者留下了无可替代的宝贵的基础资料。后继研究几乎无一例外的围绕《营造法式》和梁思成先生的《营造法式注释》、《清式营造则例》以及他精心绘制的大量图版展开。还有一位东洋留学归来的刘敦桢先生，他担任中国营造学社文献部主任，在文献研究和南方建筑研究方面也作了大量工作。当时建筑史学界称他们为“南刘北梁”。

目前搜集的文献资料显示，我国古代最早的有关建筑营造技术的书籍是《考工记》，见于《竹书纪年》。《考工记》是春秋战国时期齐国人的著作，距今有2000多年的历史，汉代时因为《周礼》缺少《冬官》，便把《考工记》补入，成为后世《周礼·冬官》的内容，又称为《周礼·考工记》，《周官考工记》。《考工记》是一部涉及内容广泛的技术专著，其中《匠人》部分中的“匠人建国”、“匠人营国”、“匠人为沟洫”三节分别讲述都城选址、都城规划、以及农田水利建设方面的内容，其中“匠人营国，方九里，旁三门，国中九经九纬，经涂九轨，左祖右社，前朝后市，市朝一夫”句最为驰名，对后世建筑格局的影响很大。其他如“广与崇方，其刹（杀闪 shai）三分之一”（堤防底宽与高相等，堤顶宽比堤脚宽减少三分之一），“墙厚三尺，崇三之”（墙根厚三尺，则高九尺），“葺屋三分，瓦屋四分”（草屋顶屋檐至屋脊之高与跨度之比为一比三，瓦屋顶为一比四），是更为具体的结构技术内容。宋代李明仲在《营造法式》中称“考阅旧章、稽参众智”，其引用典籍多以《周官考工记》为开始。如序目看详中引用“周官考工记：圆者中规，方者中矩，立者中垂，衡者中水”等，说明《周官考工记》在我国古代工程典籍中有着重要地位。同时说明春秋战国以前我国已经具备了工程可用的测量技术和营造技术。

还需要提及北宋都料匠喻诰撰著的《木经》，该书刊行于北宋初年，共三卷，可惜已经失传。但在北宋科学家沈括的《梦溪笔谈》中有片段的记述，“凡屋有三分，自梁以上为上分，阶以上为中分，阶为下分”，清楚地阐明了木结构建筑沿竖向分为三个结构层部，层叠构建，并分析了各部分间的比例关系。后来编撰的《营造法式》就是参照《木经》。

《木经》之后，北宋出现了由朝廷颁布全国海行的官书《营造法式》。该书初编于北宋熙宁年间（1066～1070年），当时改革家王安石执政，编书的目的在于防止贪污和浪费。因其没能达到“关防”的要求，绍圣四年（1097年）又令将作监李诫，字明仲，重新编修，这就是我们今天看到的《营造法式》。《营造法式》重刊行于宋崇宁二年（1103年），共三十六卷，内容全面而丰富，条理清晰，并附有大量图样。书文以简练的语言，系统、严密地记述了当时的营造方法。李诫在序言中写到“诏百工之事更资千虑之愚，考阅旧章、稽参众智……，以致木议刚柔而理无不顺，土评远近而力易，以供类例相从……”。《营造法式》是我国集古代建筑大成的经典著作，是对北宋及以前建筑方法、力学、数学成就的总结。又在深入精研的基础上，进行了言简意赅的规范化，内容包括建筑形制、选材、设计、施工、管理等方方面面，阐述深入浅出、简明易用。书中所述的各作制度，使我们能更多地了解北宋的建筑技术水平、艺术和建筑形象，是研究中国古代建筑营造技术非常重要的文献。《营造法式》中严谨的规定了各种建筑的定位、选料、形制、各种构件尺寸、结构方法、装潢、功限。稍有遗憾的是隐藏在这些设计方法背后的理论和计算方法并未细述，使我们只能根据结果去反推古代数学和结构科学水平。

著名的《清明上河图》是宋代的一部绘画作品，作者张择端以写实的笔法描述了当时街市的盛况，其中有很多木结构房屋、桥梁、楼船、工具等，从中对宋代建筑技术也可窥见一斑。

元代时，薛景石编著了一部关于木工技艺的书《梓人遗制》，可惜原书已失传，仅散见于《永乐大典》中的记述。明代有一部名为《鲁班经》的建筑专书。《鲁班经》原名《鲁班营造正式》，六卷，刊行于明中叶，刻本收藏在宁波天一阁。后刻本有《鲁班经匠家镜》、《工师雕镂正式鲁班经匠家境》、《工师雕正式鲁班经匠家境》等，流传于江南一带，记录了建造房屋的规矩、制度、工序、常用建筑的构架形式以及布局、组合等。另外，明崇桢十年（1637 年）宋应星著的《天工开物》记述了我国古代农业手工业生产的经验和技术，其中明确记录了冶金、铸造、陶瓷、砖瓦的制作和生产技术。

清工部《工程做法》是继宋《营造法式》后又一部官方颁布的建筑工程专书，刊行于雍正十二年（1734 年），全书 74 卷，列举了 27 种建筑形制，涉及土木、瓦石、油漆、裱糊等 20 多个工种，其内容可归纳为做法，用料，用工；可视为清代官式造作的通行规范。清乾隆间李斗撰《扬州画舫录》，其中第 17 卷为《工段营造录》，取材于清工部《工程做法》和《圆明园则例》，书中对定平、土作、大木作、拼料法则等均有记述。

20 世纪初叶，一些外国学者已经开始了对我国建筑文化的研究，日本学者伊东忠太、关野，英国人叶慈，德国人艾克、鲍希曼，瑞典人希仑等人，纷纷搜集中国古建筑资料，并著书立说。伊东忠太先后七次到中国考察，足迹几乎遍及全国，著有《中国建筑史》，罗列了当时他所研究的古建筑文物及研究线索，是国外对中国古建筑全面研究较深入者。他的著作在有限的范围内较为客观地评析了中式建筑的优劣，驳斥了一些西方学者认为中国建筑是落后的部落时代简易土木构筑物的错误观点。当时我国正遭受列强侵扰，内忧外患，时局艰难，研究保护工作很难开展，有人甚至说，中国人没有能力研究中国的建筑，要研究中国的历史文化要到外国去。在这种情势下，以朱启钤先生为代表的一些仁人志士发起了保护古建筑的行动，成立了由中国人自己研究中国古建筑的组织——中国营造学社，开始对中国古代建筑、古代典籍进行研究，除编辑出版了以古建筑调查报告为主的《中国营造汇刊》七卷二十三期，校勘重印了宋《营造法式》、明《园冶》、《髹饰录》、清《一家言·居室器玩部》等典籍。1934 年梁思成整理编撰了《清式营造则例》成为研究中国古建筑的很好的入门教材。1937 年姚承祖根据其祖传秘籍和他本人在苏州工业专科学校建筑科的讲稿编著成《营造法源》，印本经张至刚增编、刘敦桢校阅，是一本具有江南地方特点的古建筑专著。以梁思成、刘敦桢两教授为代表的前辈，以清工部《工程做法则例》为课本，以在清工营造过的老工匠为老师，以北京故宫为标本，从清代建筑入手，由近及远，将宋《营造法式》与清工部《工程做法则例》互相比较，并用实物加以印证，将晦涩难解的中国古代建筑著作加以研究整理，并配以精练的建筑图解注释等。他们足迹遍及 16 省 200 余县，查访建筑文物、传统民居、城镇等 2000 余单位，对祖国大地上的古建筑遗存作了大量的调查、研究、鉴别、测绘工作。正是这些宝贵的工作拯救了中国古建筑，为今天研究中国古建筑的继承和研究保存了弥足珍贵的资料。

中华人民共和国建立后，古建保护研究机制、机构不断完善起来，各种制度也逐渐建立了起来，对古建筑的发掘、保护、研究逐步深入，也取得了较丰硕的成果。1957 年，刘致平《中国建筑类型及结构》出版，该书论述了古代建筑的构造和施工技术，较全面介绍了古建筑名作名称，历史演变、时代特征，使用功能和构造特点。集成了梁思成先生数十年对《营造法式》的研究成果的《营造法式注释·卷上 》于 1983 年出版。同时期陈明达先生出版了《营造法式大木作研究》，该书中对宋代及以前的材份制作了较全面充分的研究，对《营造法式》中建筑的构成方法，结构各部尺寸确定都有浅易的图版描述，是进一步结构机理研究的宝贵的基础性资料。1985 年，科学出版社出版了由中国科学院自然科学史研究所主编的巨册《中国古代建筑技术史》，较全面系统地总结了对中国古代建筑工程技术历史发展的研究成果，详明地罗列了现存古代建筑几个重要发展阶段的代表性建筑的考古资料，是目前对古代建筑结构研究的内容最全面的典籍性资料。

1.3 中国古建筑抗震技术研究现状

中国古建筑经历了很长的历史演变，内贮博大精深，建筑形式丰富多彩，结构特征已如浑然天成。对于近现代使用由西方传来的方法、语言为基础的自然科学研究者来说，往往因为缺乏对它的历史积淀、文化传承过程的深入了解，加之语言文字等障碍，对古建筑有关结构受力方面的科学研究一直以来较难开展。长期以来存在的问题是关于“建筑的”方面研究较丰富而有关结构方面研究较少。

单士元先生在中国建筑学会建筑历史学术委员会 1979 年度年会的发言中指出：“总结过去的研究情况，对于历史搜集和实物调查致力较多，在理论包括政治经济方面的探讨较少，至于对建筑上的科学内容和工艺研究，则如凤毛麟角。”“我国古代建筑学，是一门综合性的科学。”“我们今天研究祖国建筑历史与理论，不将工艺技术包括在内，则理论似趋于空，历史亦缺少其发展过程，这样，也就不能反映祖国建筑科学的整体性。”

此后陆续有针对古建作法、结构受力分析的文章和著作发表出版，如 1992 年文物出版社出版的《古代大木作静力初探》（作者王天），是一本较早从结构力学角度研究古建筑木结构的专著。1993 年，喻维国、王鲁明编著出版了一本《中国木构建筑营造技术》小册，简略地介绍了古代木构建筑的做法，是一本结构研究的入门读物。1997 年科学出版社出版的《中国古建筑木作营造技术》（作者马炳坚），以明清古建筑为蓝本较详细地介绍了古建木结构的做法及工艺要求，可以指导仿古工程建设。

对古建筑结构和抗震进行研究的另一类重要的文献资料是古代的震害记录。我国有文字记载的历史达 4000 多年，其中地震历史资料非常丰富，为世界之最。最早一条关于地震的记载在公元前 1831 年，“夏帝发七年泰山震”，记载在《竹书纪年》上。以后历代王朝的记录大都有涉及地震。早期把地震当作代表天命的大事，有关一代朝廷的兴衰，汉代以后开始更多表现为灾情通报，灾害记录等。在 20 世纪 60 年代，我国曾组织历史和地震专业人员，广泛整理了历史地震记载，将 1955 年以前的资料整理成古代地震年表资料。据当时统计全国记录的地震约 8000 余次，其中有较大灾害的达 1000 次左右。20 世纪 70 年代，对邢台地震、唐山地震的调查记录更为详细。古代大型官式正规建筑的抗震性能优良就是来源于对这些记录的总结。在我国现在除了有抗震性能良好的古代木结构建筑外，还有很多如大雁塔、小雁塔、城垣等古老的砖土结构完好存留，这也从另一个侧面说明我国古代建筑抗震技术总体达到了较高水平，并不仅限于木结构。

此后对古建筑抗震能力的研究也已从震害资料收集开始逐步深入。近几年有专家学者对古代记录资料作了卓有成效的翻译、整理及研究。科研机构也加大了对这些领域研究资助的力度，收到了较好的效果。统计结果显示，古代木结构建筑虽然在中、低烈度的地震作用下具有易损坏性，但大多表现为屋面部件或围护墙、山墙的破坏，震害相对较轻，即使在 9 度区及以上的强震作用下，其主体构架能保持不致倒毁，这一显著特点非常值得研究重视。

近20多年间，由于国家文物保护部门和古建筑科研工作者的高度重视，在几次较大型古建筑抢险修缮工程中，结构和力学专家已对具体古建结构进行了切实深入的现场测试，力学试验分析研究，取得了宝贵的成果，并摸索出了一些行之有效的加固方法。古建筑较多的省份文物主管部门往往协同当地高等院校、科研部门进行专项观测、模型试验，对一些重要的古建筑进行保护研究。如1983年，陕西省西安古城墙建筑保护工程中，西安北城门箭楼抢险指挥部和西安市古建筑学会与西安交通大学建筑与结构工程系俞茂宏教授等配合，对西安北城门箭楼的不均匀沉陷引起的柱倾墙裂险情、箭楼结构动力特性和抗震性能、基础加固等进行了系统地研究，通过不同材料的结构模型动力和静力试验、现场脉动试验、地基加固土的三轴试验、计算机结构分析等现代科学方法，得出了许多有价值的结果，成功的进行了抢险加固。研究揭示了古建筑虽有维护墙但多不承重；立柱根部直接座于柱础上，并不嵌固，柱上端与额枋榫卯连接等重要结构特征及其力学性能。此外，还对西安城墙的塌落成因、含光门的唐代夯土的性能以及城墙的稳定性和开发可能性进行了三轴试验和计算机分析比较；研究了西安明代钟楼、鼓楼结构的动力特性和抗震性能；探讨了古建筑大屋顶结构、柱与础石连接方式对结构动力特性的影响等。这些开创性的研究，将现代试验检测方法、力学理论、计算方法引入了古建筑结构研究中，使古建筑结构研究进入了一个新的阶段。1993年，俞茂宏、张学彬、方东平出版了《西安古城墙研究·建筑结构和抗震》一书。此后方东平、赵均海等继续进行更深入的研究，尤其在力学分析方法方面作了开拓性工作。赵均海著有《中国古代建筑结构研究》，对斗栱进行了试验研究。1993年西安建筑科技大学王崇昌教授在《试论中国古建筑抗震机理》一文中，对我国古代大型木构建筑的结构体系特点及其相应的抗震机理作了整体概念性的讨论，概括总结出古代木构建筑的一些抗震方法，提出古建筑可以依靠柱根滑移和转动起到隔震和消振的作用，并对木构古建筑抗震分析方法、计算简图等作了讨论，为我们今天的古建筑抗震机理进一步研究作了一个良好的开端。此后，西安建筑科技大学陈平、姚谦峰、赵东等结合陕西省古建文物保护工作多次对西安钟楼、大雁塔等进行检测和结构安全性评价，积累了宝贵的经验。

山西是我国存留古建筑最多的省份，古建文物保护工作者在长期的古建筑保护研究工作中积累了丰富的经验，先后完成了永乐宫整体搬迁工程，晋祠、佛光寺、南禅寺、崇福寺等多处大型古建文物修缮工程，他们对重点古建筑进行长期结构性能观测、比较、诊断，在修缮工程中重视模型试验研究。文物部门和太原理工大学李世温教授合作进行了多项很有意义的试验和测试。1997年，他们采用自然脉动法对蓟县独乐寺观音阁进行检测，成功的获得了结构振型、周期、阻尼比等振动参量，作为对观音阁落架重修前后可比照的依据。2001年专门制作了应县木塔的一个结构层的较大比例的模型进行拟动力试验，以搞清木塔结构机理和抗震能力，为应县木塔这一世界文化遗产的修缮保护作了有益的探讨。

在我国古建筑的保护一直积极贯彻由梁思成先生倡导的“整旧如旧”的原则，这一原则已受到国际社会普遍认同。1992年内部颁行《古建筑木结构维护与加固技术规范》，以“残损点法”作为结构鉴定加固的基本方法。残损点法规定了对古代建筑进行维护与加固的基本原则：

（1）不改变文物的原状，即不改变古建筑个体或群体中一切有历史意义的遗存现状。若需恢复到创建时的原状或者一定历史时期特点的原状，则需要有可靠的历史考证和充分的技术论证。

（2）维护古建筑木结构应注意保存原来建筑的形制、原来的建筑结构、原来的建筑材料、原来的工艺艺术。

（3）将古建筑维护与加固计分五类：经常性保养、重点修缮工程、局部复原工程、迁建工程、抢险加固工程，各按相应规定进行。

（4）在维护与加固工程中，为了更好地保存古建筑，可引用现代技术与材料，但应遵守下列原则：①仅用于对原结构原材料的修补、加固，不得用现代材料去替换原用材料。②应先在小范围内试用，取得成功后，再逐步扩大其应用范围，并应备有必要的操作规程和质量检查标准。

（5）古建筑的管理和使用单位，有全面保护该古建筑的义务，不得擅自拆建、扩建或改造。若需修缮应报请文物主管部门批准。

这些原则是在考虑到古建筑木结构的形制，如结构构成原则、各种受力构件的合理尺度的确定及其受力机理等都不同于现代结构，而有其自身历史背景，是一个独特的体系，因而，不能套用现代的结构安全评定理论。采用较为直观的“残损点”概念，修缮中只对残损点进行修复，对结构整体扰动最小，利于保持原状。对结构抗震能力的评定都还没有确切的理论支持。

我国现阶段修缮方法主要有清理维护、落架重修、铁件加固、残点贴补等。也有一些现代新技术在古建加固领域意欲尝试，如采用水泥、树脂灌浆料等加固糟朽的古代木构件，基于纳米技术的古建加固的构想也已出现，但能否做到“整旧如旧”，“是加固还是新造”，这些新技术是否可用、是否可行尚十分值得商榷。

回顾前些年已经进行的大型古建修缮工程，我国已经取得了一些可喜的经验，但也有令人痛心的教训。最典型的如生搬硬套现代西方传来的结构体系理论对中国古建进行强行“校正”、“加固”，根本性地破坏了原有结构体系，在抵御地震灾害时由自动避震变为引祸上身，反而造成了不应有的甚至更严重的破坏。由于需要对濒危古建筑及时进行抢救性保护，加固工程往往用看似相近的现代结构体系理论对古建筑生搬硬上，常常使一些重要古建筑因为加固方法错误而受到新的损害。只有搞清结构受力及其自有抗震机理，按照古建筑本原的方法进行抗震修复才可能作到正确加固。对古建筑文物的健康诊断首先必需建立在对它们正确认识的基础上，对古建筑抗震机理和结构抗震性能全面深入的研究亟待进行。

国外建筑结构学术界也很重视对古建筑的研究和保护，许多西方学者很早就注意到中国古建筑宽大低矮和结构分层等措施具有抗震意图。日、韩等国也拥有不少中式木结构古建筑，由于日本也是地震多发国家，对建筑结构抗震方法的研究历来重视，很多学者对古建筑木结构良好的抗震性能展开了研究讨论，已引起国内外建筑结构研究者的注意。日本很重视对古建文物的研究保护，他们采用定期更换材料的做法对古建筑进行维护修缮，较好地保持了古建筑的结构构造形式，这种做法成功地维持了古建筑的形制，虽然多少改变了古建原有的材性和古朴风貌。日本同时很重视对古建筑结构机理的研究，随着现代抗震、隔震、消震、控震理论的深入发展，结构科学家得以从新的角度更多的理解中式古代木结构所已使用抗震方法。一名日本学者在一本有关建筑隔震的著述中，把明故宫宫殿台基下 5 ~ 6m 深处的由糯米汁拌石灰形成的柔性地基推举为建筑结构地基隔震应用的先例，说明中国古代木构建筑具有的神奇抗震性能。1988 年出版的由武田寿一主编的《构造物の免震防振制振》一书中对日本古建筑木结构抗震机理的研究现状作了一个简略概括：“以 7 世纪至 8 世纪建造的法隆寺五重塔为代表，是日本保留下来的屈指可数的木塔之一。大正以来，日本抗震工程学发展过程中的许多著名结构学家对‘五重塔的耐震原理’提出了各种各样的见解，这些见解的一个共同点是：都指出了古建筑木结构为长周期柔性结构物这一事实。五重塔采用的并不是狭义的基础隔震结构，而是将结构长周期化并可巧妙传递地震力，从这个意义上看，五重塔也是一种隔震结构。迄今为止，对五重塔的抗震原理的说法仍然没有穷尽，还有进一步讨论的余地。在将隔震技术与抗震工程学交融及采用控振等新思想对结构物的抗震性能进行充分讨论的今天，这仍是一个饶有趣味的课题。”

总结现有研究成果，已经有一些专门著述以现代材料力学和结构力学理论对古建筑木结构构件进行了静力研究，也有针对个别建筑物的试验研究和结构分析方法探讨，而从古建筑本身结构发展、形成、设计理念入手，进行系统的结构抗震研究目前国内外尚少，对木结构构成思想、整体受力机理还没有确凿、完整、系统地研究成果。对现有古建筑进行结构检测、鉴定、评估等都还没有确切的理论依据和恰当的结构计算方法。

必须看到，由于现代林业资源缺乏，即环保又舒适的木构建筑现阶段不可能大规模使用，加之原木结构防火性能差，即使古建木结构再用于某些历史象征性建筑，其管理和维护难度也会比一般建筑大。但古建筑中的一些巧妙的构造措施如柱架榫卯连接、替力梁架，斗栱铺作、柱“侧脚”、“生起”等抗震、减震方法等却可以为现代建筑结构所借鉴使用。

对古建结构还需要进行大量深入的研究，以期取得确凿结论，尽早使这些历史瑰宝焕发它应有的光彩。

1.4 本书研究内容和方法

中国古建筑经历了漫长的历史发展，源远流长，具有丰厚的经验累积，不断改进而形成了一个相对完善的独特的体系，取得了相当高的力学、技术成就。对古建筑的研究首先必须基于对古建筑本身的正确认识，需要了解古建筑特有的发展历史背景，个性特征。对古建研究不能主观臆断，尤其不能用近代某个简单结构体系去生搬硬套，对其力学现象强加解释。中国古建筑从空间构成、建筑造型、结构选型，传力体系、材料、工艺、施工组织，施工方法、管理制度、工具、构建方法、技术传播、使用功能、维护、及继承利用方面都值得认真研究，这些领域的很多方面近现代科学研究还未涉及。

研究内容包括：

一、文献研究

尽量通过详实的历史、考古资料搜集整理，取得可信资料，搞清中国古代木构建筑的产生、演变历史，各重要发展阶段的成就，做到对古代木结构建筑的种类、特点、结构体系及其构造机理的正确认识。

二、实物考察

对我国现存重要典型木构古建筑文物进行实地调查、测量，掌握确凿的一手资料，对古建筑结构进行实事求是的分析评价。与已有文献资料对照，避免文献讹误。通过对山西五台县佛光寺、蓟县独乐寺、应县木塔、正定龙兴寺、故宫、以及西安钟楼、鼓楼、陕西岐山周原遗址等多处典型古建筑结构进行实地考察测量，结合宋代《营造法式》、《清式营造则》、《营造算例》、《中国古代建筑技术史》等重要古建筑文献资料，尤其以集我国古代建筑技术之大成的宋代《营造法式》为研究重点，对古建木结构的形成历史、发展演化过程、基本结构原理、结构形制、构造方法、结构功能意图等进行切实深入的研究。

三、试验研究

在搞清了古建筑结构构造、形制、构建方法等的前提下，通过一系列模型试验，系统研究分析中国古代木结构建筑的结构性能、抗震机理及抗震效果。于1999年始在西安建筑科技大学省部级重点结构实验室，以宋代《营造法式》为依据，对古建筑木结构系统地进行构件试验、节点性能试验及整体模型振动台试验等多项系统试验，对中国木构古建结构性能、抗震机理、加固方法进行系统研究，为更深入的理论研究、开发应用进行了较充分的基础性研究工作。基本方法：依照宋代《营造法式》，建造殿堂木结构构件及结构模型，对中国古代木结构中的典型构造如：柱脚在础石顶面平搁简支、柱架榫卯连接、柱高不越间之广、侧脚、生起、斗栱等的构造机理及结构功能进行量化分析和实验研究。试验内容包括：

（1）通过木柱石础静摩擦试验，测定柱脚与石础古镜面间的摩擦系数及摩擦力随上部结构荷载变化的规律；

（2）通过单柱承载力试验，测定古建筑中木柱的受力变形特征、破坏模式、及模型材料的变形模量、极限承载力、极限变形等参量；

（3）通过柱架低周反复荷载试验，测定柱架的抗侧移刚度、柱架恢复力特性及滞回曲线、榫卯张角刚度及其变化规律、柱架及榫卯的极限承载力和极限变形、及榫卯减振参数；

（4）通过斗栱低周反复荷载试验和受压试验，测定古建筑木构件与木构件间摩擦系数，斗栱抗侧移刚度，斗栱恢复力特性及滞回曲线，斗栱抗压极限承载力及受力变形规律；

（5）通过抬梁式殿堂间架模型的振动台试验，测定殿堂木构架结构自振周期，地震反应振形、阻尼特性及阻尼比；按结构分层特点对柱脚、柱头和斗栱层上的屋盖的地震反应进行测量，对柱根滑移、榫卯变形、斗栱的变形、复位、耗能减振参数等进行定量分析。

四、理论分析

将试验研究结果结合古建筑结构构造研究，进行结构静力分析，结构抗震方法系统分析。

结合对古代实物和典籍的深入研究，全面地论述中国古代木构建筑的结构体系和抗震方法，分析古建筑木结构受力机理、振动反应模式和破坏模式，确定结构计算简图，振动模型，并结合试验结果进行殿堂结构地震反应分析方法探讨，给出适用于古建殿堂木结构的抗震分析方法及结构设计方法。并提出对具体古建筑文物进行维护、修复、加固的方法，为现存木结构古建筑的结构检测、抗震鉴定、抗震加固提供试验及理论依据。

第二章 中国古代建筑结构发展史拾遗

2.1 中国古代建筑木结构的发展历程

中国的建筑是一种高度“有机”的结构。它完全是中国土生土长的东西：孕育并发祥于遥远的史前时期；“发育”于汉代(约在公元开始的时候)；成熟并逞其豪劲于唐代(七至八世纪)；臻于完美醇和于宋代(十一至十二世纪)；然后于明代初叶(十五世纪)开始显示出衰老羁直之象。……这种结构始终保持着自己的机能，而这正是从这种条理清楚的木构架的巧妙构造中产生出来的；其中每个部件的规格、形状和位置都取决于结构上的需要。

——梁思成

按照近现代中国建筑史研究的结果，中国古代建筑活动有7000余年有实物可考的发展过程，近代建筑史研究将其分为大体五个阶段，即（一）新石器时代；（二）夏、商、周；（三）秦、汉至南北朝；（四）隋、唐至宋；（五）元、明、清。在这五个阶段中，中国古代木结构建筑体系经历了萌芽、初步成型、基本定型、成熟兴盛、持续发展后渐趋衰落的过程。后三阶段中的汉、唐、明三代是中国历史上统一强盛而有巨大发展的时期。而汉、唐、明三个具体朝代的建筑也正好是各个阶段中的发展高潮，尤其木结构，在建筑规模、建筑技术、建筑艺术上都取得了巨大成就。以下参照古建筑考古学家傅熹年先生的《中国古代建筑概说》一文，结合分析与建筑同步的结构发展史。

一、新石器时代（约10000~4000年前）

这一阶段已发现的建筑遗址大体可分两大系统。一是在黄河中下游，史称仰韶文化时期，房屋由地穴、半地穴构筑物逐步发展成为木骨抹泥墙上覆盖草泥顶的地上建筑，实例是西安半坡和临潼姜寨遗址中以大房子为中心的聚落；另一个是南方潮湿及沼泽地带可能由巢居发展到架空的木构干阑，实例是距今7000年前余姚河姆渡遗址的用榫卯与绑扎结合而建的干阑。

仰韶文化时期的房屋就构造技术来说，已经是在长期定居条件下积累了丰富经验的结果。所用于木料加工的工具已有石刀、石斧、石锛、石凿等。不同的功用选择适宜的工具，这大概是最朴素的工艺经验总结及力学意识的开始。在西安半坡遗址中，有一座原始村的公用大房屋，遗址复原如图2.1所示，原有房屋中心四个木柱直径各达45cm，周围壁体内较小的33根木柱的的直径也有20cm左右，由此可以推测当时使用木料和施工技术所达到的水平。古语有“墙里的柱子不显身”，可能就发源于此。根据半坡村仰韶文化遗址推测复原的当时的住房有两种主要形式，一种是方形，一种是圆形。方形的多为浅穴，内转角一般做成弧形。这种浅穴面积最大可达40多m^2。通常在黄土地面上掘成50~80cm深的浅穴。浅穴四周的壁体内紧密而整齐地排列着木柱，用编制和排扎的方法相结合，构成壁体，支承屋顶的边缘部分。住房中部已出现以四柱做成的构架支承屋顶。屋顶形状可能是四角攒尖顶，也可能在攒尖顶上部利用内部柱子，再建采光或出烟的二面坡屋顶。柱穴内的土质大都经过打实，并在周围用泥圈固定柱的下部。壁体和屋顶铺敷草泥和茅草。室内地面用草泥土铺平压实（图2.1）。在仰韶文化与龙山文化之间的居住遗迹中已发现房屋内柱下用扁平的砾石作为柱基础；一些地方的墙基结构已有明显成形的做法：先挖掘沟槽，内填红烧土碎块，或铺一层平整的大块砾石，再在其上做墙；室内则在草泥土上面用石灰混合物质做成坚硬光滑的居住面，说明当时建筑技术正处于不断的摸索改进中。

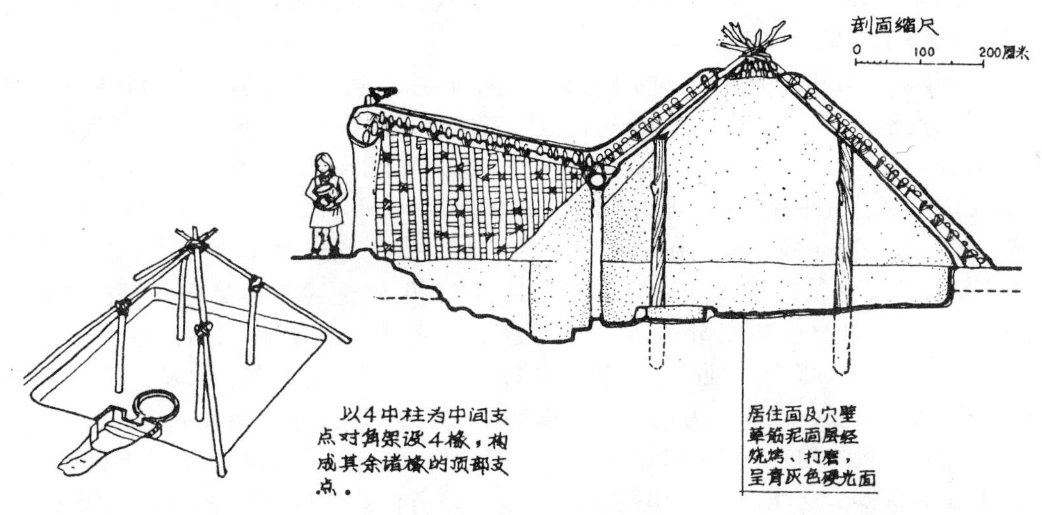

图2.1 半坡遗址建筑复原构想图

我国迄今发现的最早的木结构榫卯连结的实例，是在浙江余姚“河姆渡”遗址第四文化层出土的大量木构件，距今6900余年，是以石斧和石凿、骨凿为主要工具加工成的制品。其中展示的梁柱连结榫卯已相当成熟（图2.2）。

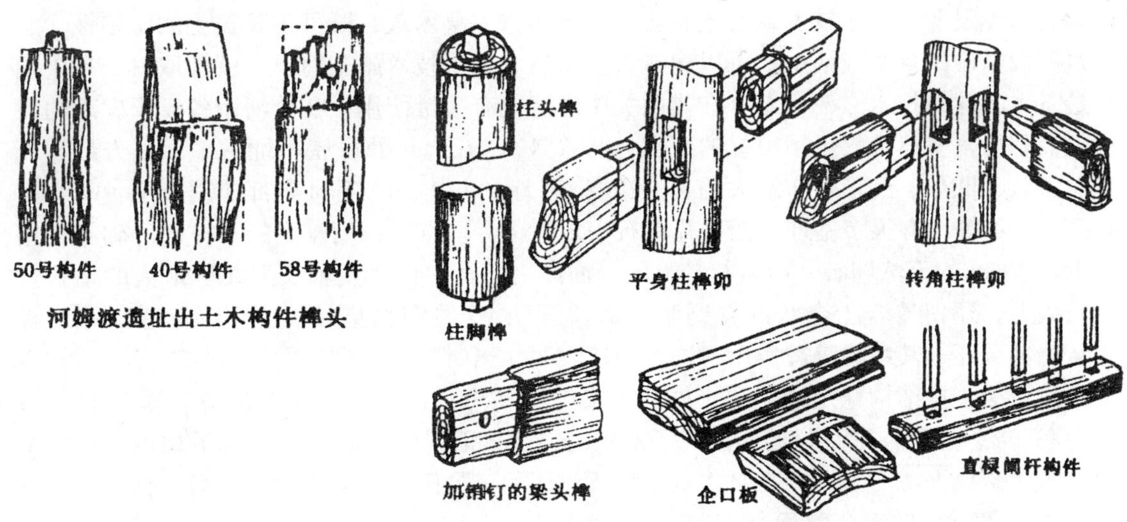

图2.2 河姆渡遗址中的榫卯

二、夏、商、周（包括春秋、战国，公元前21世纪至公元前221年）

目前已发现的最早的此期建筑遗址属早商。商朝青铜手工业已很发达，留到现在有成千上万件的兵器、礼器、生活器皿、农具、车马具等。根据这些物件可以推测当时的工艺水平。《周官考工记》："国有六职，百工与居一焉。……审曲面势，以饬五材，以辨民器，谓之百工。……知者创物，巧者述之守之，世谓之工。百工之事皆圣人之作也。……"。关于建筑，有"匠人建国"、"匠人营国"、"匠人为沟洫"三节。

"匠人建国。水地以县，置槷以县，眡以景。为规，识日出之景与日入之景。昼参之诸日中之景，夜考之极星，以正朝夕。"

"匠人营国。方九里，旁三门。国中九经九纬，经涂九轨。左组右社，面朝后市，市朝一夫。夏后氏世室，堂修二七，广四修一；五室三四步，四三尺。九阶。……殷人重屋，堂修七寻，堂崇三尺；周人明堂，东西九筵，南北七筵，堂崇一筵。五室，凡室二筵。室中度以几，堂上度以筵，宫中度以寻，野度以步，涂度以轨……"

"匠人为沟洫……葺屋三分，瓦屋四分。……墙厚三尺，崇三之。"

《考工记》对于建筑的直接叙述集中于"匠人"，虽然记述非常简略，但在"车人之事"中对攻木技艺的记述却充分显示了当时已达到的十分精湛的水平。攻木之工分为"轮"、"舆"、"弓"、"庐"、"匠"、"车"、"梓"，尤其"车人为车。柯长三尺，博三寸，厚一寸有半。五分其长，以其一为之首。毂长半柯，其围一柯有半。辐长一柯有半，其博三寸，厚三分之一。渠三柯者三。行泽者欲短毂，行山者欲长毂。短毂则利，长毂则安。行泽者反輮，行山者仄輮。反輮则易，仄輮则完。……"。所包的含材料力学、结构力学、工程学内容着实令人叹为观止。

从一些商朝的象形甲骨文字中可以推测出一些有趣的结论，图2.3摘自刘敦桢先生主编的《中国古代建筑史》，从中可以推测出当时房屋下部有些在地面上建台基，有些则使用干阑式构造等。

夏、商、周的中心地区在黄河中下游，土质条件有不少是湿陷性黄土地带，为了防止地基湿陷，先民发明了夯土技术，素土夯实，有的还掺入草木灰，既可消除黄土的湿陷性，又可夯筑高大坚硬的台基或墙壁，可以建造大型建筑。夯土技术施工简单，就地取材，是中国古代最基本的建筑技术之一，至今在陕西关中地区仍有大量使用。在今河南省安阳发现的殷墟中，商朝的宫室遗址提供了很好的证据（图2.4）。五十几处房屋基址的平面呈方形、长方形、条状、凹形、凸形等，最大的基址达宽14.5m，广80m。基址全部使用夯土台基，高0.5~1.2m不等。有很多基址上面残存着有一定间距，呈直线行列排列的石柱础。础石都用直径15~30cm的天然卵石，而以其较平的一面向上。其中位于主轴线上北区最大的条状基址的石础上，还留着若干盘状的青铜制成的"锧"，这些铜锧垫在柱脚下，起着取平，隔潮，装饰甚至还有其结构隔震作用，这种做法表明，当时的木结构房屋已经放弃了把木柱嵌入地基的做法，按结构稳定性需要，柱的上端与梁枋形成嵌固，房屋变成方"鼎"形、或"八仙桌"形，并且在础石附近还发现了木柱的烬余，证明商朝后期已经有了相当大型的木构架建筑了。根据考古发掘，当时建筑工程所使用的工具已有青铜制的斧、凿、钻、铲、锯等。工具按功能的明确分类无疑是那个时代力学经验成熟的表征，工具是技术的载体。"鼎"是典型一例，它体量高，重量大，放置稳固，美观雄壮，极具结构美。这从侧面也可反映出当时结构工程的水平，图2.5摘自《考工记图说》。

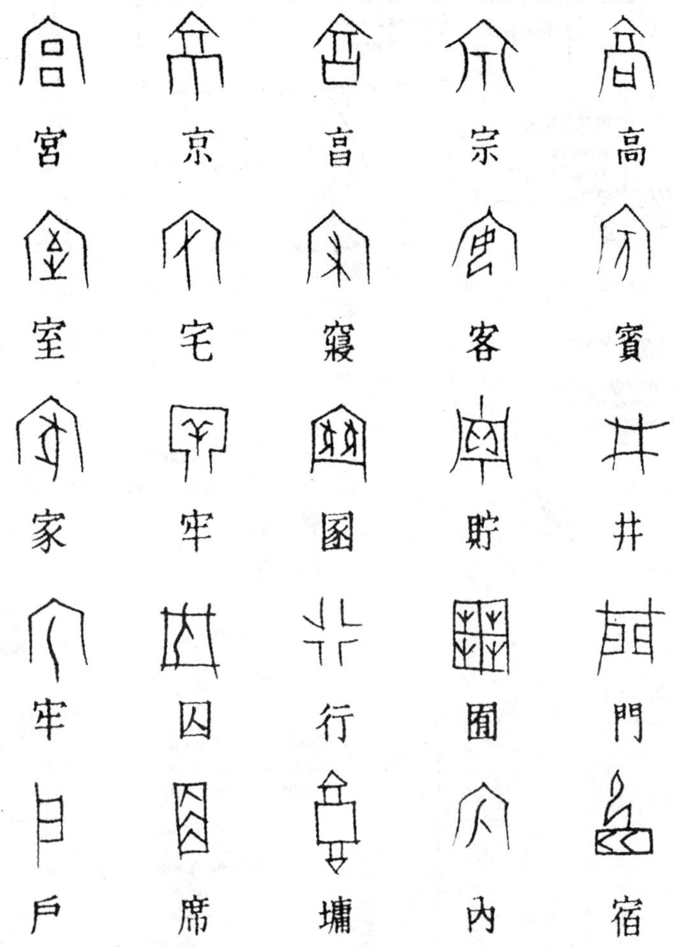

图 2.3　甲骨文中关于建筑的象形文字

应该说柱脚简单平支在基础上端水平面上，柱头被梁枋嵌固，“柱子的根在上部”是中国古代建筑结构最鲜明的区别于古今其他各体系的最大的结构特征。

西周始于公元前 11 世纪。近年发现的陕西岐山西周立国以前的建筑遗址，已有两进的院落式房屋，外墙为夯土或垛泥承重墙，室内用木柱，其上为木构架草屋顶，也有用瓦。较明显确凿的特点是主要受力柱的根部相当长度嵌固在夯筑的台基土体里，这是木结构早期比较自然被采用的构建方法。至今在陕西岐山一带还可看到“半边盖”的土坯房，房子的四壁都可用土筑，最高的一面墙直接通到屋脊，这面墙里要用叫做“通三身”的暗柱，根嵌在灰土基础中，通身作为墙的龙骨，柱顶和屋架相连。

在西周青铜器上已出现了柱间用阑额、柱上用斗的形象，是斗栱出现之滥觞。如图 2.6 所示“令簋”的四足做成方形短柱，柱上置栌斗，再在两柱之间，与栌斗斗口内施横枋，枋上置二方块，类似散斗，和栌斗一起承载上部板形的座子。这些构件的形状和组合与后代檐柱上的结构构造形状大体相同。更重要的是“令簋”的制作年代，上距武王灭商仅 20 多年，因此，我们有充分理由推测商朝末期柱上可能已有栌斗，不过栱的出现应在此以后。此外，西周方鬲的下部，在正面设双扇板门，门扉划分为上下二格，门的两侧各有卧棂造栏杆

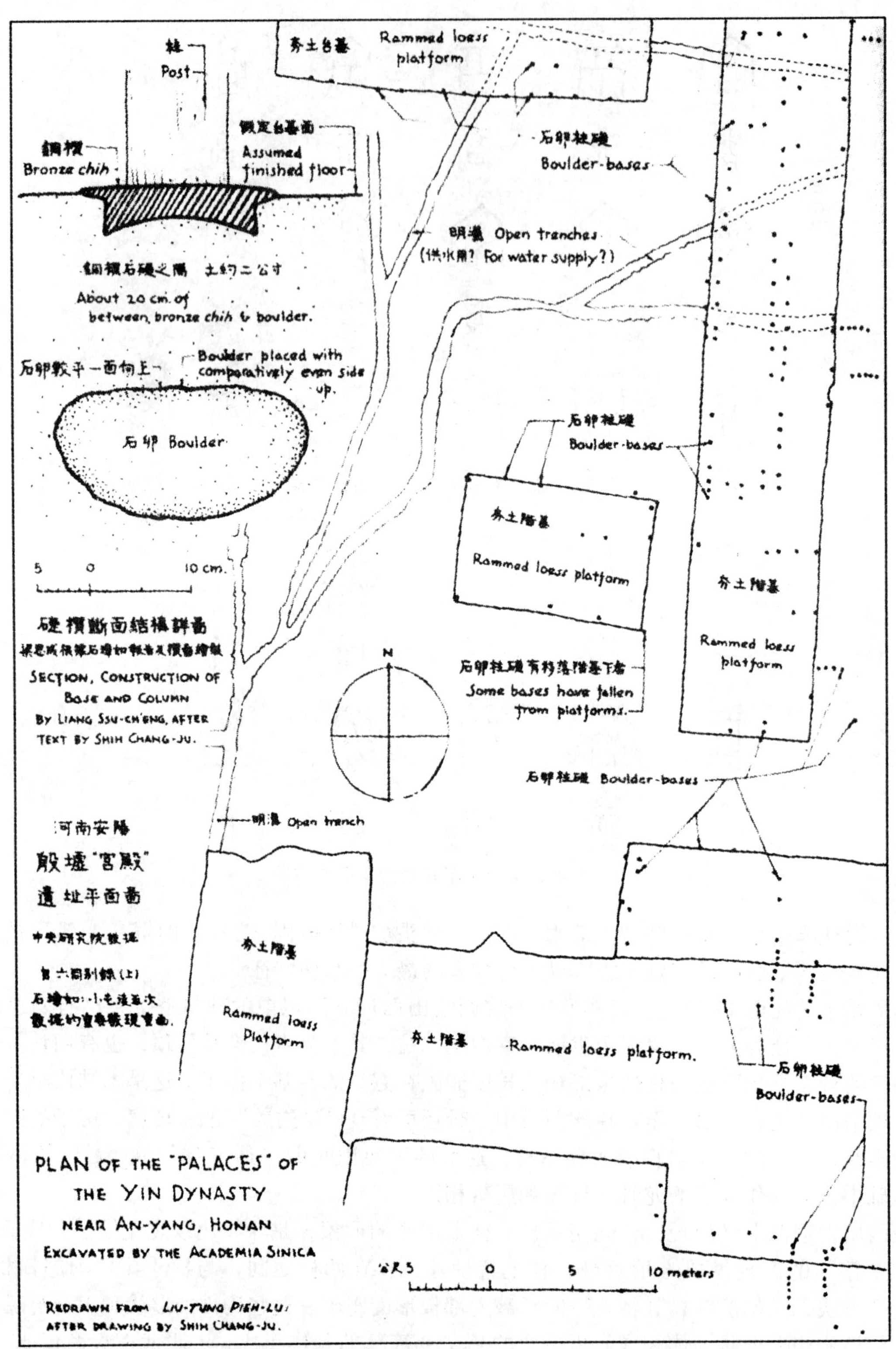

图 2.4　摘自梁思成《图像中国古建史》的殷墟宫殿遗址图样

图 2.5　西周大克鼎（引自《考工记图说》）

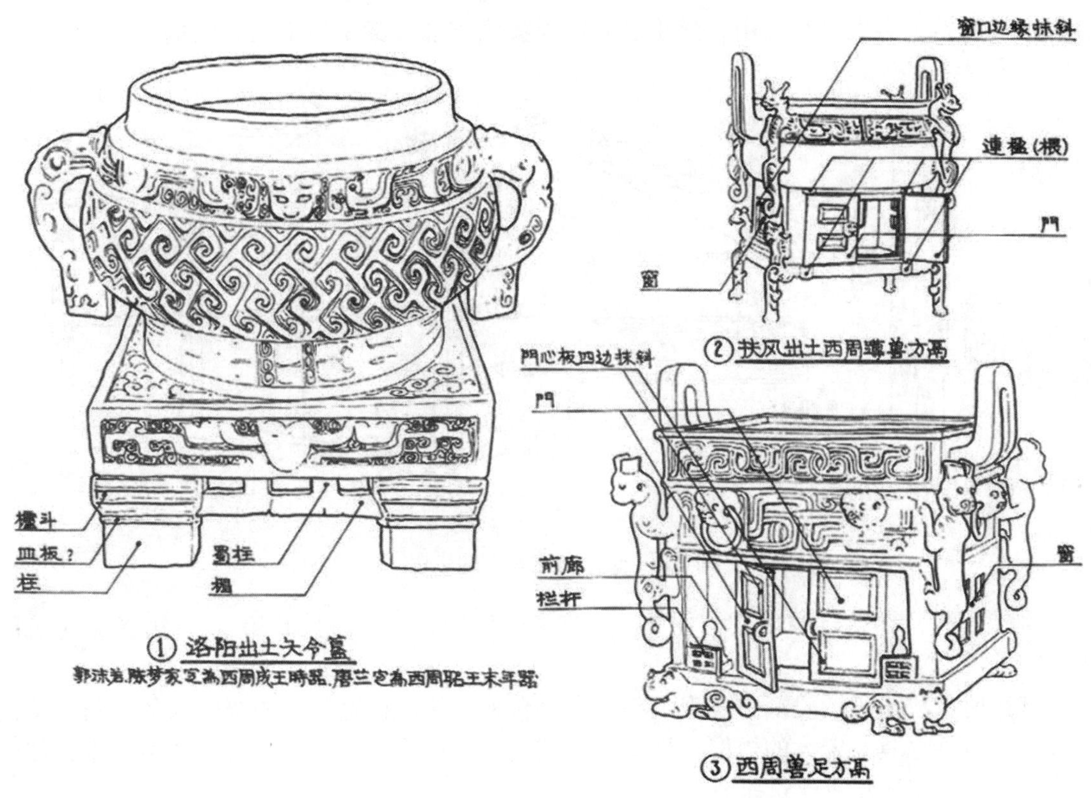

图 2.6　西周青铜器中的建筑元素（引自《图像中国古建史》）

一段，反映建筑物入口的形状，这种门的安装与后世所用柱间木板门是相同的。西周已出现板瓦、筒瓦、人字形断面的脊瓦和圆柱形瓦钉。这种瓦粘固在屋面泥层上，解决了屋面防排水问题。瓦的出现是中国古代建筑技术的一个重要进步。不过瓦的使用到东周的春秋时代才逐渐普遍，屋顶坡度由草屋顶的1∶3降至瓦屋顶的1∶4，（记载于《考工记》）。这时除板瓦以外，又出现了瓦当，介此我们可以推断当时屋顶的重量已很大，进而推测梁架及下部结构所需要的承载能力也相应很大。

木构架承重，使用斗栱，是中国古代建筑独特的不同于其他建筑体系的又一特点，最迟自商周时期形成，并逐渐固定下来。

春秋、战国时（公元前770至公元前221年），周王室权力衰微，所辖地区先后出现很多小国，逐渐演化出春秋五霸、战国七雄，并兴建了大量都城宫室。宫城内的宫殿大多是台榭。台榭是以阶梯形夯土台为核心，逐层建屋，靠土台层层升高造成外观象多层楼阁的大体量建筑。它是在建筑技术不发达的情况下建造的雄壮高大的建筑。各层夯土台的边缘和隔墙墩垛要用侧向受力的壁柱、壁带（横枋）加固，以防土台崩塌。

在凤翔曾出土春秋时用在壁带上的镂空青铜装饰构件，古代称“金釭”，图2.7摘自《建筑结构构造图集》。金釭使用在结构中木构件或节点受力较大容易破坏的部位，它是用青铜铸造的承载力很强的辅助抗弯构件。从金釭的体量、选材和使用的位置可推知当时已经具备了很到位的结构力学经验。在今陕西历史博物馆中陈列着一个出土的金釭，体量大，釭壁厚实，显然是建筑构件。但不知为什么，或许是过于昂贵，或者金釭被其他技术形式所代替，后世的建筑中再也没有使用，只是在一些雕梁画栋的图案中似乎还有它的影子。

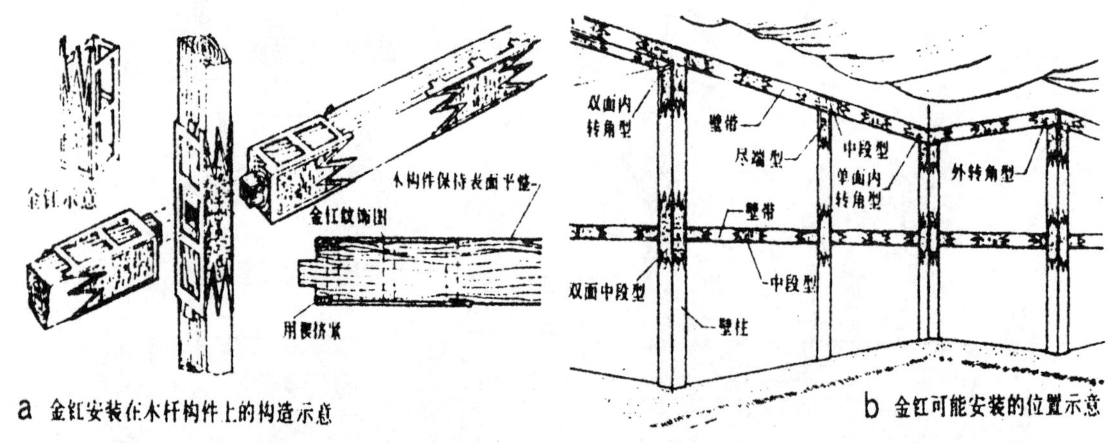

图2.7　金釭在建筑中的应用

有文献记载，春秋已经使用“重屋”，即多层房屋，楼。说明已有了构建多层建筑的技术。

在战国时代中山王的陵墓中发现了刻有当时台榭建筑的铜鉴，证明当时大的建筑已按设计图建造。台榭已具有宏大的规模，柱梁之间使用了斗栱连接，已有很高的建造技术，如图2.8示（摘自《傅熹年古建筑研究论文集》）。

据考古发掘证实，到战国时，宫室已使用模制花纹的地面砖和瓦当，地面及踏步铺砖和具有内排水功能的空心砖。地面用朱色抹面，墙壁素白并绘有壁画，壁柱、壁带上用金铜装

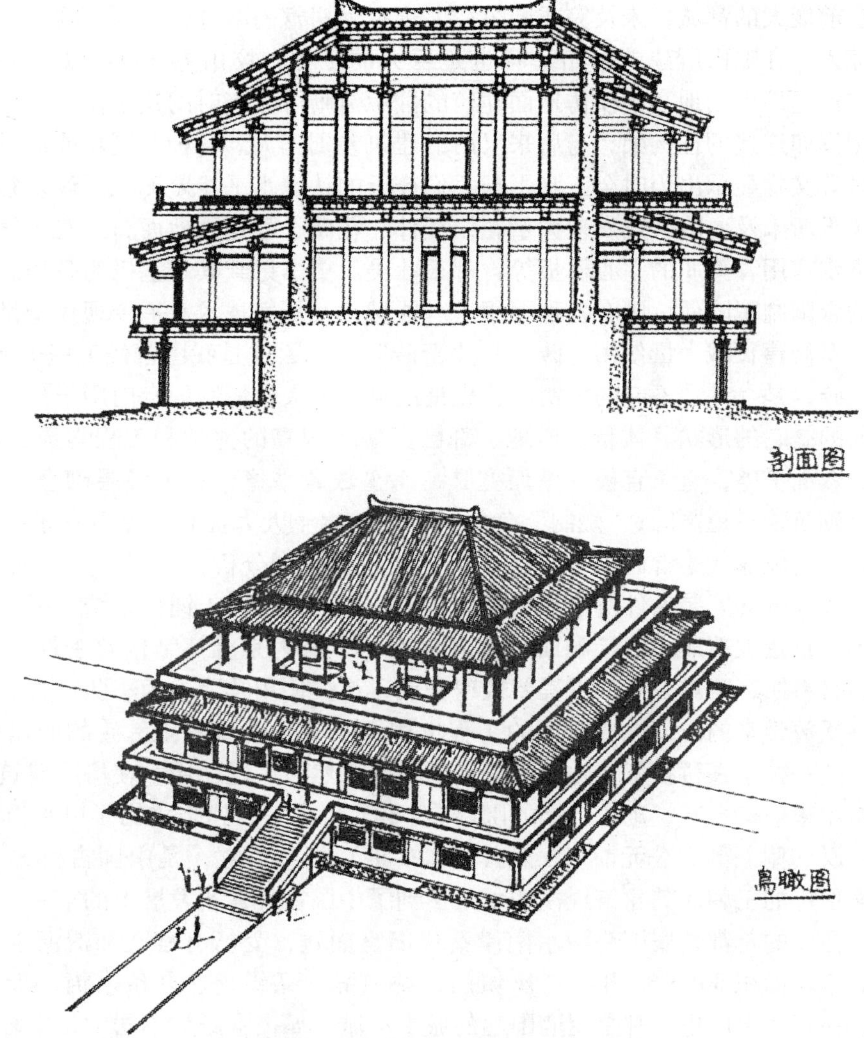

图 2.8　台榭建筑

饰或镶嵌玉饰，十分豪华。夯土台上有巨大的集水陶管和下水道，其技术和艺术水平又明显高于春秋时期。

另外，从《论语》中所载“山节藻棁”和《春秋穀梁傳注疏》载“礼楹，天子丹，诸侯黝垩，大夫仓，士黈。”从对装饰制度的描述里也可以看出春秋时期木构架已经是主要结构形式，并且有等级划分。春秋时代出现了著名的建筑匠师鲁班，传说鲁班曾造出九种攻城器械以及其他精巧的器物，包括大型攻城用的器械。鲁班被后代奉为建筑工匠的祖师。在山东淄博新近发现的春秋时鲁国战车，显示出当时已有很高的木结构技术。轮、轴、辕等构件的形状与其受力情形非常匹配，与现在我们根据构件内力来确定的截面和构件形状相似。

三、秦、汉、魏、晋、南北朝（公元前221至公元581年）

秦（公元前221至公元前207年）是强盛而短暂的王朝。秦统一六国后仿建六国宫殿于咸阳，在渭水南岸建新宫，又建了大量离宫，都是规模空前的建筑活动。全国各地的建筑技术、建筑艺术得到一个交流融合与发展的机会。秦拟把咸阳扩建为夹渭河两岸、以桥相连的空前庞大的都城，未及完成即覆亡。现存阿房宫前殿址，东西1000余m，南北500m，规模惊人。在骊山所建的秦始皇陵也是巨大的工程，坟山方350m以上，高43m，有两重围墙。这里发现的地宫中模仿地面建筑的翻版清晰可见当时的建筑模样，已经有了双道额枋和柱用榫卯连接的柱构架，与后来汉唐的建筑差别不大。各种不同功能而设计精美的兵器和铜车马等文物显示出当时金工水平与我们今天的认识水平相差无几，许多独辟蹊径的创举为我们今天所未及。陵区还发现大量花纹瓦件、花砖、雕花纹地面石、有云气纹的青铜门楣、兼作下水道用青陶质的空心桥板等，都很壮美。史书记载其墓室极为豪华。在陵东发掘出的巨大的青陶制军阵俑坑中有各种军用车马器械，其真实技术水平令现代全世界叹为观止。

秦修建长城大量使用青砖，有“秦砖”之称，这是我国古代工程史上的一座里程碑。

砖，是一件了不起的发明。首先是最早人工大量烧制的专门用于建筑承重的方块材，更重要的是它的形状、体量、质地、都已汇集了很高的力学和工程学成就。规则的长方六面体，六面平整，直角直棱，厚而宽长，水平放置平稳，利于层层砌合，可保证层叠受力传力，砌筑物平稳坚固；“烧制”使块体强度比生土大大提高，更适宜于垒砌出承载力大的高墙；秦砖较现代小青砖尺寸要大、重，从工程角度分析，可能是受当时的工程建造不用砂浆，及运输、安装条件所限，秦时砌体往往干砌或以粘土铺垫粘结，因灰浆强度低而需要借助砌块重量大造成上下接触面间相对较大的摩擦力来维持结构整密性。传说秦时在山顶筑城，材料搬运困难，一项工程要快速完成，往往使用几万人的军队，人负一砖，依次登上山顶，摆放带来的砖，这样很大的工程也用不了几日就可完工。砖的使用自秦汉始便长盛不衰，这一技术在科技工业化飞速发展的今天仍然被广泛使用。在房屋建筑中所使用的砖通常只是用来包砌台基，砌筑较矮的围墙。《墨子》中有“宫墙之高足以别男女之礼。”

汉（附新莽，公元前206至公元220年）继秦而立，是中国古代第一个中央集权的强大而稳定的王朝。其建筑规模和水平达到了中国古代建筑发展上的第一个高峰。

西汉的首都长安围绕渭水南岸秦代旧宫而建，受已有宫殿和渭河走向限制，轮廓不方整。全城面积36km^2，开十二座城门，城内辟八条纵街、九条横街，街宽近45m，置有九市、一百六十闾里，都是用墙围起的城中小城。城内宫殿均不居中，中轴线上是一条南北大街，宫在街两侧，宫门外都建巨阙，主要殿堂仍是巨大的台榭。城内还建有官署府库。近年发掘的西汉国家武库由数座建筑组成。最大一座进深竟达45m多，残长190m，分四个房间，其体量以今天的标准看也是巨大惊人的。西汉末和王莽时，在长安南郊建明堂及王莽宗庙。宗庙共十一座，分前后三排，互相错位。每庙的院落呈正方形，四面开门，正中建一方40m左右的台榭，一座特大的台榭方约80m。这是迄今所见最巨大完整的汉代建筑群。公元25年，东汉定都洛阳。洛阳平面为南北长矩形，面积9.5km^2。城内有南北两宫，但未形成共同的南北轴线。两宫之间和宫内重要宫殿间用架空的阁道相连。东汉的官署规模巨大，司徒府（相府）近似于宫殿。宠臣宅第有多重院落，曲折连通，有暖房、凉室等设施，有的附有园林。这些在现存汉陶屋和画像石中都可看到，说明汉代建筑技术已有巨大发展。

距今约2000年，汉朝张衡发明了候风地动仪，这在世界抗震史上都是一件大事，地震仪就是按地震会使地面上刚体震动摇摆的原理制作的，虽然只是用来感知已经发生的地震，但在遥远的汉代，它表明人们已经很重视地震研究，并已经找到了地震的一些规律。

大约公元1世纪，出现了由前人著作汇编而成的《九章算数》，标志着中国数学已经形成体系，其中有不少应用于工程的计算方法，如求面积、开平方、勾股定理、方程等。《九章算术》“商功”章提到城、垣、堤、沟、堑、渠，因其功用不同因而名称各异，其实质都是正截面为等腰梯形的直棱柱，他们的体积计算方法：“术曰：并上、下广而半之，以高若深乘之，又以袤乘之，即积尺”。这里上、下广指横截面的上、下底，高或深即横截面的高或深，袤是指城垣等的长。应该讲数学的发展来源于实际工程需要，而数学的发展水平无疑对当时乃至以后的工程设计发挥了重要作用。

从东汉的明器陶屋和画像石看，中国古代三种主要木构架形式——柱梁式、穿斗式、密梁平顶式都已出现，且已能建造独立的大型多层木构楼阁（图 2.9）。

西汉以来出现了砖石栱券结构。东汉更盛，除筒栱外，还能建双曲扁壳及穹窿。因土木结构发展在前，而初期又不能造大跨砖石栱券，遂用来建墓室。久而久之，人们在概念中又把栱券与冢墓联系起来，故更难用于宫室和居住建筑。栱券在东汉末开始用于桥梁，魏、晋、南北朝后用于砖塔，但始终不能象木构架房屋一样广泛用于人居。

汉代建筑遗物只有石祠和石阙。四川一些东汉石阙仿木结构雕出柱、阑额、斗栱、椽子、飞檐、屋顶，比例优美，风格雄健，可视为汉代木构建筑的写照。

中国建筑所特有的斗栱，从西周初年到战国时代若干装饰图案中可被证实柱上已有栌斗。斗栱不但见于西汉文献，还见于东汉的石阙、崖墓和明器、画像砖上的建筑中。这时斗栱既用以承托屋盖，也已用来承托多层结构的“平坐”，作为大梁的支座，被普遍应用，成为了结构重要组成部分。

从战国时期的木椁木棺的结构中已使用了多种十分严密的榫卯，可以想象，汉代的木构架建筑的施工技术可能已经达到了相当的水平，可惜没有实物存留至今。但史书中记载了秦汉时期有过多次规模浩大的工程建设，正是因为有可靠的技术保障，秦汉两朝才有可能建造大规模的宫殿和多层楼阁式建筑。

两晋南北朝（公元 265 ~ 581 年）之初，西晋取代曹魏并统一全国，但很快覆亡。其残余势力在江南建国，即东晋。中国陷入南北分裂局面。此期建筑上最值得注意的是佛教传人，大建寺塔。佛教是外来宗教，为在中国传播，迅速中国化，故寺庙取中国宫殿、官署的形式，以示佛的庄严和极乐世界的壮丽美好。塔也与传统木构楼阁结合起来。在现存北朝各石窟中都清楚地表现出这一中国化的过程。由于社会不安定，南北各朝都求福佑于佛，建寺成风。史载，南朝建康有 480 寺，北魏洛阳有千余寺。公元 516 年，北魏胡太后在洛阳所建永宁寺塔，高九层，总高四十余丈，下为土心，可能是历史上最高的木塔。唯一遗留至今的北魏塔是河南登封嵩岳寺的十五层十二面砖塔，高 38m，外轮廓作抛物线形，曲线优美，施工难度颇大，表现了很高的艺术和技术水平。

此期长近 800 年，以秦、汉为高峰，中国古代建筑的木构为主的特点已基本成熟和稳定。而在东汉至南北朝时大量传人的佛教和中亚文化包括建筑，只能作为营养被这个体系消化吸收，而不能动摇其主干体系。三国至南北朝约 350 年，中国南北分裂，在造成破坏衰退的同时，也出现了各地区各民族建筑技术交流的机会，建筑风格也随之发生变化，外观由汉式的端严雄强向活泼遒劲发展，屋顶由平面变为凹曲面，屋檐由直线变为两端上翘的曲线，柱由直柱变为梭柱，直接说明力学观念有了新的进展。建筑外观形象逐渐改变，开一代新风，为下一阶段隋、唐时期建筑的新发展准备了条件。

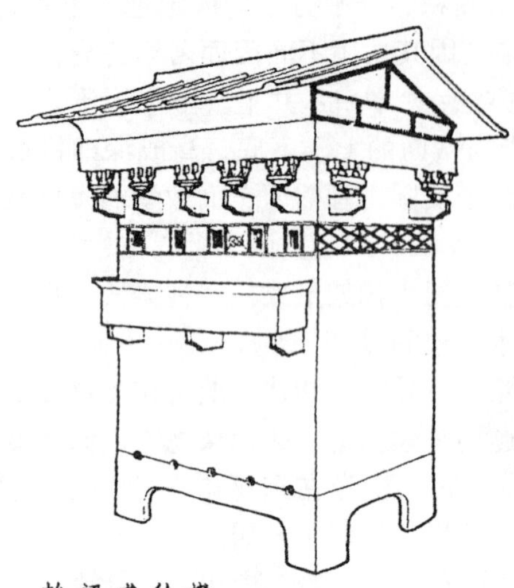

抬梁式結構

河南滎陽漢墓明器

抬梁式結構（屋簷下用插栱）

四川成都畫象磚

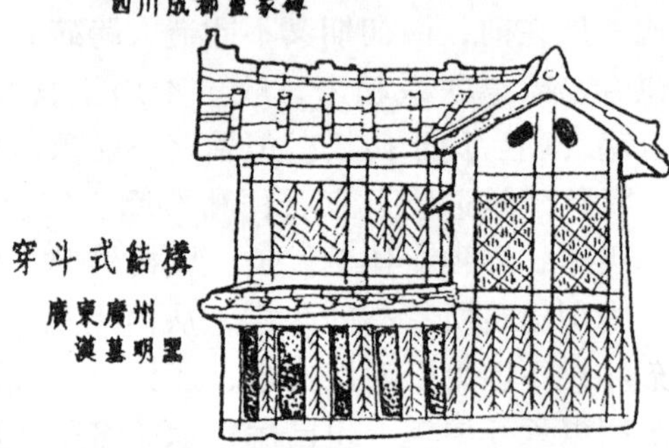

穿斗式結構

廣東廣州

漢墓明器

干闌式構造

江蘇銅山畫象石

干闌式構造

廣東廣州漢墓明器

井幹式結構

雲南晋寧石寨山貯貝器上花紋

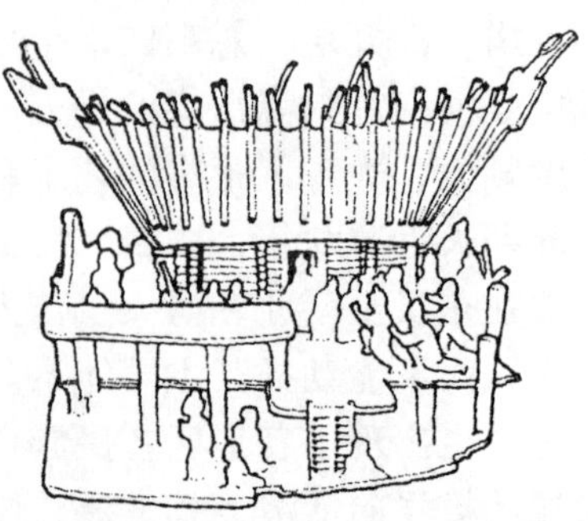

井幹式結構 雲南晋寧石寨山銅器

图 2.9　汉代的明器陶屋和画像砖

四、隋、唐、五代、宋、辽、金（公元581~1279年）

隋（公元581~618年）和秦相似，统一全国后因使用民力过急，造成经济破坏和全国动乱，很快覆亡。但它在短期内能进行大量建设，也显示了统一后宏大的气魄和迅速增强的经济力量。隋建大兴城（唐改称长安）和开大运河都堪称人类历史上的壮举，隋兴建的赵州安济石拱桥也是世界桥梁史上的杰作。

公元582年，隋在龙首原上创建新都大兴，城平面为横长矩形，开十三座城门，城内干道纵横各三条，称“六街”，总面积达$84km^2$，是人类进入现代社会以前所建的最大的城市。城内中轴线北端建宫城，宫城前建中央官署专用的皇城。在中轴线上有一条长8km、宽150m的主街，经外城、皇城，直抵宫城正门，北指宫中主殿，气势之壮，前所未有。主街左右用纵横街道分全城为108坊和两市。它是吸收北魏洛阳经验创建的，城市之规整，街道之方正宽阔，宫殿、官署之集中，功能分区之明确，均超过前此之都城。这座巨大的城市，一年即基本建成，表现出卓越的设计和组织施工的能力。它的设计者是杰出的建筑和规划家宇文恺。公元605年，宇文恺又主持新建东都洛阳，面积$47km^2$，也是一年即基本建成，这也说明当时我国的建筑工程设计、施工水平已达到很高，否则无法完成。

唐（公元618~907年）继隋后，恢复经济，安定民生，巩固统一，抗御外敌，很快成为统一、巩固、强大、繁盛的王朝。此时，达到了中国古代建筑发展上的第二个高峰。

唐改隋大兴为长安（今西安偏西区域），修整城墙，建立城楼，制订一系列城市管理制度，又由于丝绸之路的繁荣，长安成为了壮丽雄伟、外商云集的国际性大都会。随后，在长安修建了大明宫、兴庆宫两座宫殿，都以宫室壮丽闻名。唐代所建的最宏伟的建筑是武则天在洛阳所建的明堂，平面呈方形，宽89m，总高86m，高三层，上二层为圆顶。这座极为巨大复杂的建筑，仅用10个月即完工，可见当时在设计、预制、组织施工诸方面已有很高水平。在长安修建的庄严寺木塔，高330尺，反映了当时木结构技术的巨大发展。

唐代建筑留存至今的只有四座木建筑和若干砖石塔。在四座木建筑中，以建于公元782年的山西五台南禅寺大殿和建于公元857年的五台佛光寺大殿最具文物价值。虽只能反映唐代建筑的中下等规模和一般水平，远不能和长安名寺相比，但仍可看出这时木建筑已采用模数制的设计方法，用料尺度规格化，结构构件也顺应其特点做了适当的艺术处理，达到了建筑艺术与技术的高度统一，证明木构建筑至此已经达到完善成熟的地步。在后来，宋《营造法式》中所列的侧脚、生起等做法，唐代木构实物均明显存在。唐代木构架榫卯连接技术已达醇熟，1974年落架重修南禅寺大殿，它的木构榫卯，如榑枋等构件拼接均采用营造法式中所术的“螳螂口”，既可传递拉力也可传递弯矩。所有构架连接处理都有明确的传力分工。另一个明显表征，隋唐开始在高级殿堂中大量使用圆柱和截面高厚比为3∶2的方梁，如图2.10。在隋以前，自西安汉代遗址所见，多为方柱，东汉巨型石阙、明器所示仍以矩形柱为主。南北朝时，多见八棱柱，或方柱微杀四角令圆和，虽已出现圆柱但应用并不广泛。其原因可能是原木必须经过规整加工，方材最容易加工成型，也方便计算和使用。而圆柱与梭柱要求颀削光洁圆滑其工艺难度虽大，但可以保留圆木最大的抗压截面。在其中应该是暗含着结构力学，材料力学方面的内在原因。随着建筑规模越来越大，柱荷重越来越大，同样原木，用作圆柱比用作方柱对材料损伤更少，圆柱对树干的材料利用率最高，构件受力有效截面最大，承载力当然最高。而若以一根圆形截面原木作梁，既不美观也很难连接，支座处容易转动滚动。矩形截面既好加工又易于和其他构件规整连接，而从原型截面中切出一个矩形截面使其截面抗弯惯性矩最大自重最轻的话，按现代材料力学方法计算，矩形截面长短边尺寸最合理的尺寸比值为$\sqrt{2}/1$。为便于施工尺寸取整，与$\sqrt{2}/1$最接近为3:2。这也是后来《营造法式》的材分制中规定“材”的截面高厚比为“15分:10分”的理由。依此看来，汉唐之间我国的力学与数学有过长足发展，水平已相当高，之所以没有形成象现代科学研究一样的发展规模，其原因可能是它门只在少数大匠人之间传播。在中国古代，百工之术始终没有像儒术一样受到统治阶层重视，以致不能像西方近代科学研究一样得到蓬勃发展，形成风气，形成严谨而得到公认的体系而被现代广泛应用。对于古代工程学发展历史的研究，中国古代除了《考工记》那几部典籍，往往直接体现在各种实用工具上或事物上，如水车、战车、犁架、石碾、弓箭、大到宫殿、高楼，仔细去研究，其用材及构造处理都已非常妥当。

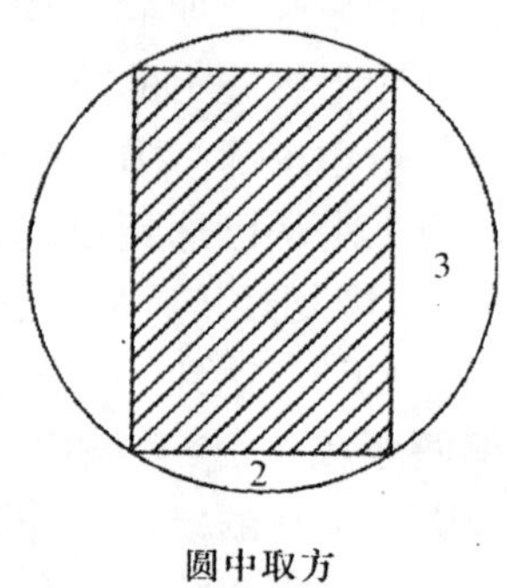

圆中取方

图2.10　圆木中取方梁截面

辽（公元916～1125年）为契丹族在中国北方所建，长期与北宋对峙。它的建筑是唐代北方建筑的传播和发展的产物。其早期建筑如公元984年所建的蓟县独乐寺观音阁，几与唐建筑无殊。辽最著名的遗构是公元1056年所建的应县佛宫寺释迦塔，为八角五层全木构塔，高67m，是现存世界最高的古代木建筑。它被设计为，以第三层面阔为模数，每层高度都和它相等，利用斗栱的变化逐层调整立面比例。此塔表明这时设计中除以材为模数外，还以面阔为扩大模数，设计更为精密。辽的辖区在经济上落后于中原和关中，辽之文化、技术落后于北宋，而能在建筑上做出如此卓越成就，就此可推知，在唐、北宋的中心地区，建筑水平应更高于此。

宋（公元960～1279年）分为北宋、南宋。北宋与辽和西夏对峙于河北、山西、陕西一带，在一个比唐代小的疆域内发展创造出了高于唐代的经济文化文明，宋是中国古代科学技术发展的一个巅峰时期。北宋时，国土分裂，对外取守势。它在城市、宫殿、邸宅建筑上都没有强盛、开放的唐代那种宏大开朗的气魄，但经济较发达，社会风气日渐偏重实际享受，其建筑遂向较为精练、细致、装饰富丽方向发展。北宋建筑遗物极少，不能反映主流建筑面貌，但北宋末所编的《营造法式》可以弥补。它把唐代已形成的以材为模数的大木构架设计方法、于建筑工程有关的各工种的规范化做法和工程定额作为官定制度确定下来，对工程结构附以详细的图样，遂形成了现存中国古代最完整的建筑法规和正式的建筑图样，是研究宋代建筑并上溯唐代下涉金、元的重要技术史料。从它的“敇编海行”可以想象国内土木营造技术何等繁盛。《营造法式》同时也是对宋以前的建筑、结构学、力学、几何学，工程管理科学成就的较完整的小结。《营造法式》中谨按《九章算经》取圆周率“圆径七其围二十有二”，即 22/7 = 3.142857142857，于我们现在的 π = 3.1415926……的差别从小数点后第三位开始。尽管南北朝时期祖冲之已经把圆周率精确推算至 3.1415926 到 3.1415927 之间，但对于工程适宜的精度取 22/7 已经足够了，而且使用起来很方便。

北宋亡于金后，在淮河以南建立南宋，与金对峙。南宋定都临安（今杭州），以府城、府衙为都城、宫室，比北宋更小，建筑基本属浙江地方风格，但苑囿及园林精美。南宋建筑往往构架带有穿逗架特点，属地方风格，即令官方造的建筑如苏州玄妙观三清殿也是如此。或许这与南方临海地区抵御台风等实际要求有关。

金（公元 1115 ~ 1234 年）灭北宋，掳得大量文物、图书和工匠，所以它的典章制度、宫室器用多是北宋风格。金皇室奢侈无度，建筑曲线更为柔和，装饰在精致之余渐趋繁富。现在习见的砖墙、黄瓦、白石须弥台基等宫殿形象，实始于金。

这一较长的历史阶段延续 660 余年，以唐为最高峰。唐是继汉以后又一个统一昌盛的王朝。它的房屋造型饱满浑厚，遒劲雄放；木构架条理明晰，构件尺度精准明确，应是工程力学取得了巨大成就的表征。唐所建含元殿，麟德殿、明堂等大型建筑的尺度，以后各朝都未能超过，可以认为已接近古代木构建筑尺度的极限。所以，无论从建筑艺术还是建筑技术衡量，唐代都是臻于成熟的盛期。

五、元、明、清（公元 1271 ~ 1840 年）

元（公元 1271 ~ 1368 年）始称蒙古，公元 1271 年改称元，先后于公元 1234 年及公元 1279 年灭金及南宋，统一全国。公元 1267 年，蒙古在金中都东北平野上建都城大都（今北京），平面为纵长矩形，面积 $49km^2$。元官式建筑继承北宋、金的传统，而用材变小，显得清秀，芮城永乐宫、曲阳德宁殿可为代表。元代建筑地方差异增大。北方多用圆木为梁，构架灵活自由。南方继承南宋传统，构架严谨，加工精确，风格秀雅，公元 1320 年建的上海真如寺可为代表。元代疆域广大，西藏、新疆、中亚风格的建筑都纷纷传人中原。大都万安寺塔（今北京妙应寺白塔）是藏式的喇嘛塔。建于公元 1281 年的杭州凤凰寺和建于公元 1346 年的泉州清净寺则是阿拉伯式样。同时，内地风格也影响到少数民族建筑。西藏夏鲁寺的木制斗栱即是典型的元代官式。山西朔州崇福寺的元代大殿中开始使用了有斜腹杆的大跨度木桁架梁。但其实仍与现代的三角形桁架不同，不是由许多三角形连成，而只是在传统替力梁架的上部梁两端位置加了两个大叉手，似乎仅此一例，在其前和其后的大型殿堂中并不复见。

明（公元 1368 ~ 1644 年）灭元后，先定都南京，由江、浙工匠修宫室，故明宫室建筑受南宋以来的传统影响巨大。明永乐帝迁都北京，由南方工匠按南京宫殿式样建北京宫殿，明初江、浙建筑式样遂成为明官式的基础。明是唐以后汉族建立的唯一全国统一的政权，立国之初气魄甚大，在制订制度、巩固统一上做了很多事，其中也包括制订建筑制度。对王府、各级官署、官民住宅，从布局、间数、屋顶形式、色彩都有规定。对地方城市也进行大力修整，如砖包城墙，在各州、县修建宏伟的钟鼓楼，在各州县都修有地标性质的高大砖塔等都在此时。这些对明、清两代城市和建筑都有深远影响。

明代宫殿、坛庙多用楠木建造，以斗口为单体建筑设计模数，外形严谨，采用砖墙、瓦屋面、石条包砌的高大台基，在设计、选材和施工质量上又有进步。

清（公元 1644 ~ 1911 年）定都北京，沿用明的都城宫室，未作重大改变。清官式建筑即明官式建筑的继续和发展。公元1733年，清工部颁布《工程做法则例》，以开列二十几座典型、常用的官式建筑的详细尺寸的形式，表达明、清两朝官式建筑的设计规律和特点。它以斗口（栱宽）或柱径（三斗口）为模数，便于计算；简化梁柱结合方式，斗栱变矮小，但数量增加，沿柱架上槽加密布置。清式虽外观较宋式严谨，构架类型也较少，但标准化程度高，利于大量预制，并保证建筑群统一协调，在艺术和技术上都能达到一定水平。清雍正、乾隆两朝建了大量建筑，工期都不长，标准化程度高起了很大作用。

此间，明代不仅建了南京、北京两座都城和宫殿，而且恢复、修整、重建了大量地方城市，制订了各类型建筑的等级标准。明中期还增修长城，给有2000年历史的伟大工程做了一个辉煌的总结。明代堪称中国古代继汉、唐以后的最后一个建筑发展高峰。清初在明的基础上续有发展，但清中叶以后官式建筑由成熟定型转为程序化，木结构构架由井然有序、尺度适当转为随材就简。

清晚期，随着西方列强的洋船火炮，开始有西洋式砖石建筑出现在这块东方的土地上。清朝木结构官式建筑和清朝国势一同走向了衰颓的道路。中国传统木构建筑受国力、国势和国运的影响走向了的衰老。但此时期的建筑构件更加随意，甚至往往可以凑活着建造，这也恰恰表明其时木结构建筑技术早已为中国人熟练地使用了。

2.2　中国古代建筑木结构的基本特点

中国建筑在其漫长的发展过程中逐渐形成若干迥然区别于其他建筑体系的基本特点。它初具雏形于商、周之时，延续至清末，历时至少有3000多年。其间不断发展变化，但有一些基本特点逐渐固定了下来。被近现代建筑史学家大体归纳为以下六个方面：

一、木构架始终为房屋的主要结构形式

中国古代建筑的主要特点之一是房屋多为木构架建筑。砖石结构建筑就全国范围和历史发展而言，始终未能大量使用。这种房屋以木构架为房屋骨架，承屋顶或楼层之重；墙壁是围护结构，只承担自重。

二、屋面凹曲、屋角上翘的大屋顶

柱梁式房屋的屋面轮廓在汉代还是平直的。自南北朝以来开始出现用调节每层小梁下瓜柱或驼峰高度的方法，形成下凹的弧面屋面，使檐口处坡度变平缓，以利采光和排水。中国古代建筑的屋顶除两坡外，重要建筑的屋顶还有攒尖（方锥）、庑殿（四坡）和歇山（廉殿与两坡的结合）等形式（图7.1）。后三种在相邻两面坡顶相交处形成角脊，下用角梁承托。宋以前角梁和椽都架在檩上，而角梁之高大于椽径二倍左右。在汉代，椽子和角梁下面取平，故屋檐平直，但构造上有缺陷。至南北朝时，开始出现使椽上皮略低于角梁上皮的做法，下用三角形木垫托，撑起诸椽，这就出现了屋角起翘的形式。至唐成为通用做法，后世更设法加大翘起的程度，遂成为中国古代重要建筑在屋顶外观上又一显著特征，称为“翼角”。

三、重要建筑使用斗栱

至迟在西周初，在较大的木构架建筑中，已在柱头承梁、檩处垫木块，以增大接触面；又从檐柱柱身向外挑出悬臂梁，梁端用木块、木枋垫高，以承挑出较多的屋檐，保证台基和构架下部不受雨淋。垫块和木枋、悬臂梁经过艺术加工，即成为中国古代建筑中最特殊的部分——“斗”和“栱”的雏形，其组合体合称“斗栱”。到唐、宋时，斗栱发展到高峰，从简单的垫托和挑檐构件，发展成与横向的梁和纵向的柱头枋穿插交织、位于柱网之上的一圈井字格形复合梁垫。除向外挑檐、向内承室内天花板外，更主要作用近似于现代建筑中的连接纵横向梁的柱帽，十字交叉垫梁，成为大型重要建筑结构上不可缺少的部分。元、明、清时，柱头之间使用了大小额枋和随梁枋等，使柱网本身的整体性加强，斗栱使用得更灵巧，体量逐渐缩小。斗栱在中国古代木构架中使用了2000年以上，从简单的塾托到起重要作用，标志着木构架从简单到复杂再到简单的进步过程。

四、以间为单位，采用模数制的设计方法

中国古代建筑的两道屋架之间的空间称一间，是房屋的基本计算单位。每间房屋的面宽、进深和所需构件的断面尺寸，至迟到南北朝后期已有一套模数制的设计方法，到宋代发展得更为完备精密，并记录在公元1103年编定的《营造法式》这部建筑法规中。这种设计方法是把建筑所用标准木材（即栱和柱头枋所用之料）称“材”，“材”分若干等（宋式为八等），以材高的l/15为“分”，“材”高是模数，“分”是分模数。然后规定某种性质（如宫殿、衙署、廳*堂等）、某种规模（三、五、七、九间、单檐、重檐）的建筑大体要用哪一等材，再规定建筑物的面阔和构件断面应为若干“分”，并留有一定伸缩余地（这部分数字应是多年经验积累所得。从现有实物看，所定断面尺寸都有一定安全度）。建屋时，只要确定了性质、间数，按所规定的材的等级和“分”数建造，即可建成比例适当、构件尺寸合理，组装精当的房屋。“材”是直接表示构件横截面尺度的基本单位量，既便于计算使用，又便于用简单的平面单线草样图全面描述整体结构，不再需要绘制三视或剖面图。这种模数制的设计方法可以用简单的口诀在工匠间传播，有简化设计、便于制作、保持建筑群比例风格一致的优点。中国木构架房屋易于大量而快速组织设计和施工，构件是通用的，可以在不同建筑中多次使用，采用模数制设计方法是重要原因之一。

五、室内空间灵活分隔

木构架房屋不需承重墙，内部可全部打通，也可按需要用木装修灵活分隔。木装修装在室内纵向或横向柱列之间。分隔方式可实可虚，自由方便。大型房屋还可把中部做单层的厅，左、右、后侧做二层楼，利用虚、实两种装修组织出部分敞开、部分隐秘而又互相连通和渗透的室内空间。

六、结构构件与装饰的统一

木构架建筑的各种构件，往往应其形状、位置进行艺术加工，使之起装饰作用。例如，直柱可加工为八角柱或梭柱；柱下的础石如覆盆，侧面雕刻花纹；柱间阑额插入柱时的垫托构件雀替下部应其受力变化做成蝉肚曲线，在两侧加雕饰不影响受力截面；斗底抹斜、栱头加卷杀，改变其方木块和短木枋的原形，使斗栱兼具装饰效果；梁由直梁加工成月梁，表明了对梁受力特性的谙熟，是力与美的和谐统一；屋檐的飞椽端部也加卷杀，逐渐变得尖细，以增强翼角翠飞的效果。不仅木构件，屋顶瓦件也多兼实用、装饰于一身。例如，屋脊原是盖住屋顶转折处接缝的，鸱尾、吻兽是屋脊端头的收束构件，脊瓦上的蹲兽原是为防止屋瓦下滑所钉铁钉尾上的防水遮盖物，对这些部分稍加艺术处理，也都变成美观而独具特色的饰物。更加有趣的是古代匠师往往用一些装饰性雕刻，如力士、鸟兽神像等惟妙惟肖的形象，

---

* ：《营造法式》中为“廳”字，《国际标准汉字大字典》中解释为“古同‘厅’”，后文统一用“厅”。

生动传神地说明构件或结构的力学功用。如须弥座侧面和四角的扛重物的金刚图 2. 11（张鹏程摄于应县木塔），铁索桥头的卧牛都有着鲜明直观的力学喻意，用于警喻防火的脊端的鸥尾等也都是匠心所在。

图 2. 11　莲花座下的金刚形象

第三章　中国古代建筑木结构总论

3.1　古代建筑木结构概论及构件的名称

梁思成先生在对我国古建进行多年研究之后，在其《中国建筑史》中对中国木结构古建作了如下概括总结：

（1）以木材为主材，构成构架，承担荷载；

（2）构架多为“梁柱式”。

在台基上筑础，定平之后，立四根柱，上施梁枋（前后横木为枋，左右为梁）构成一间，梁上叠梁，逐级升高构成举架，举架向上支撑横向桁（檩），桁上架椽，椽上钉木望板，再覆以瓦茸。

在横梁和立柱层之间的过渡处，施横材方木相互垒叠，前后伸出作“斗栱”。

四柱成一间，通常一座建筑物均由若干间组成。

中国古建主要部分名称图见图3.1。

古建木结构在漫长的历史发展中，形成了丰富多彩各具特色的结构体系，各个历史时期都有比较明显的演进特征。地域不同，也导致了结构形式逐渐带有了相应的地域风格。目前研究资料较丰富的为唐代以后，辽宋，及元、明、清时期的木构建筑实物较多。就其地域特征而言，北方雄浑大气官式建筑构居多，南方趋于小巧玲珑的民居园林较多。本书以唐代、宋代及明清时的木构梁架式殿堂结构作为主要研究对象，对古建筑木结构构造方法及抗震原理进行解析。

图3.2为唐代的山西五台县佛光寺东大殿结构透视图，标明了各部分的名称，可以很方便地让我们对古代木结构殿堂有一个整体认识。值得一提的是，《营造法式》共三十四卷，在卷第一《总释上》、卷第二《总释下》，总共用了两卷的篇幅对结构、构件的名称进行了溯源寻根式的汇总统一，并进行了准确的约定说明。每一个名称都清楚地代表着一种明确的功能含义。

中国古代木结构总体结构形式与我们今天的“平面框架”结构最为接近，被称为“梁柱式”。其构件命名中，“柱”特指垂直站立，竖向承重杆状构件；“蜀柱”或“侏儒柱”指生根在梁上的、粗壮矮小的短柱。“梁”又分为“檐栿”、“劄牵”、“平梁”，虽都是水平放置，横向垂直承重的杆件，但因其支座条件、受力情况和跨度不同，取名不同。“檐栿”为跨度从前檐到后檐的，两端以斗栱为支座的，简支大梁，跨长从四椽平长至十椽平长；“乳栿”指两椽栿，通常一端以榫卯固接于内柱，另一端通过铺作简支于檐柱顶，跨中受力承重；“劄牵”指一椽栿，一端以榫卯固接于内柱，另一端通过铺作简支于檐柱顶，跨中不受力；“平梁”指一般的简支梁。

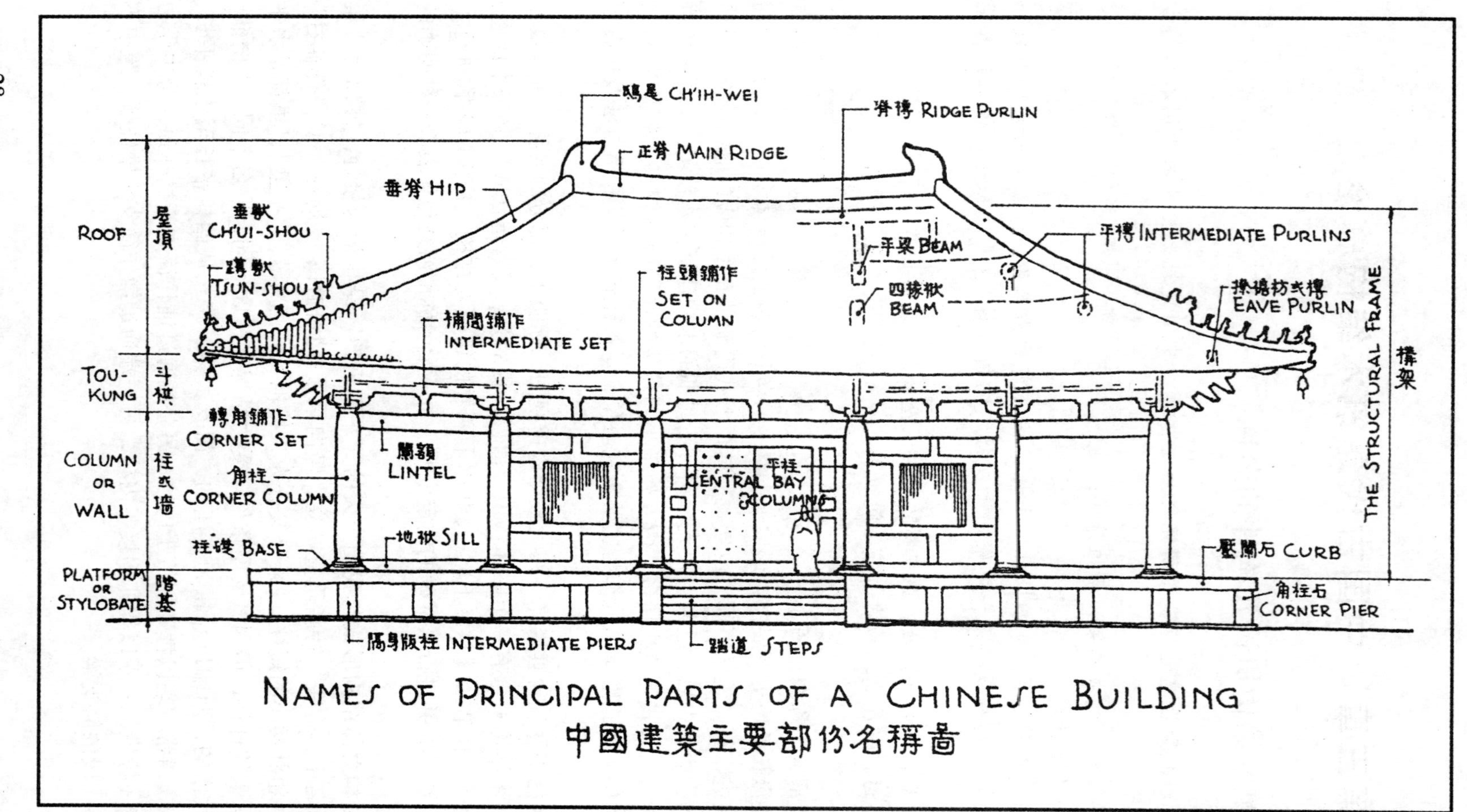

中国木构建筑主要部分名称图

incipal parts of a Chinese timber-frame building

图 3.1　梁思成先生绘制的中国木结构建筑主要部分名称图

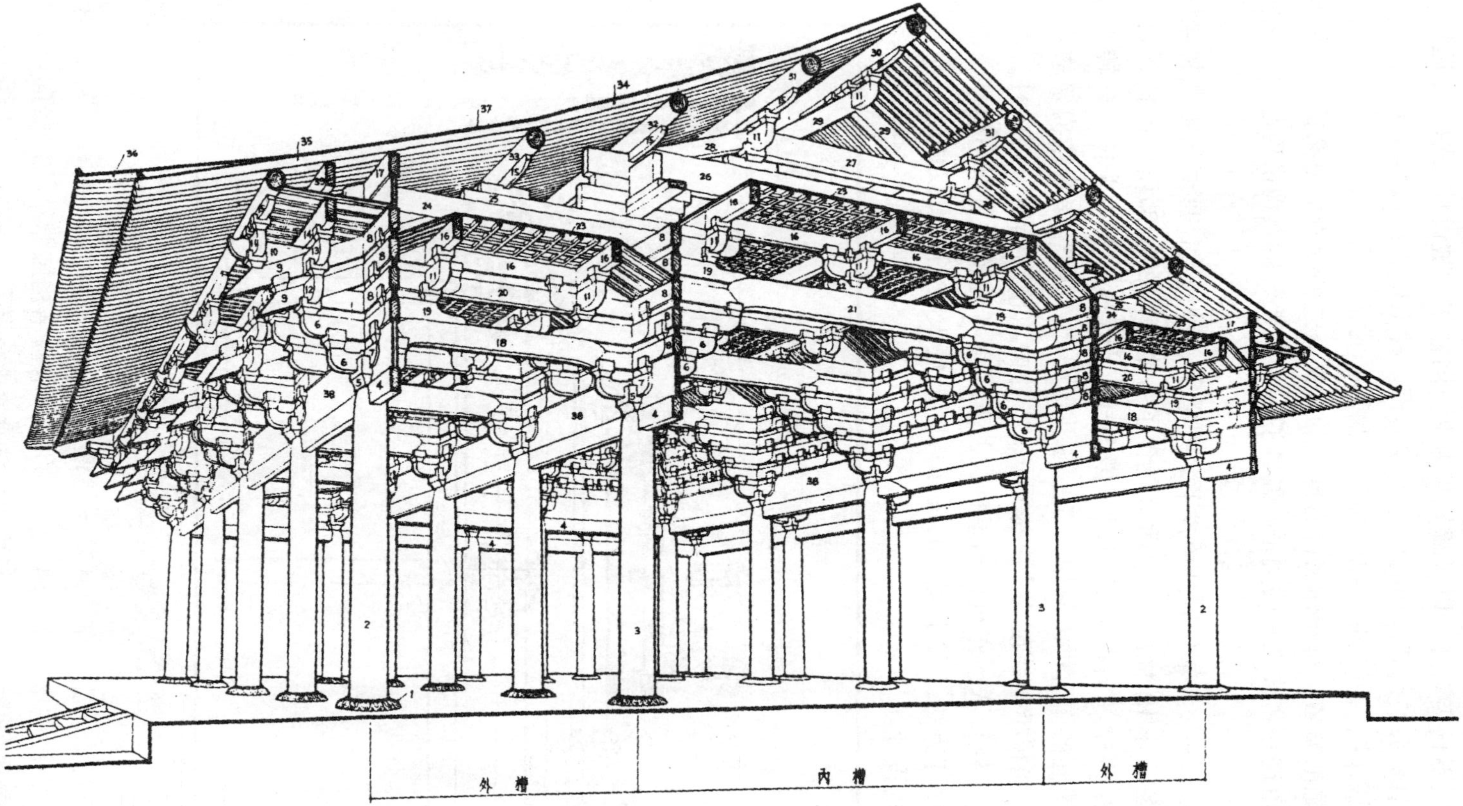

外槽　内槽　外槽

1. 柱礎
2. 檐柱
3. 內槽柱
4. 闌額
5. 櫨斗
6. 華栱
7. 泥道栱
8. 柱頭方
9. 下昂
10. 耍頭
11. 令栱
12. 瓜子栱
13. 慢栱
14. 羅漢方
15. 替木
16. 平棊方
17. 壓槽方
18. 明乳栿
19. 半駝峯
20. 素方
21. 四椽明栿
22. 駝峯
23. 平闇
24. 草乳栿
25. 繳背
26. 四椽草栿
27. 平梁
28. 托脚
29. 叉手
30. 脊槫
31. 上平槫
32. 中平槫
33. 下平槫
34. 椽
35. 檐椽
36. 飛子(復原)
37. 望版
38. 栱眼壁
39. 牛脊方

图 3.2　山西五台县佛光寺大殿梁架结构示意图

除此之外还有各种辅助构件，如枋、替木、铺作等。“枋”中最主要的构件有“阑额”、“随梁枋”、“普拍枋”等。“阑额”又称“搭头木”，截面很大，两端与柱固接，形成稳定的门式刚架，跨中一般不直接受力，以两端受弯为主。因柱往往被设计为轴心受压柱，可以认为额枋专为防止柱架受水平荷载作用时偏移失稳而设。柱上端，用以传递大梁荷载的多层垫梁叠合支座称为“铺作”，由“斗”和“栱”、“昂”组成。

每个构件都有准确的命名，每个命名都有准确的含义。这使得看似复杂的结构体系变得严谨而明确。只要知道这些名称之间的关系，匠师们就可以架轻就熟地搭建起一座座安全可靠的殿堂。

《营造法式》卷三十一，大木作制度图样下，列举了各种殿堂、厅堂结构草架侧样，每种草样都有准确的命名，并用简短的一句话就包含了一个房屋的全部设计信息。如“殿堂等六铺作分心槽”草架侧样（图 3.3），附以“殿侧样，十架椽，身内单槽，外转八铺作重栱出单抄，两下昂里转五铺作重栱出两抄，以上各并计心”。“殿”指结构构架总体为“殿堂”构架；“十架椽”指檐栿总跨度为十架椽平长；“身内单槽”指有一列内柱，即如下文所述“分心斗底槽”；“外转八铺作重栱出单抄，两下昂里转五铺作重栱出两抄，以上各并计心”指檐槽斗栱的铺作方法。对于有经验的工匠，即使没有图样，仅凭这一句，就可完成一座殿堂的全部结构设计。

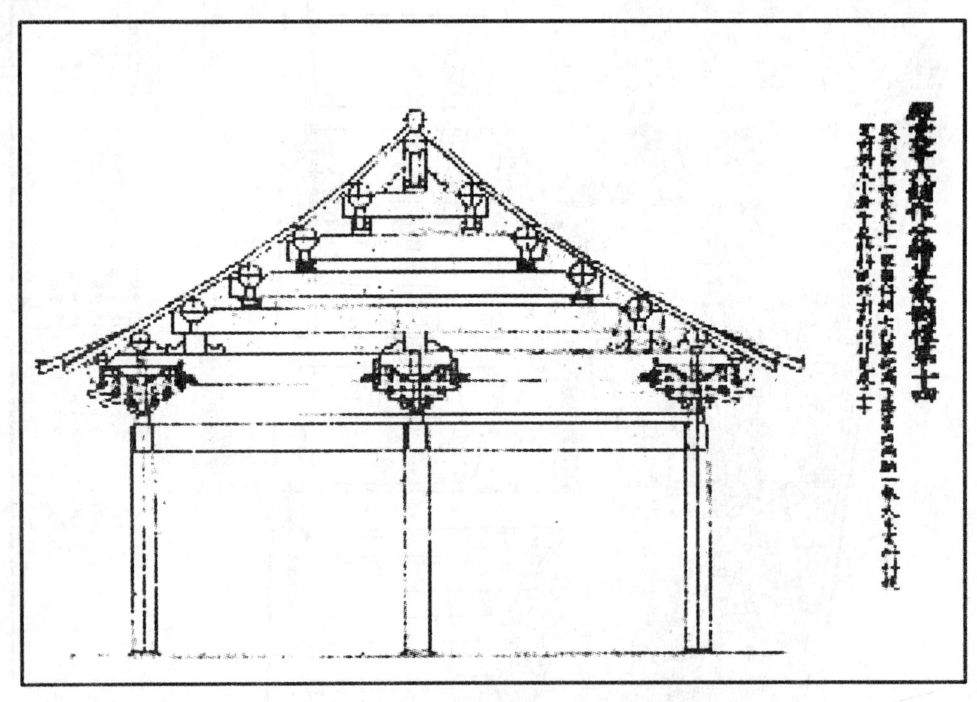

图 3.3 《营造法式》中一个殿堂草架图

由图 3.1、图 3.2 可见，沈括在其《梦溪笔谈》中所引《木经》中的：“凡屋有三分，自梁以上为上分，地以上为中分，阶为下分”。的确，木构结构殿堂结构沿竖向可以明确分为三个大层部，三个层部在联结关系上与现代做法存在显著不同：三个层部相互独立，层层叠置，上层与下层间不用拉结。在《营造法式》中，只以一张地盘分槽图就可以完成整栋房屋的整体定位，基础定位，柱列定位，结合对各构件的命名和简短的文字描述，所有部件都可准确定位，从而严谨地完成整座房屋的安装。

宋代《营造法式》中把大木作结构分为殿堂、厅堂、余屋、亭榭等分级的结构形式。殿堂、厅堂是主要结构形式，殿堂和厅堂的主要区别在于殿堂结构的柱架与其屋盖梁架是相互独立的体系，互不直接贯通相连。图 3.3 为《营造法式》中一个殿堂图样。厅堂则有长柱，通常是内柱，直接与屋架大梁相贯，上部结构竖向不能明确分层。图 3.4 为一个厅堂图样。

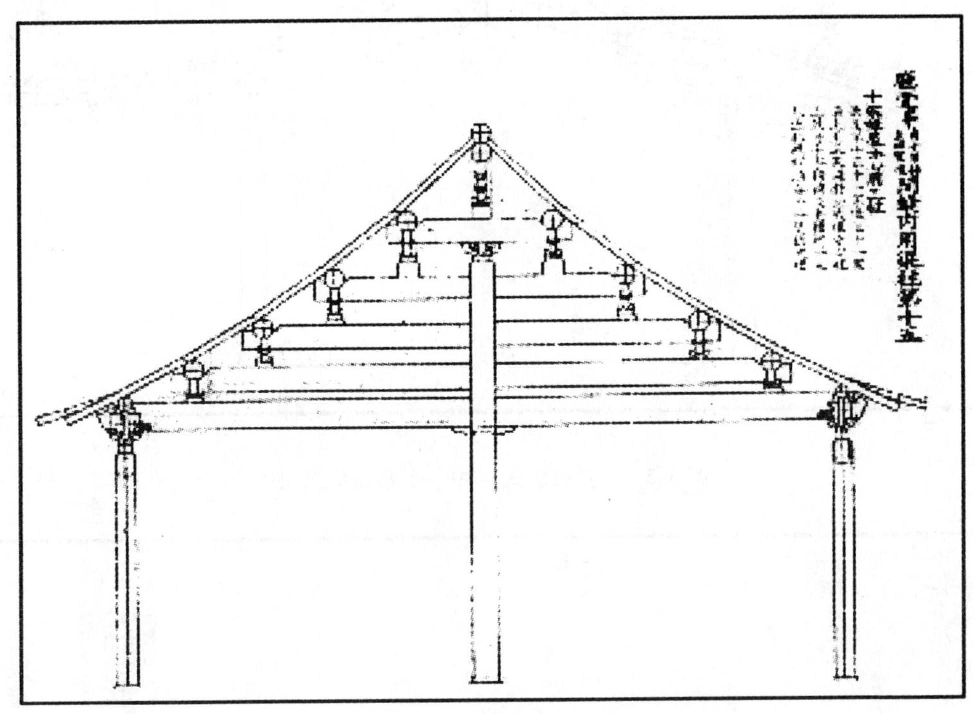

图 3.4 《营造法式》中一个厅堂草架图

余屋、亭榭等小型建筑的结构因材施用，更为灵活多变，如图 3.5 所示的亭，“上分”甚至不用梁，而直接以昂尾升起，尾尖攒于中心最高点，收于一个较重大的“金顶”或“葫芦”。叫做“攒尖顶”。

重要的正式的大型建筑多使用殿堂式，如宫殿、庙堂。“屋有三分”的结构分层以殿堂结构最为典型，厅堂结构仍然保持上部结构整体与基础断开，上部的屋架梁与柱可以相贯连接，共同构成厅堂构架，如“T”形刚架，“门”形铰接刚架等，如图 3.6 示。这使得在有水平荷载作用时，两者受力变形机理完全不同。厅堂主构架的构造较自由灵活，可以使用截面较小或较短的木料作为梁来承受荷载，较为经济，其结构性能较殿堂稍差，因而用于等级较低的建筑。可以看出，殿堂和厅堂虽然都有抗震能力，但传力途径和作用机理存在差异。下两节开始将分别作以概念性论述。

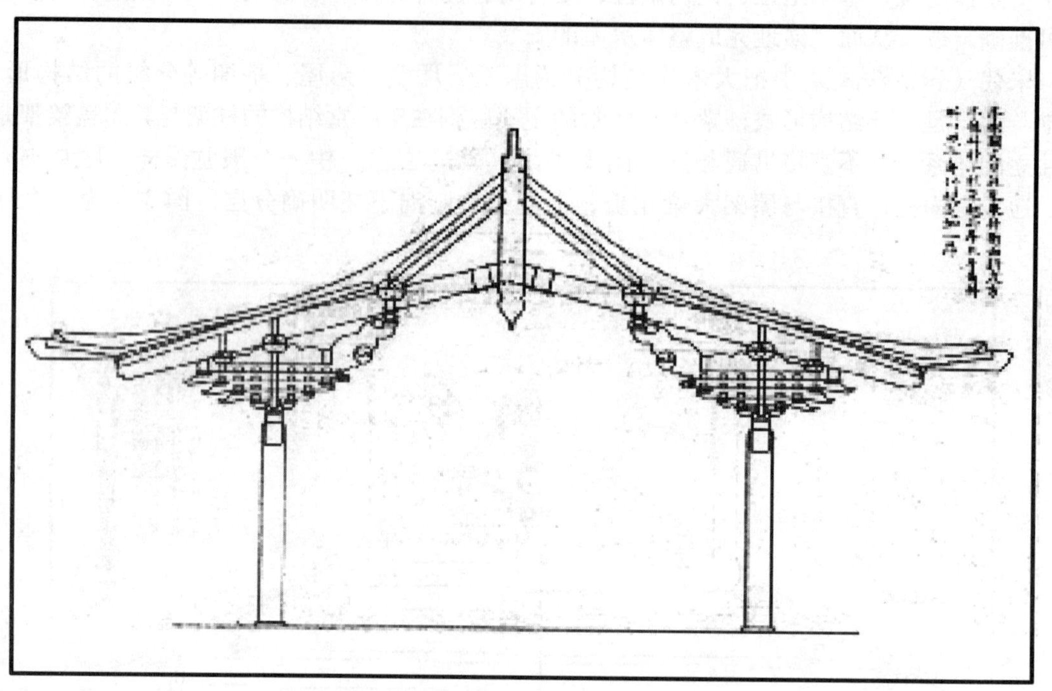

图 3.5　《营造法式》中一个亭榭草架图

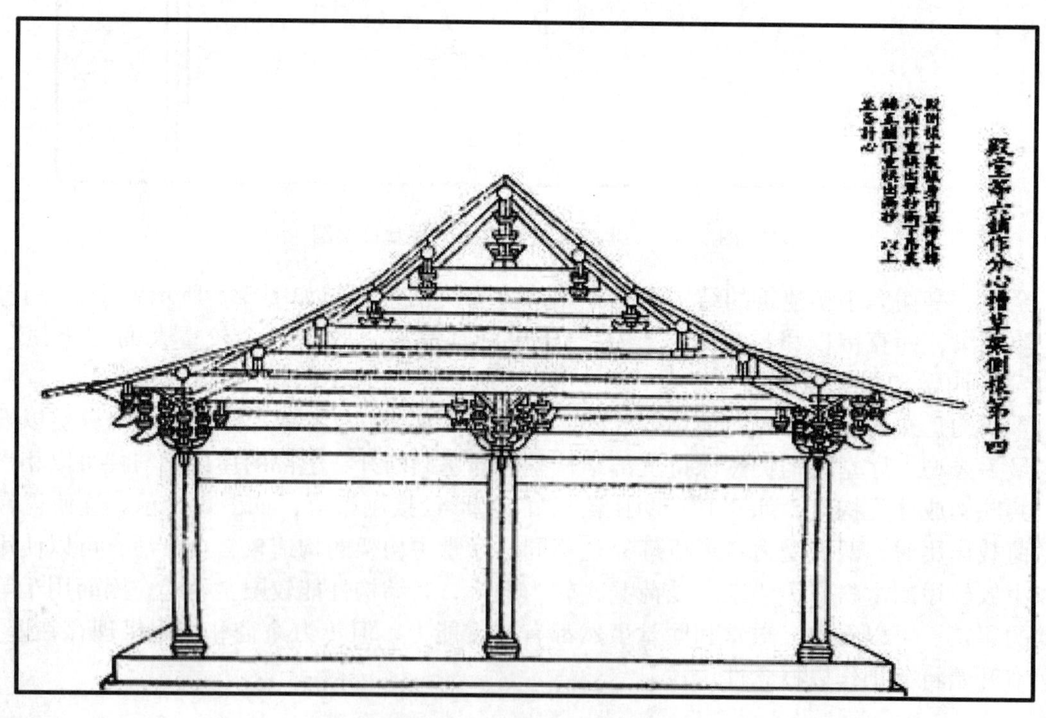

图 3.6　殿堂结构剖面示意图

3.2 殿堂结构

3.2.1 殿堂结构剖面布置

《营造法式》殿堂结构草样中反映的结构剖面最典型的布置如图 3.6 所示。

殿堂结构在设有铺作层时，主体部分在竖向可以更细的划分为四个结构层次：

（1）台基层：殿堂结构建在高出自然地坪的夯土台基上，台基整体刚性很好且有阶基石材、墁砖保护表面及周边。台基上按地盘分槽图，埋设各单柱的柱顶础石，础石顶平面露出台基的上表面，称为“露明”。

（2）柱额层：按地盘分槽图，柱立在露出地坪的础石顶平面上，柱顶设阑额，顺栿串等纵横连系梁，又称搭头木，构成稳定坚固的柱架体系，支承上部荷重形成使用空间。

（3）铺作层：也可在柱额上布置铺作层，包括柱头铺作和补间铺作，斗栱相叠，铺作构成上部屋盖梁架的支座。

（4）梁架层：在铺作层上设大跨度替力梁架，横向承重，其上承檩、椽、旺板、泥瓦等。

主体木构架直接搁置在台基上。由于柱脚墩在柱顶石上面，其自身稳定必须靠柱头位置的纵横向水平枋木来维持，水平枋木名称为额枋，也叫作搭头木，包括阑额、内额。额枋与柱最理想的连接方式，无论竖直平面和水平平面内均需要约束转角弯曲变形，即额枋与柱应以具有双向抗弯能力的嵌固连接为宜。通常采用截面很大的燕尾榫、直榫、透榫等方式贯入连接，要求高时，额—柱节点内下方嵌入较大的三角形或蝉腹形加掖，即雀替。额枋其中最重要的，用于檐柱上端相互连接的叫阑额。柱与额枋构成柱架，是主要竖向承重体系。柱头之上用斗栱作为梁垫，整个斗栱如一个倒椎形空间球铰制作，只靠最下端的庐斗或转换传力方向的弹性支座，其上承托着房屋的“上分”——横向大梁及檩、椽等构成的屋盖。

3.2.2 结构平面布置

图 3.7、图 3.8 是摘自《营造法式》卷三十一，“大木作制度图样下”中的殿阁地盘分槽图，图中的圆点代表柱位，粗宽线代表阑额，细实线代表内额和上部梁架的位置。殿阁的柱架是柱网规整的单层平面框架体系 。“地盘分槽图”相当于现代的柱网布置图。

古建筑的平面布置一直严肃地采用规则对称的几何形状，这是我国古建筑最显著的结构布置特点。图 3.9 所展示出的所有著名古建筑无一例外地严格遵循这一规则。

似乎建筑的受力结构一定需要对称，不对称就不能用于建筑，“对称”是结构布置的第一原则。这对中国古代的建造师来说是理所应当，根深蒂固的。“对称”蕴涵了太多的内容，以至于不能一一列举。平面布置的对称均衡应是结构传力和抗震防灾经验积累的产物。

对称首先是设计计算的简化，对称结构在对称荷载作用下受力估算最简单。比如两个人抬水，在水桶位于抬梁正中间位置时，两人各负担一半的重量。又比如一个人挑担子，当两侧重量相等时，挑夫肩挑在扁担中央身体才最平稳，当两侧重量不等时，他会试着把肩膀挪到偏向较重的一侧，直到担平。这是“均衡”和“找均衡”的鲜活的例子，就是这样看似简单的方法被生动的用于建造房屋，造就了许多伟大的工程。“抬梁式”结构的梁上都被施

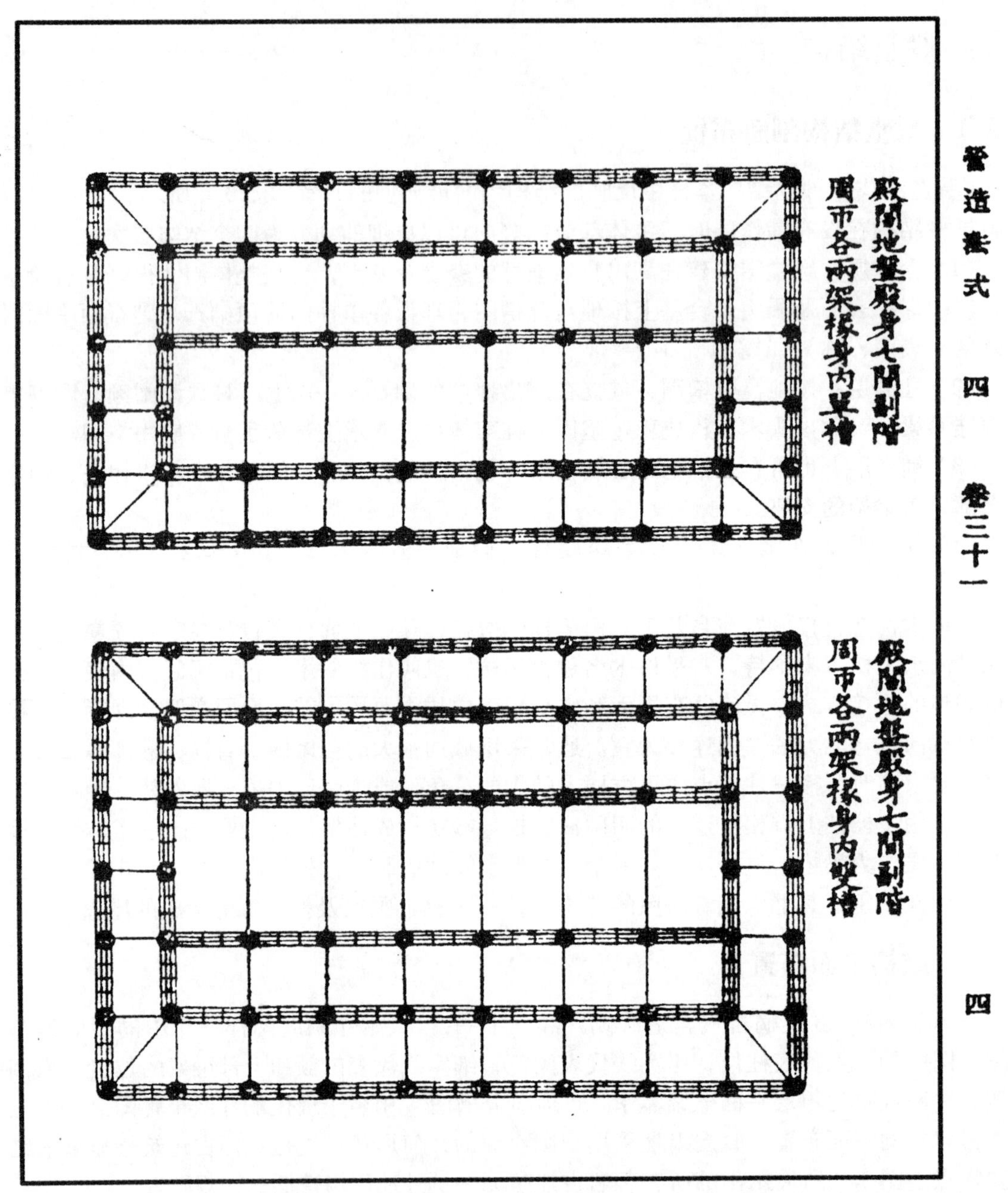

图 3.7 《营造法式》地盘分槽图一

以对称的集中荷载，这些单跨简支梁由两个对称的柱来抬，形成横向柱梁架，纵向承受均匀荷载，并且也是单跨简支的檩则由两个对称的柱梁架来抬。这就形成了一个平面对称的一“间”房。由这一间向两侧对称拓展出若干个对称的间，就形成了一座庞大对称，柱列整齐的建筑。再多想一些，对于用乔木直干作成的柱，它最佳的受力方式就是直立承受中心荷载，所谓“立木顶千钧”，可是如何找到上部传来的荷重的重心位置，正好让柱的轴心对准承压呢？如果把柱比做一个挑夫，铺作斗栱的设置就好比给挑夫一条扁担，通过“偷心”

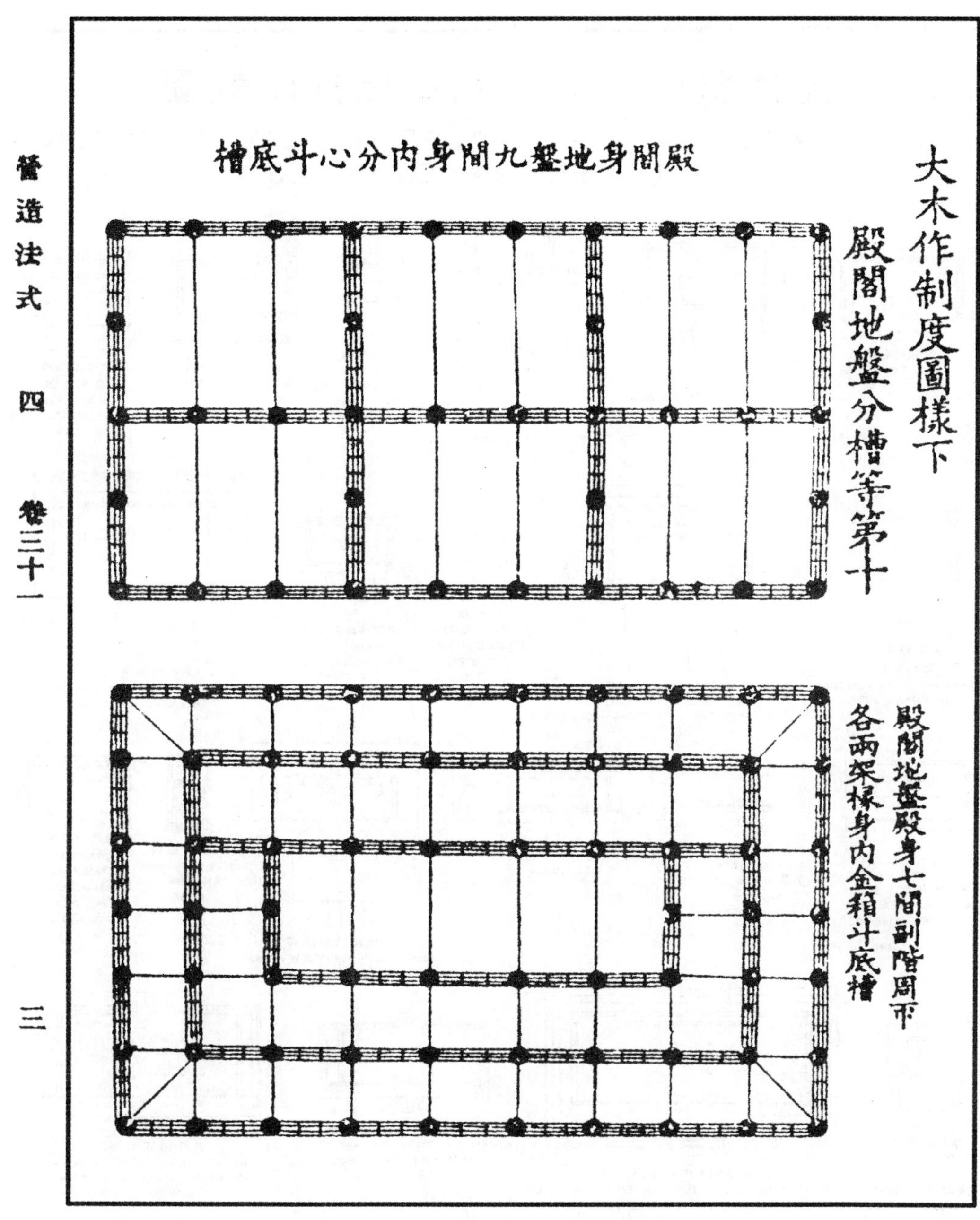

图 3.8 《营造法式》地盘分槽图二

或“计心”，把梁端压力的合力点人为地设置到柱的中心，这很容易让柱找到可以直起腰杆子轴心受压的最佳位置。斗栱就是用来找均衡的。

在巧夺天工的中国古代木结构中，“对称”、“均衡”是它的灵魂。

这种基于对称的估算利于选材。找到一对对合适的木料比及按照随机的计算结果去拼凑塑造构件要容易并划算的多。不同于现代结构设计“以用定材”的方法，中国古代一直坚持“以材定用”。以材为祖，以材定份的基本设计方法也是“以材定用”基本思想的体现。

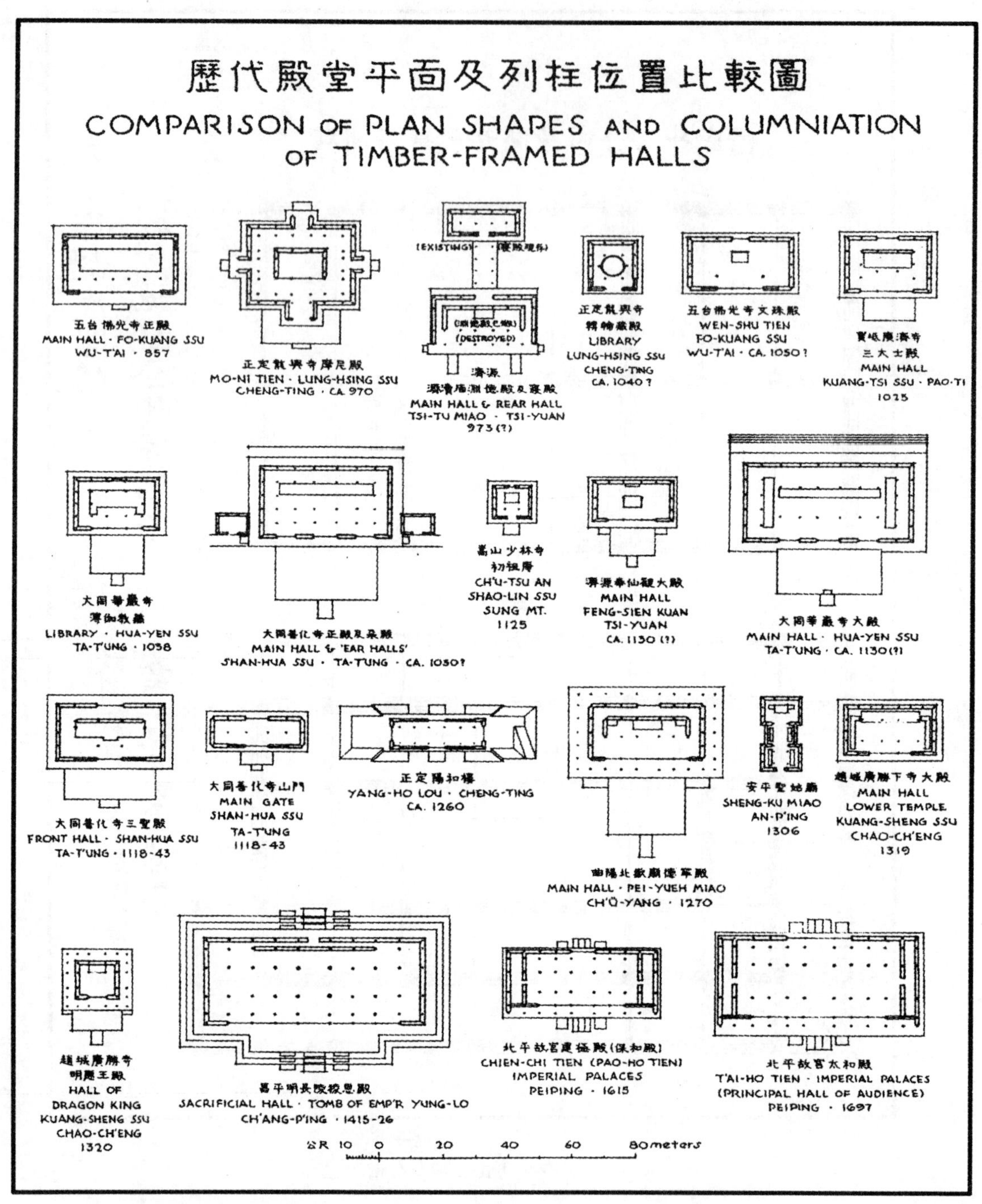

历代殿堂平面及列柱位置比较图
Comparison of plan and columniation of timber-frame halls

图 3.9　梁思成先生绘制的历代殿堂平面及柱列位置比较图

平面轴网的正交均衡，既是结构构造的需要，也是结构抵御和避免复杂外部作用的需要。比如，相当于现代建筑抗震技术中所指结构质量中心与抗水平荷载的抗力刚度中心重合，用以避免在水平荷载作用下产生扭转等不利受力情形。纵向柱列与横向柱列相互支撑，形成平面外约束，构成了空间稳定的柱架体系。任意方向作用的外力都可以在这个正交体系中分解为由纵向柱列和横向柱列分别承受的分力。纵向柱列的柱距较小，又有刚度很大的阑额，平面内刚度有保证，出平面刚度较弱，通常隔几间就需要设置带有阑额的，且有增加柱的较大刚度的横向柱列来支撑。这对于抵御垂直于纵柱列的水平荷载十分重要。柱网是由若干个四边刚劲有力的“方”形框架组合而成。

3.2.3 结构立面布置

梁思成先生把他对历代木结构殿堂的研究结果精心绘制了一张《历代木构殿堂外观演变图》，如图 3.10 示。可以使我们很方便地看出殿堂结构立面布置的一些显著规律。

几乎所有殿堂平面、立面都采用严格的中心轴对称布置。往往开中门，间数相应取三、五、七、九至十一间。屋顶硕大，四面出檐。屋面防水所用的泥瓦占房屋总重量的绝大部分。飞檐往往悬挑得很大，这是照顾到原木材料怕水浸泡的缘故，飞檐可将屋面雨水迅速较远的排出。

建筑立面布置也是始终遵循荷载均衡对称的原则，这是用以避免竖向荷载偏心，尽量减少下部结构承受不利的偏心弯矩。

立面布置的另一个显著特征是，越是重大的建筑物越是选择低而宽的稳重体形。大屋顶在正立面就占有相当大的比例，瓦屋面的荷载很大，是房屋主要重量集中的地方。柱高度小，较易于实现柱架具有较大的抗侧移刚度。早期的柱架檐额较细，但从大雁塔门楣石刻图样和敦煌一些壁画看，唐代以前多使用上下双额，之间用短柱或“人”字形栱作为腹杆形成桁架，也可保证对柱的约束刚度。但可能因为构件细小，容易被损坏，后期逐步演化成截面较大的整根枋梁。

为了防止柱和额枋连接的榫卯松散，唐宋时期采用“生起”的方法，即使平行于正立面的柱列从心间开始，向两侧柱高逐渐依次增高，所有柱顶共同形成的支承面为上凹的“皿”字形，借用屋盖重量，使所有构件向中心聚挤，柱额榫卯会越挤越紧。即使随着使用时间增长，木材出现收缩，榫卯连接处也不会脱开。这形成了早期中国古建筑独有的优美圆和檐口曲线。明清时期由于檐额用材越来越大，生起的作法逐渐被废弃，柱架层对斗栱和梁架的支承面变为了水平面。

台基部分，中国古代木构建筑似乎习惯于建造在一个人造的凸出周围地面的夯土平台上，基础用顶面平整的石块，石块就镶嵌在厚实的土台之中，只把顶面露出来支承柱脚。最显著的特征是柱不用嵌固于基础，只把柱脚“踩”在石顶的平面上。这与现代建筑结构真可谓是“根本”的不同，而且几千年来似乎从未怀疑过它的安全性，一直被信赖沿用。

“平”，是对台基最基本的要求。《营造法式》中台基定平有很严格的要求，并有检验方法。

“实”是另一项基本要求，需要以“实”来长久地维持“平”。

按照时间顺序，早期的土台较薄，越往后来越厚大，而且，越是重要的建筑物，土台越雄伟，甚至以石材包砌。除了建筑学上的象征意义以外，是否还有结构安全方面的用意呢？在后面的章节，我们由下往上依次来进行详细的分析。

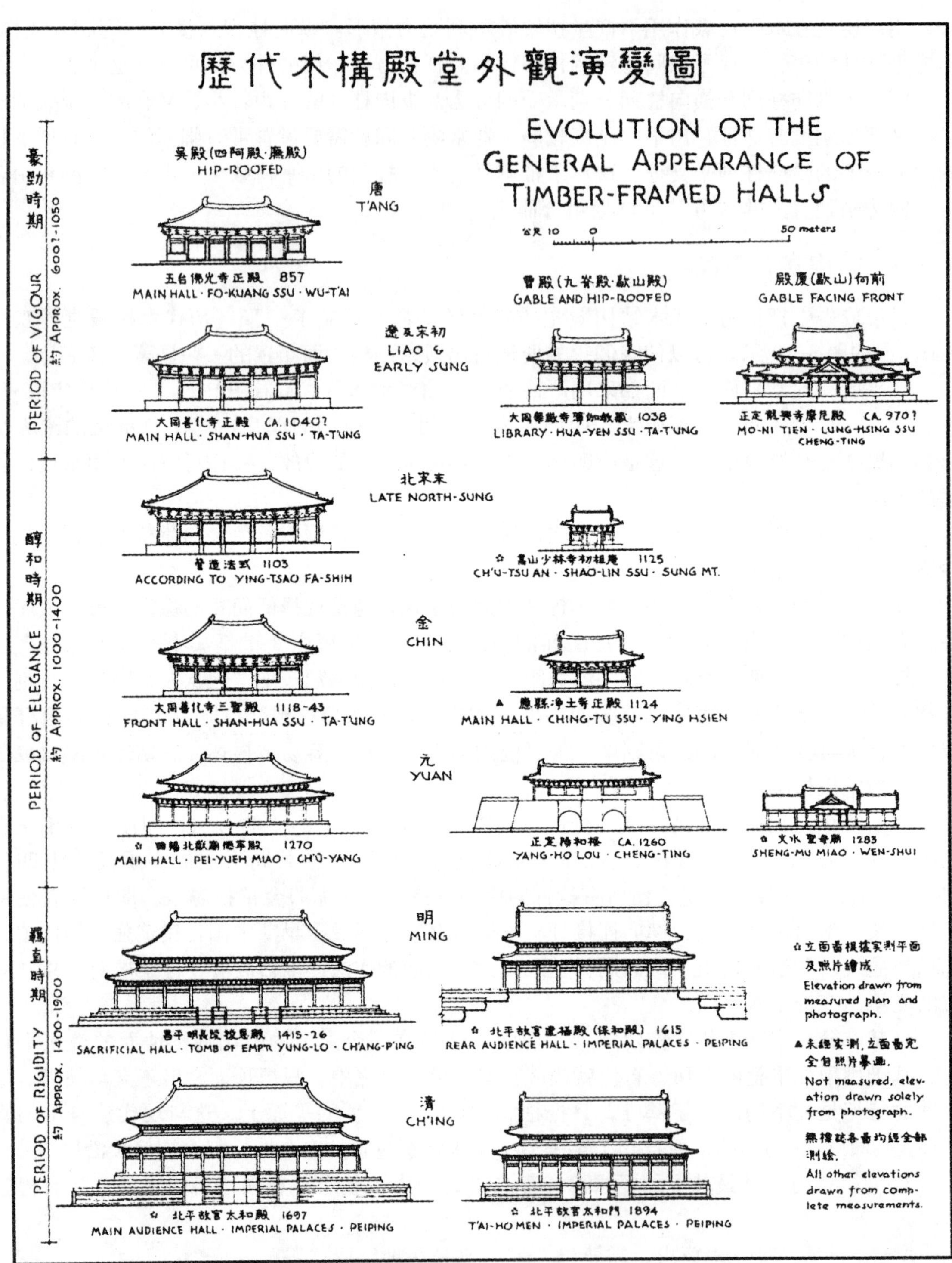

历代木构殿堂外观演变图

Evolution of the general appearance of timber-frame halls

图 3.10 历代殿堂立面布置图

3.3 厅堂结构

《营造法式》中所说的厅堂结构等级低于殿堂，构件用材也小。较容易建造，所以厅堂结构在民间应用非常广泛。厅堂结构比殿堂结构的构架结构更为灵活多样，厅堂结构有很多都是因材施用、巧妙变通的杰作。《营造法式》中记录了几种典型的厅堂草架侧样，各不相同，都有独特之处。但对厅堂的平面布置并无赘述，看来其他做法都应与殿堂结构相同。

厅堂，用于进深为十架椽长至四架椽长的房屋。其台基、础石等要求与殿堂相同，只是体量尺度相对可以缩小。与殿堂最大不同处只在于内柱与梁架的关系，以图 3.4 所示最为简明。

厅堂构架的特点：地盘图除檐柱外不作分槽，内柱位置随宜确定。但内柱作为梁的支座须顾及构架所用内梁的构件长度来确定其位置。外槽檐柱及额枋的关系与殿堂相同，内柱上部成为梁架的一部分，其高度随举势增减，屋内用铺作很少，甚至不用。梁尾以榫嵌入内柱，相结处往往加替木加强节点抗转角变形能力。每道横缝为一榀平面构架，相当于现今的平面排架或平面刚架体系，内柱往往与梁相贯，内柱的上端充当屋架举架的一部分，而梁架也要充当内柱的嵌固端。若一榀厅堂构架中内柱数量为两根或两根以上，他们之间往往需施以“顺栿串”，以确保内柱的上端得到足够的嵌固约束，相当于内额，从而保证屋架的空间不变性。在各种厅堂构架中，对于必须提供弯矩约束的节点如果处理不当很容易形成机动体系或半机动体系。由于原木先天性随时间推移会收缩，本来截面就较小的榫头的收缩很容易造成节点松散，加之虫蛀、鸟巢、蝙蝠等生物损害，单纯的榫卯并不可靠，节点处加掖，施用“替木”就显得十分必要，替木虽小，但它是结构长久安全的关键。

厅堂内柱可以不分槽，不要求同一幢厅堂中各榀横向构架的柱数相等，可以采用不同柱数，即沿纵向排列的各缝厅堂构架可以不同。但对一幢厅堂房屋来说，平面布局仍应注意对称、均衡，并且不能影响纵向桁檩等构件的连通和房屋整体的匀称。两榀横向构架之间，靠纵向布置的额枋以及“襻间”——檩条和替木构成的纵向桁架相连，构成空间稳定的一间厅厅堂。

图 3.11 是傅熹年先生绘制的厅堂结构的竖向分层特点示意图。很显然，从结构空间稳定的角度来看，构架与构架之间，即纵向柱列仍然必须由柱加阑额构成“n”型、“m”型或多跨“门”式刚架，才能构成空间稳定的结构体系。图中并未画出。图中①，②，③分别代表不同的三榀平面结构构架。

厅堂最大用到三等材，用瓦也较殿堂小一等，自重有所减轻，梁断面尺寸也比殿堂同样跨度的梁略小，厅堂铺作也小，最大用到六铺作，开间一般 300 分*以内。

《营造法式》中列举的标准形式有 20 余种，在本书第十一章分别作以详细分析，针对书中列举的各种横向构架侧样，按照现代结构分析的方法作出了厅堂结构整体分析用的结构受力简图，以作为对厅堂构架更深认识的参考。

---

* ：“分”是一个相对尺度，按每等“材”的横截面高度的 1/15，定为 1 分。

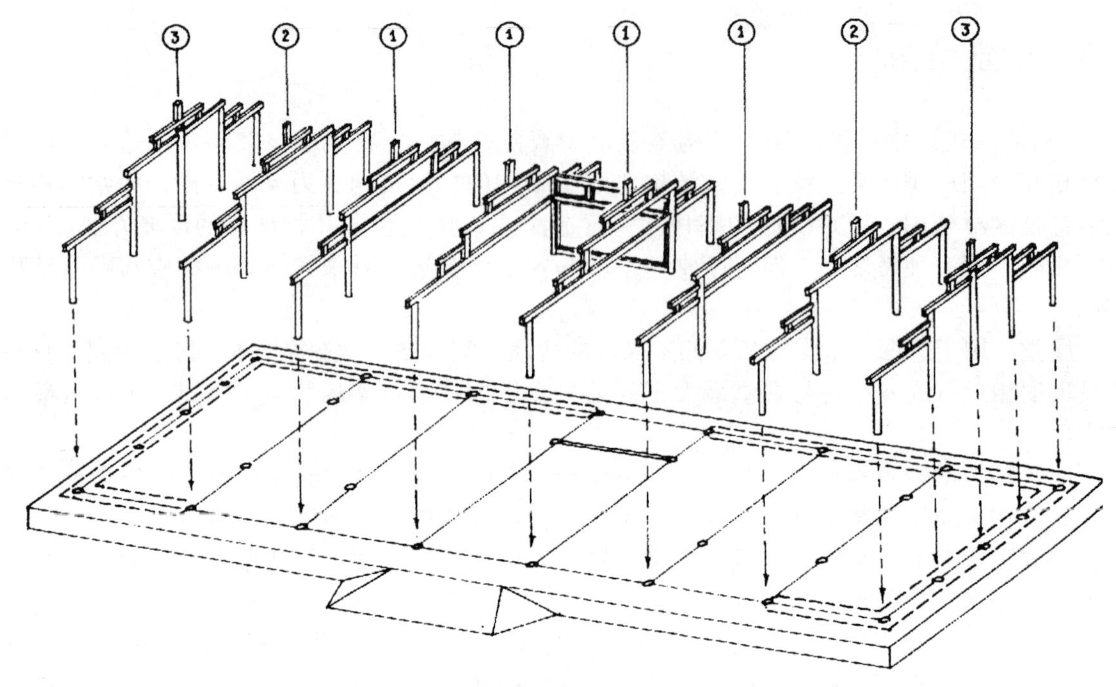

图 3.11　厅堂结构的竖向分层图

3.4　结构模数制及构件尺寸的确定

值得注意的是结构中各构件的尺寸都按照“材份制”有明确的确定计算方法，这种方法在唐代以前就已广泛使用。结构中各构件都有相应的几何比例。

关于结构构件尺度计算，现在能看到的最早文献应属《考工记》，上卷一中有：“故一器而工聚焉者，车为多。车有六等之数：车轸四尺，谓之一等；戈柲六尺有六寸，既建而迤，崇于轸四尺，谓之二等，人长八尺，崇于戈四尺，谓之三等；殳长寻（一寻等于八尺）有四尺，崇于人四尺，谓之四等；车戟常（一常等于两寻），崇于殳四尺，谓之五等，酋矛常有四尺，崇于戟四尺，谓之六等。车谓之六等之数。”这里的“等”代表尺寸间的相关关系。又有“车人为车。柯长三尺，博三寸，厚一寸有半。五分其长，以其一为之首。毂长半柯，其围一柯有半。辐长一柯有半，其博三寸，厚三分之一。渠三柯者三。”这表明了结构构件尺寸及截面的之间很早就具备推算关系。

宋代颁行的工程规范《营造法式》中，卷四大木作制度一，开篇明意：“凡构屋之制皆以材为祖，材有八等，度屋之大小因而用之”。“凡屋宇之高深，名物之短长，曲直举折之势，规矩绳墨之宜皆以所用材之分°以为制度焉”。

这项规定的大意是：凡设计建造房屋，都要以“材”为基本依据。“材”有八个等级，按房屋的种类和规模大小来取用。凡房屋空间的高度深度，各种构件的长短，曲、直、举折的形状尺度，规矩绳墨度量放线等事宜，都是以所用“材”的“分”为制度的。即“材”的“分”是基本度量所用的模数单位。

宋之“材”是截面高宽比为3∶2，宽度从6寸至3寸的，分为八个尺寸等级的矩形截面的方杆料。每等材按材高的十五分之一定为一份（为了与长度单位“分”相区别，本书后文都用“份”代表材份制中的“分”）成为杆件尺度的基本单位。“八等”代表八个尺寸等级。可见材是建筑尺度的基本度量单位。材份制用以规定各个等级建筑所应使用的材等和每一个建筑中每一个结构构件的几何尺寸。

关于八个材等的截面尺寸以及怎样“度屋之大小，因而用之”的具体规定，按照陈明达先生对《营造法式》的研究整理结果如表3.1。

表3.1　　八个材等的尺寸和使用范围

材　等	宽（寸）×高（寸）	份值/寸	使用说明
第一等	6×9	0.60	殿身9~11间用之
第二等	5.5×8.25	0.55	殿身5~7间用之
第三等	5×7.5	0.50	殿身3~5间或厅堂7间用之
第四等	4.8×7.2	0.48	殿身3间或厅堂5间用之
第五等	4.4×6.6	0.44	殿小3间厅堂大3间用之
第六等	4×6	0.40	亭榭或小厅堂用之
第七等	3.5×5.25	0.35	小殿或小亭榭用之
第八等	3×4.5	0.30	殿内藻井或小亭榭用之

对于屋内空间的进深和开间，是依靠梁的跨度和檩条跨度来确定的，对于梁，都是以“几架椽栿”来命名的，梁跨度就是它上方所承担的几个椽子水平投影长度之和。开间即是檩长。所以，椽子水平长度和檩条长度是确定进深和开间的关键。以开间分别为七间和三间的厅堂的椽子和檩条为例。按上表的规定，七间用三等材，三间用五等材，份值分别为0.5寸和0.44寸。按照椽子和檩条的规定份数，就可以求出实际尺寸如表3.2。

表3.2　　七间和三间厅堂建筑椽子和檩条的尺寸

	份（份）	七　间		三　间	
		每份/寸	长　度	每份/寸	长　度
椽子平长（水平投影）	150	0.5	75寸=7.5尺	0.44	66寸=6.6尺
椽子直径	8	0.5	4寸	0.44	3.52寸
檩条长度	300	0.5	150寸=15尺	0.44	132寸=13.2尺
檩条直径	21	0.5	10.5寸	0.44	9.24寸

房屋的进深按椽平长的偶数倍来定，有二椽、四椽、六椽、八椽、十椽等。《营造法式》卷五《椽》一节中第一句：“用椽之制椽每架平长不过六尺，若殿阁或加五寸至一尺五寸……”，结合法式中所附草架图样的命名，如“十架椽屋”，即是：前后檐柱间距（房屋进深）为十个椽平长，厅堂结构即为六十尺，殿阁结构即为六十尺或至六十五尺，七十尺，七十五尺。

间广由檩长定，一个间广大多数情况下等于二椽平长，即300分，或稍大，整个建筑物平面长度——面阔，即为间广乘以间数。

房屋的总高度取决于檐柱、铺作和梁架高度之和。殿堂结构内柱高一般与檐柱同高，有副阶时按内侧主体结构檐柱取高。厅堂的内柱可贯穿横向大梁，总高随梁架举高斟定。《营造法式》对檐柱有明确规定，“若副阶廊舍下檐柱虽高不越间之广”。在《营造法式》卷三十附图的注解中，也对内柱高度给出了算法，柱高为六十“斗口”，“斗口”就是“材”的宽度。铺作层的高度也有规定：“举屋之下，柱头之上还有铺作，由四铺作至八铺作，总高分别为栌斗加一至四个足材（一个足材为15分+6分）高。屋盖梁架即举架也有明确规定：“举屋之法如殿阁楼台，先量前后缭檐方心相去远近分为三分，从缭檐方背至脊槫背举起一分……”。椽平长不过六尺（150分）按照房屋等级，殿堂、厅堂、余屋，椽径从九分至八分、七分递减。这样模数制规定了房屋的长宽高，还有挑檐长，出际等。

图3.12为梁思成先生按照《营造法式》的规定，整理的宋代材份制绘制的结构各部分尺度图。

《营造法式》中以份为单位对各构件的长宽高尺寸皆有明确规定，现在看来不但整个结构都经过严密地设计，根据材料力学性能，所有构件都是力学或建筑几何计算或估算的结果。材分制是可供套用的完整的设计成果。

由于各构件所用材料一般都是材料特性相同或相近的木材，按特定比例规定构件几何尺寸就已暗含有一套计算理论或经验理论。由于木构架是杆系结构，枋一般两端嵌固受弯，柱受压，梁、栱受弯剪，斗受压。《营造法式》中规定了一等每个杆件截面用几材，而材的截面高宽比都是3:2，等于规定了各杆的截面特性。陈明达先生在《营造法式大木作研究》中指出材分八等，是以截面抗弯模量按等比级数划分的。由于结构主要荷载为屋盖结构自重，它与房屋平面面积成正比，梁枋等木构件自重相对较轻，忽略其非正比例关系影响。以材为祖，材分八等的设计方法是等应力设计法。且按材分制构建的不同材等的殿堂建筑其横向受力构架应是几何相似的。如果不考虑抗震因素，只以竖向荷载验算，以王天在《古代大木作静力初探》中的验算经验，其构件实际应力一般为现代木结构设计允许应力的一半以内，具有很高的安全储备。

有关静力应力核算表明，《营造法式》对各种构建截面份数的规定都是相当合理的，各种受弯杆件的弯曲应力，大约为现代木结构设计容许应力的1/2～1/3，按静力核算安全储备较大。但如果全面考虑抗震、抗风等受力，其结果又会怎样呢？

从宋朝颁行第一部工程规范《营造法式》之后，明朝有《营造正式》（未发现实物），至清朝有《清工部工程做法则例》。木结构的营造技术、结构性能已经有了进一步发展。现存众多的元、明、清代的大木作结构实物证明了宋代以后木构建筑发展很快，建筑设计思想趋于成熟优化，构件功能明晰，选材用料更趋老练自由。

清代的模数制，较宋代有了更严格的改进，颁行有《清工部工程做法则例》。梁思成先生发掘整理的《清式营造则例》、《营造算例》中对结构尺度，列于图3.13。《算例》，似为精确的计算结果。规定以柱径的1/6为一“斗口”，这个因承重柱材径而定的斗口成为整个建筑的基本模数。柱高为十倍柱径，即60斗口，阑额长即面阔，按斗栱空当定，每空当十一斗口为一份，明间七份，次间六份，梢间五份，如无斗栱歇山庑殿，明间按柱高7/6，核五寸止，次、梢间递减，各按明间1/8核五寸止。明次梢间面阔总和就是建筑总长，称通面阔。建筑物平面宽，即通进深，按通面阔5/8。举架有“背步九举，金步七举，檐步五举”等更细致的改进。内柱随举高定短长。斗栱每一踩高按两个口数。《算例》同样以斗口数规定了各构件尺寸，继承了宋代的简单易行的推算方法，但阑额尺寸变大，数量更多，梁宽加厚，斗栱变小，替木加大，似乎已经非常注意加强结构空间刚度。对一些按实际情况而定的

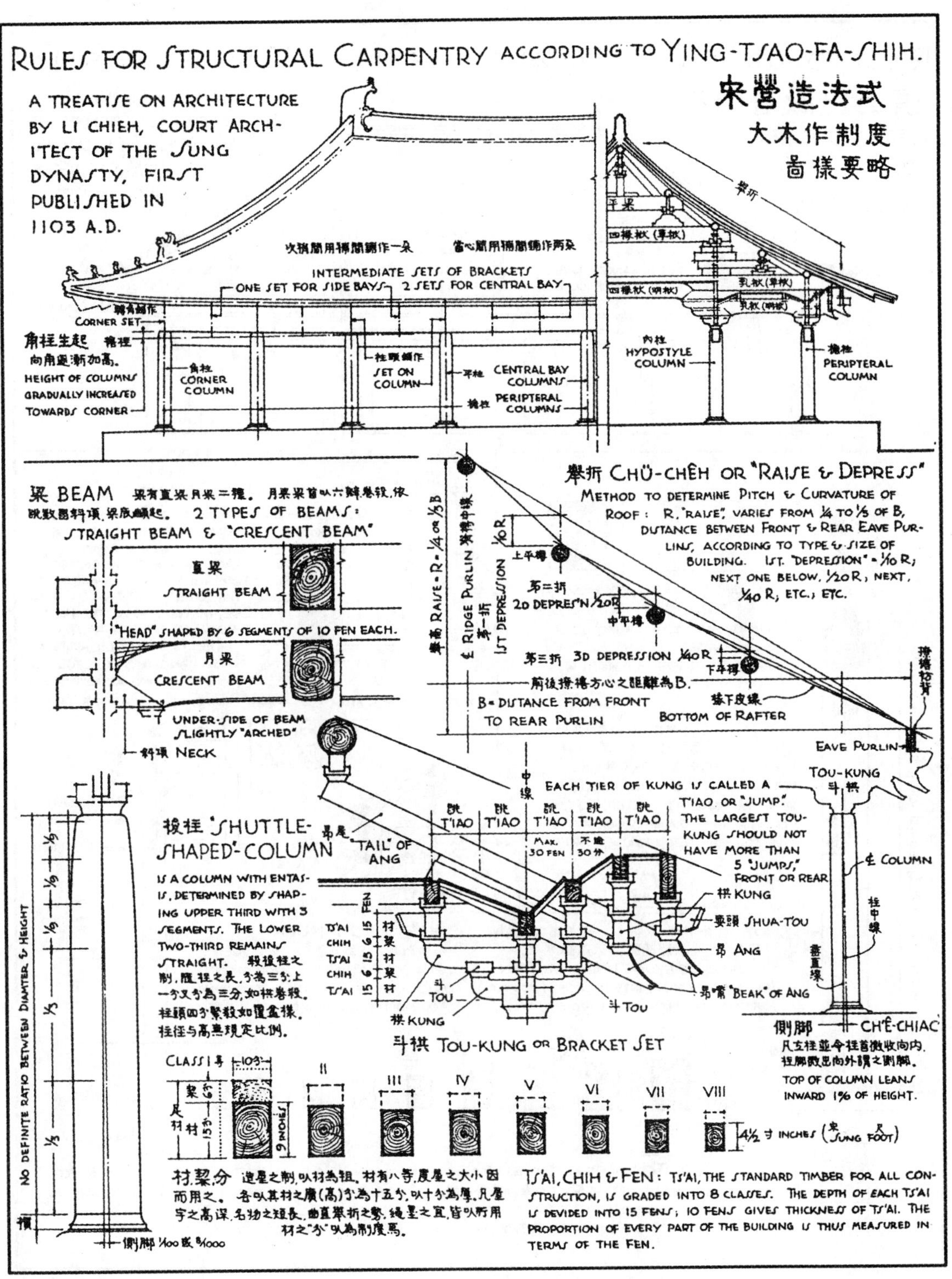

宋营造法式大木作制度图样要略

图 3.12　梁思成绘制的“宋营造法式大木作制度图样要略”

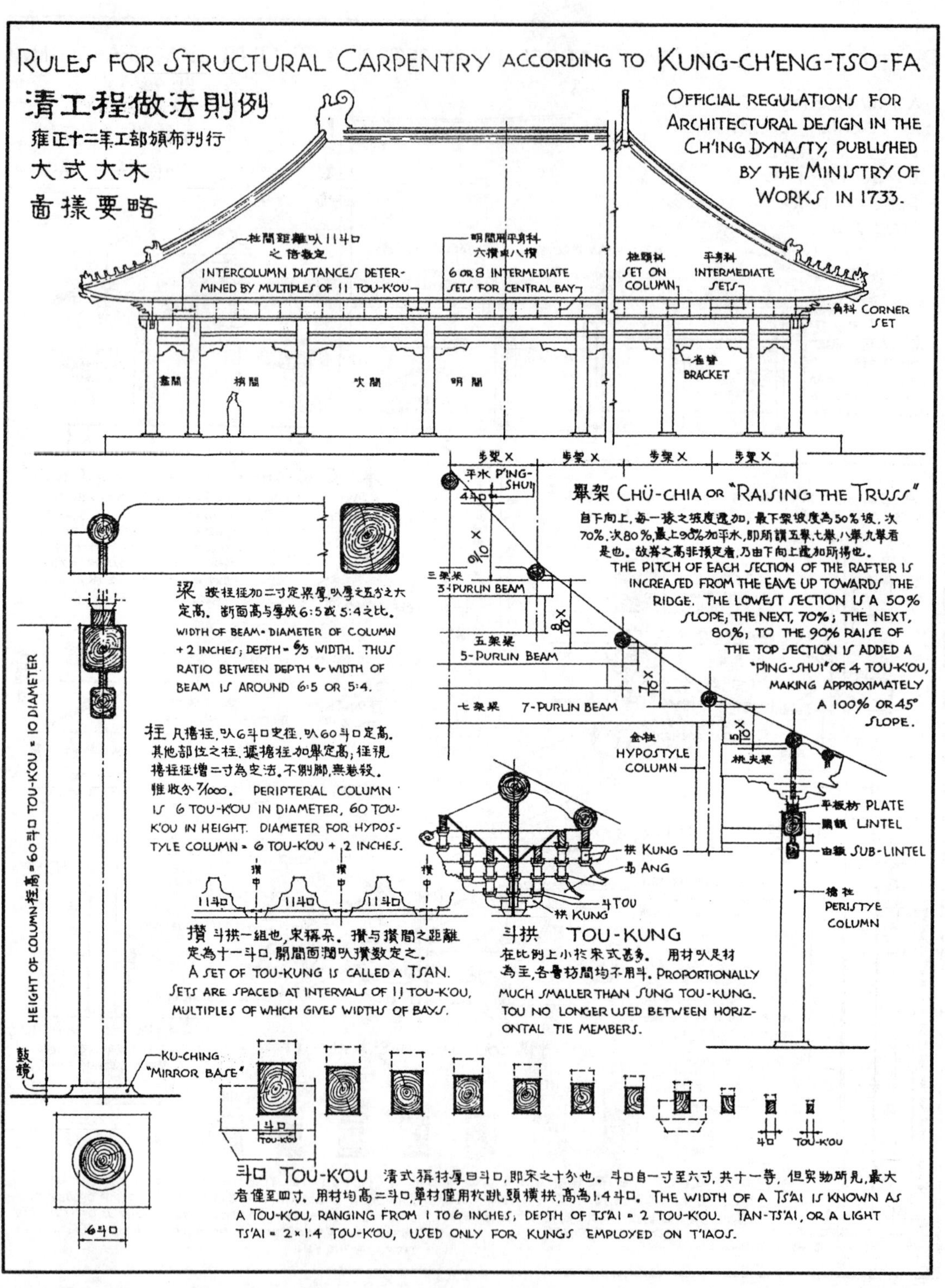

清工程做法则例大式大木图样要略

图 3.13　梁思成绘制的“清工程做法则例大式大木图样要略”

尺度给出了计算方法，如老角梁，梓角梁，翼角檐椽等。清代木构，静力核算安全储备更大。清代大木构件不再苛意要求加工成矩形截面而使用浑木，可能由于木料拮据或出于节省工费的原则，但另一方面这种随意也正是力学概念娴熟优化的表现，截面高度相同的浑木与两颊切平的矩形截面梁相比，承载力和刚度都还要稍大，且可节省工时，只是稍显粗拙，但可被明闇（密肋薄板吊顶）遮住，并不影响观瞻美感。

材份制的设计描述非常简单，往往只需几句口诀就可进行设计施工，利于大规模，快速工程营造。按照材份制建造的建筑整齐规整，并利于建筑群落的规划设计。在古代依照房屋重要性，往往用不同材分划分建筑等级。大材份适于重要高大建筑，小材份适用于次要小型建筑。

模数制具有重大的意义，暗含了一整套几何和应力计算成果。公元 1 世纪前后，我国就有《九章算术》，内容包含圆周率及复杂的材积算法，对建筑结构的计算可能很早就能进行。成语“失章失絜”就是指房屋的建造没有按材份制度，杂乱无章，没有计算，没有度量。后来以讹传讹，被有些人错写为“失张失致”，来形容人举止失措。材份制同时是施工安装的要求，对结构大小构件都要求严格执行，尺寸错误较大的构件会直接造成相关结构无法安装。另外，对于完好的木构件，往往可以在不同建筑中重复使用，这是节约用材的好方法。这有些类似于现代的“标准化”。

第四章　地基及基础

4.1　地基及基础做法及其演化

根据我国考古资料统计，宋代以前房屋基础作法如图 4.1 示（引自《建筑结构构造资料集》下册《古建木结构》·方复）。

早在公元前 5000 至公元前 3000 年的仰韶文化时期，黄河流域的先民们开始使用扁卵石作扩大柱础，木柱在土中浅埋，而立柱的稳定由上部结构空间支撑来保证，由陕西半坡遗址中考证可知，当时先民们已经具备了梁柱绑扎连结，构成空间框架的技术。柱根由深埋到浅埋逐渐演化，是一个很明确的趋势。《营造法式》卷一，总释上，〔柱础〕中引《淮南子》："山云蒸柱础润"；《说文》："柱砥也，古用木，今以石。"其意为，木材受潮湿容易腐烂糟朽，用石础浅埋或露明，可以防止雨水浸泡蒸润。这样础石与木柱之间可以存在两种连接方式：嵌固和平面简支。如果采用嵌固，则需要用很大的石材，上开臼口，木柱插入嵌紧。可以想象，顺柱身流下的雨水仍然容易浸入臼口，插入的部分难免被浸湿糟朽，这会使"嵌固"变得不可靠，上部结构无法完全依赖它来维持稳定。另一种是很自然的选择，柱与础只是端平面简支。这样柱必须依靠上部与额枋的嵌固连接，形成很多"柱脚简支门式刚架"才能形成稳定的空间结构体系。柱根深埋嵌固与平面简支相比，房屋遇大风或遇大地震时，柱根会传递较大弯矩和剪力，造成整个柱架各节点都有较大内力，容易造成柱梁连接处破坏，这就需要结构节点有较强承载能力，而对木结构来说，节点刚性连接难度较大。对自然灾害没有能力"抗"时，"放"可能会是在长期摸索之后最后被选择的一个不错的作法。如果允许房屋在地震时能像桌子一样可以滑移，但并不倒塌，"放"的目的就达到了。从西汉时期开始，柱础大多变为平面明础，柱只是简单的搁置在础石顶平面上。础石可以很好的承压，如果说对柱脚还有什么水平约束的话，就只有那点摩擦力了。按今天结构力学的角度来看。正是这种断离的端平面简支，可以使水平荷载作用下结构内的总水平剪力不会超过柱底所受摩擦力的总和。作用在结构上部的水平作用力如果超过这个最大摩擦力，超出的部分只会推动结构在水平面上作整体滑移，结构中可能出现的最大内力仍被最大摩擦力直接限制了。主体与基础自然断离柱根简支在平面明础石面上标志着古人用木构屋技术已取得了巨大突破，成为中式建筑的最显著结构特征。同时也反映出了上部木结构主体同时必然已经具备了良好的整体性和空间刚性。

宋代以后，这种础石浅埋露明，与柱根水平断开已成为定制。

宋代李诫编《营造法式》中继承了《周官考工记》中"匠人建国，水地以垂，"规定了统一规范的阶基定平和础石顶面水平取法，并附有当时施工用精准的水准仪的作法和定平直尺的作法及图样，如图 4.2、图 4.3 示。

《营造法式》中对正式建筑的建造有一整套严格完整的要求，造屋要经过"取正"，"定平"，"立基"，"筑基"。

年代	公元前 5000 至公元前 3000 年仰韶文化时代	公元前 1000 年以前 西周年代	公元前 200 年以前 战国及秦朝	公元 4～20 年 西汉年代	公元 582 年以后 隋　朝	公元 698～926 年 唐　朝
地点	陕西半坡及河南庙底沟	陕西岐山召陈 F3 遗址	陕西咸阳市东郊 咸阳宫 1 号遗址	陕西西安北郊长安城 “明堂”遗址	西安灵感寺（唐代改名为青龙寺）遗址	黑龙江宁安县渤海镇 渤海国遗址
简图及说明	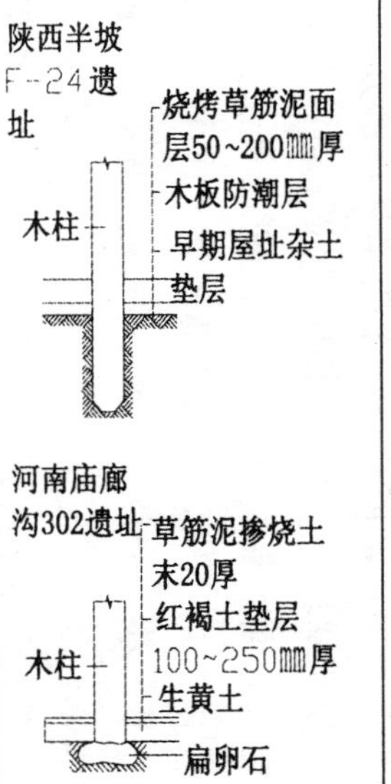 陕西半坡 F-24 遗址 烧烤草筋泥面层50~200mm厚 木板防潮层 早期屋址杂土垫层 木柱 河南庙廊沟302遗址 草筋泥掺烧土末20厚 红褐土垫层 100~250mm厚 生黄土 扁卵石 木柱 迄今所发现的最早的扩大柱础做法。立柱的稳定不靠栽埋，而靠柱顶与梁的联接。故木柱埋入土中很浅。	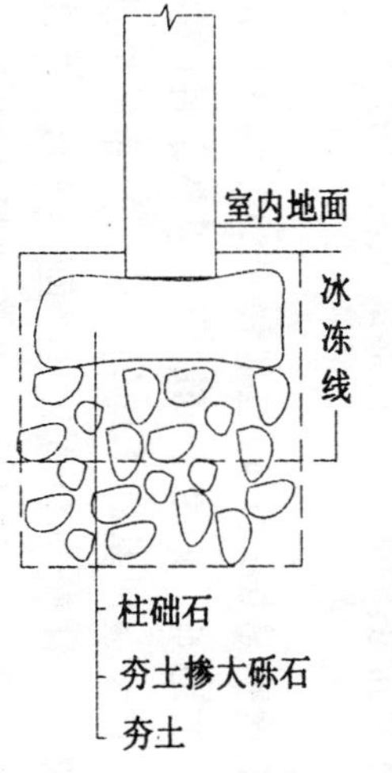 室内地面 冰冻线 柱础石 夯土掺大砾石 夯土 F3 号遗址为该遗址群发较大的一座。柱础石直径约为 1000～1200mm。以下的夯土层中掺入大砾石，向下深至冰冻线以下。	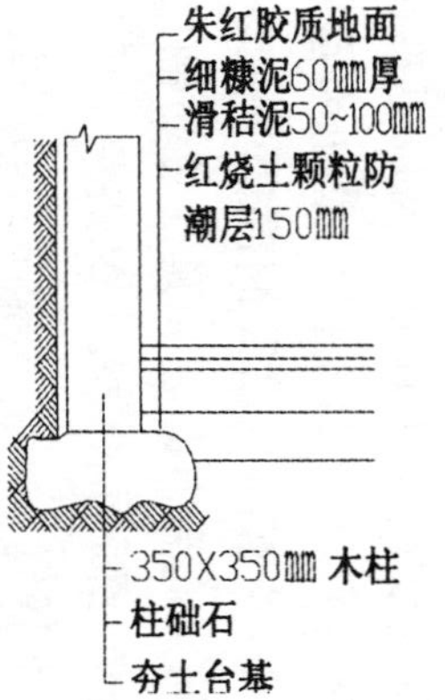 朱红胶质地面 细糠泥60mm厚 滑秸泥50~100mm 红烧土颗粒防潮层150mm 350X350mm 木柱 柱础石 夯土台基 此为在夯土壤内嵌入木壁柱的柱础，为当年宫殿木柱之一种，与夯土墙共同承重。咸阳宫为 1～2 层的宫殿，建在 5～9m 高的夯土台上。土台用纯净黄土分层夯实，每层为 80～90mm 厚。夯具用直径为 80～90mm 的木料制成。	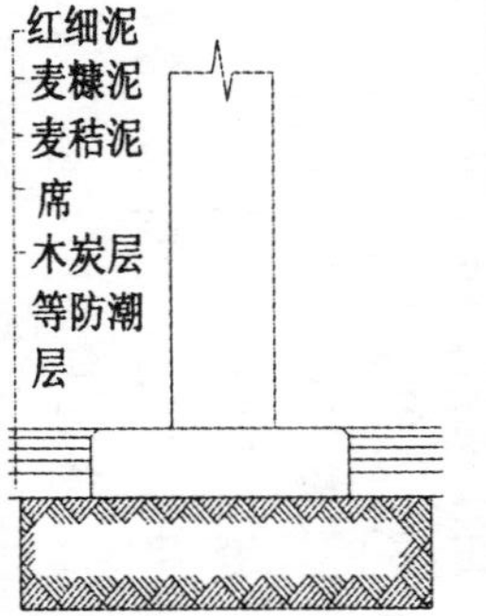 红细泥 麦糠泥 麦秸泥 席 木炭层 等防潮层 柱径约为 550mm。柱础皆为平面明础，是迄今已知最早的明础。说明此时上部木构架已具一定刚度，无须再靠栽柱保证柱根通风，防止腐朽；是技术上的重大突破。柱础石下有迄今已知最早的素土磉墩，其平面比柱础大一倍。	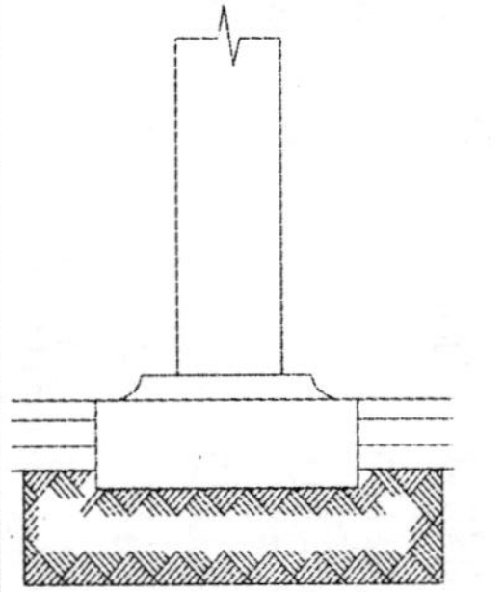 寺庙建在约 1300～1400mm 的台基上，台基由土中掺入碎砖瓦、石灰、烧土碎块等分层夯层。木柱呈梭形，具有“侧脚”（即柱向内倾），说明已开始有此增强结构稳定的重要措施。柱础石为明础，基底厚约为 300～400mm，下分夯筑密实的素土磉墩。	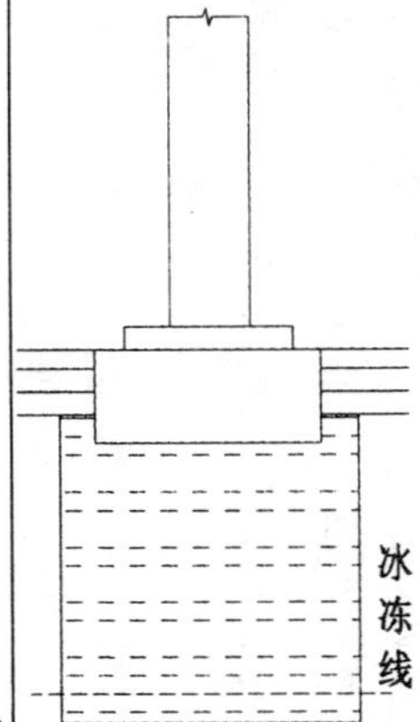 冰冻线 “渤海国”为唐代东北的地方政权，首府在今牡丹江市郊。当地火山岩丰富，柱础多用之。磉墩为土、砂或砂石隔层夯实，每层厚约 100mm。其深度为 1700～1800mm，与现今测定的冰冻线深度相符。

图 4.1

取正，就是要求房屋面朝正南，取正东西南北方向。取正一般参照正午太阳的位置，或夜晚北极星的位置，也可用罗盘、指南针等，先确定南北正轴线，再正交确定东西走向。

定平，就是在台基和础石处理的过程中保证台基面的水平和础石顶平面的水平。

立基，就是在平地以上建造台基。法式中有“立基之制，基高与材五倍，如东西广者又加五分至十分。”即说明台基的高度也可按材分制确定，高为五材。如房屋纵向较长，考虑地基不均匀性的影响，适当提高台基厚度，提高整体性。

筑基，《营造法式》规定：“凡开基址，须相视地脉虚实。其深不过一丈，浅止于五尺或四尺，并用碎砖瓦及石札等。每土三分内添碎砖瓦等一分。”这是简易的场地勘察和通常使用的地基处理方法，同时也是“土评远近而力易”的结果。“相视地脉虚实”即使要踏勘场地土是否匀实，是否有暗沟、古河道等不利建造的场地地形等。并建议进行地表土适当开挖，用掺有碎砖瓦及石札等的人工复合土夯实回填。这与我们今天用来消除一些场地土的失陷性、处理橡皮土场地的做法相同，而且古代的做法更简单经济。古建筑木结构一般较轻，场地不需要处理太深。“筑基之制，每方一尺用土两担，隔层用碎砖瓦及石札等亦两担。每次布土厚五寸，先打六杵，次打四杵，次打两杵。以上并各打平土头，然后碎用杵辗蹑令平。再攒杵扇扑重细辗蹑。每布土厚五寸，筑实厚三寸；每布碎砖瓦及石札等，厚三寸，筑实厚一寸五分。”这一规定即规定了地基处理施工方法，又规定了压实比例，其效果并不亚于今天对回填土规定压实系数。石作制度中又详细规定了殿阶基、角柱、角石、压阑石、踏道等作法。这些沿边角布置的石材，起到嵌角、镶边的作用，既可保护边角不致易受损伤，同时为台基提供了良好的侧限约束，保证了台基的整体性。

按照上述要求建造的台基形成了坚硬密实的人工地基。台基要高出地面，由来已久，《营造法式》总释《宫》中引墨子子墨子曰：“古之名（民）未知为宫室时就陵埠而居穴，而处下润湿伤民，故圣王作为宫室之法，曰‘宫高足以辟润湿，旁足以围风寒，上足以待霜雪雨露，宫墙之高足以别男女之礼。”可见高台基是首先是建筑防潮的需要。台基高出地面既可保证足够厚度，既用来防潮，又避免地面雨水浸漫，又避免了大量土方开挖，是相当经济简便的处理方法。由于上部木结构一般较轻，一个坚硬结实的厚土台基本解决了所有原始地基的问题，即便是地下某处有虚填的窖坑，柱础的较集中的压力也被“筏板”均匀分散了。

从结构角度来看，这种人工地基是场地原始地基和上部结构之间的过渡，我们可以推测出上部木结构适合这种刚度特性的地基，而由于场地原始天然条件随机性可能很大，不同部位承载力及变形特性有差异往往难免造成基础不均匀沉降，严重的会造成上部结构变形，虽然上部木结构主要是简支组合梁系，柱架与额枋又是半刚性连接，对不均匀沉降会有较好适应性，但倾斜总会有造成一些易于坍塌的隐患。一个简单易行的办法就是作简单的统一处理，如上所述，造夯土台基，使地基均匀。从结构耐震意义上讲，夯土台基在有助于维持上部结构的整体性的同时，以台基底面为界，将建筑物与自然场地土分开，台基是整个建筑的“底盘”。使台基与自然地基刚度有所差别，或在台基底盘下作柔性处理，或原本的台基底部水平抗剪切刚度就很弱，台基可能首先就可起到隔震的作用，使一些高频地震动或较大的加速度、位移波峰值被过滤掉。台基首先是一个很大的基础隔震垫。另一方面，由于础石往往是用窄而高的石块，它们需要台基土的壅塞嵌固。础石按柱网布置，棋子般嵌固在台基面上，上顶面严格水平，顶面标高相同，础石与台基成为一个小高宽比的整体底盘，基础自己不会倾倒，这也是保证上部结构基础平稳的必要条件。图 4. 2 为故宫太和殿的台基照片（张鹏程 1997 年摄于北京故宫）。

图 4. 2　故宫太和殿的台基

《营造法式》中记载："定平可用之制既正四方，据其位置于四角各立一表，当心安水平。"（其"水平"长二尺四寸，广二寸五分，高二寸，下施立桩长四尺，图 4. 3）上面横坐水平，两头各开池，方一寸七分，深一寸三分，（或中心更开池者方深同），身内开槽子广深各五分，令水通过，於两头池子内各用水浮子一枚（用三池者，用水浮子三枚），方一寸五分高一寸二分，刻上头，令侧薄其厚一分，浮于池内，望两头水浮子之道遥对立表处，于表身内书记，即知地之高下。这里的"水平"就是我们今天的水准仪。其做法可看附图，其基本原理和精确程度应与现今的水准仪相差无几。

"凡定柱础取平，须更用直尺较之。"其直尺长一丈八尺广四寸，厚两寸五分，当心上立表，高四尺，（广厚同上）与立表当心自上至下施墨线一道，垂绳坠下，令绳对墨线心则其下地面自平，图 4. 4。（其直尺身上平处与立表上墨线，两边亦用曲尺较令方正）。

"曲尺"就是用"勾三股四弦五"确定的直角曲尺。

这样严密的做法足以证明古建筑有着很高的技术要求，而专门严格要求的技术必然有其明确的意图。

《营造法式》中石作制度规定"造石作次序之制有六，……"要求对石料进行打剥、漉搏、细漉，偏棱，斫砟，磨砻六道工序。经过六道工序的加工，再按镌刻制度进行表面装饰加工成最终的成品础石。础石厚度按础石径方有相应规定："方一尺四寸以下者，每方一尺厚八寸，方三尺以上者厚减方之半，方四尺以上者厚三尺为率。"而现行建筑规范中，素石刚性基础外挑部分的宽厚比限值为 1. 25 ~ 1. 5，考虑柱径影响，古石础外挑的宽厚比都在 1∶1. 5以内，很安全。看来础石宽厚比的确定可能有刚性基础抗冲切破坏的经验。础石以受竖向压力为主，弯拉应力很小，这可充分发挥石材优点。古建筑中对石材的使用可以讲是恰到好处。

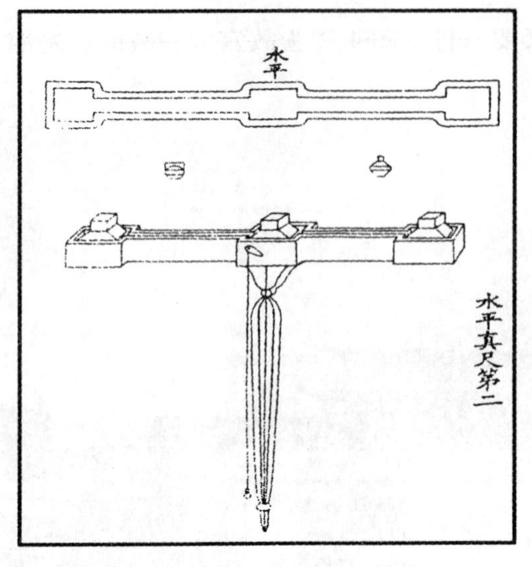

图 4.3　水平

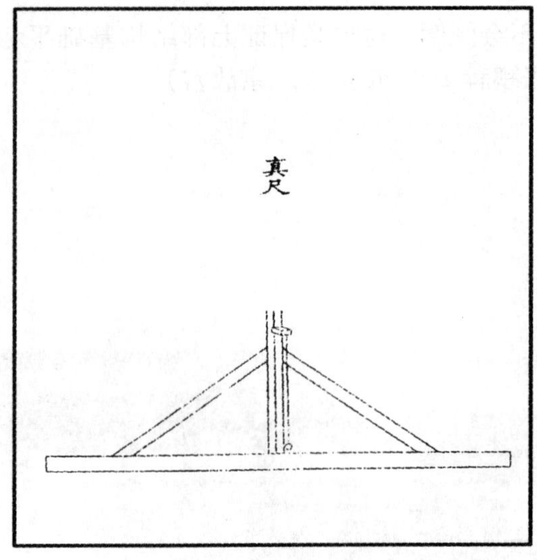

图 4.4　直尺

元、明、清各代的基础较前代也有改进。夯土地基在西北、华北的黄土地带，一直被沿袭使用。这一时期，软弱土层上使用桩基已很广泛。元代开始普及使用灰土地基。由于上部建筑越造越大，相应作了台基增高，刚度加大的明显改进，梁思成先生在他发掘整理的《清式营造则例》中详细总结“台基构造是四面砖墙，里面填土，上面墁砖的台子。在台基之内，按柱的分位用砖砌磉礅和拦土。磉礅上放柱顶石，柱顶石上立柱。磉礅和磉礅之间，按面阔和进深砌成与磉礅同高的砖墙作条型基础。”“台基露明部分之下，先用石平垫在下面，其上皮比地面高出一两寸，称土衬石，土衬石的外边比台基宽出约二三寸，成为‘金边’。台基四角转角处有角柱石；四周沿边，上面平铺石面称阶条石。阶条之下土衬之上，是斗板石。这些部分，若不用石料时，都可用砖替代，这些部分充分发挥了砖石坚固耐磨的特性，有力的维护了台基的整体不受损伤。”

清式的柱顶石上平面称作古镜。《营造算例》中有“见方按柱径加倍，厚同柱径。古镜高按柱顶石厚十分之二。”“古镜”形象地描述了柱顶石顶面的光滑水平的要求。这可从故宫、景山亭榭等建筑基础上取得多处实例。

《工程做法则例》中还有以檩数多寡定埋头深的规定。即根据荷载确定础石埋深、台基高、夯土厚，及台基侧限条件，说明已经有了关于地基受力的相当全面的经验。

对于牌坊、大旗杆等单榀平面结构构筑物，基础对整个上部结构必须是嵌固，常用很重的石材夹住柱下部，并用穿销，基础整体平放在平整的地面上，并不需要再嵌固，地面运动剧烈时仍然可以滑移。为了稳妥，很多牌坊都会加很大的斜撑，以取得平面外稳固的支持。如照片上所示，图 4.5（张鹏程 2005 年冬摄于沈阳故宫）。或有采用很稳固的放在地上的很大的一个石墩直接作为单柱基础，柱紧紧地插入，形成嵌固。这种作法要求上部结构几乎要绝对对称，上部结构重心的投影必须在基础底平面中心，且重心高度要尽量低，迎风面积要尽量小，才能防止倾覆。

在中国古代房屋建筑各种结构形式之下，基础和地基的作法大致相同，无论殿、阁、塔、厅堂、亭、榭都采用在平台上筑础，础上立柱，这个作法相当固定普遍。

图 4.5　沈阳故宫武功坊

4.2 柱脚与鼓镜石分离平支构造的结构意义

基础顶面被加工为一个光滑水平面，称作“古镜”或“鼓镜”，南方建筑中有用高出地面较高的“鼓磴”。图4.6为《营造法式》中柱顶石的图样，图4.7为古代遗存的实物照片。

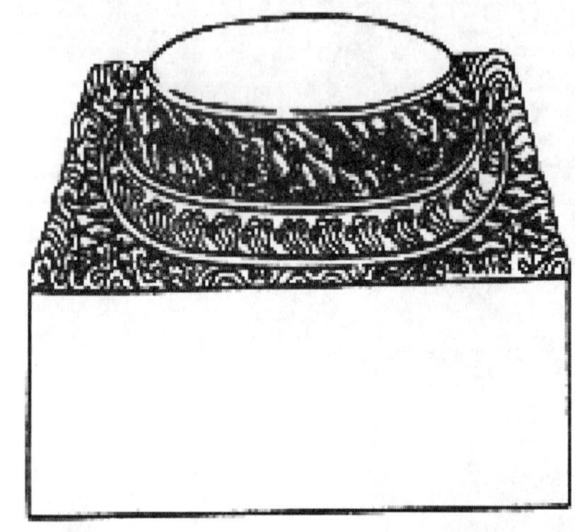

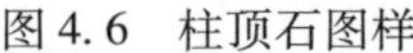

图4.6 柱顶石图样

图4.7 础石照片

木柱“站”在水平础石镜面上，上部主体与基础自然断离开，础石对柱脚仅提供竖向支持力和水平摩擦力。柱上端与梁、枋等构件则必须维持有足够抵抗偏心弯矩能力的联结。这是中国古代大型建筑木结构最显著的特点。也是它与现代建筑基础刚接结构体系的差异最大之处。如图4.8、图4.9示。

早期的础石顶平面较粗糙，而宋代以后的实物表明，其表面已经被处理得非常平整光滑，如故宫各大殿、天坛祈年殿等。础石镜面面积一般比柱径稍大，《营造法式》中有：“造柱础之制，其方倍柱之径”，其上顶面的圆镜面即由方中取圆。又有“凡造柱下櫍，径周各出柱三份，厚十份，下三份为平，其上并为欹，上径四周各杀三分令与柱身通上匀平”(图3.10)。木柱下用“櫍”，是盘状的垫板，商代的遗址中是在扁平石块上加一片青铜皿板“鑕”，后来演化为有用石板“礩”、硬木板的“櫍”，宋以后它逐渐被取消，只使用一个完整的础石。从结构角度讲，櫍的存在更加易于允许柱脚滑动，櫍的上下面都可成为滑动面，且青铜鑕与石础顶面、石礩与础石顶面的摩擦系数都可以比木柱脚与础石间的摩擦系数小很多，这增加了柱脚在地震中滑动的可能。如果在柱脚和础石之间加用櫍，础石顶面比柱脚櫍还要大出几份，看来其用意在于要防止柱脚滑移掉落，即同时允许柱脚滑移，又使柱根有充分可滑移的余地。一个更有意思的问题是，这个预留的“可充分滑移的余地”并没有多宽，“凡造柱下櫍，径周各出柱三份”，“三份”似乎就是对柱脚在地震中最大滑移量的估计。在现存的很多古老的、经历过很多次地震的古建筑中，出现柱脚滑移是很普遍的现象，但滑移量都很有限，还未见柱脚滑出础石的。

从现在结构力学角度分析，基础顶面的断离使上部结构成为独立的整体，在连接紧凑的情况下表现为独立刚体的力学反应特性。上部整体的抗倾覆稳定性就必须依赖于建筑整体自

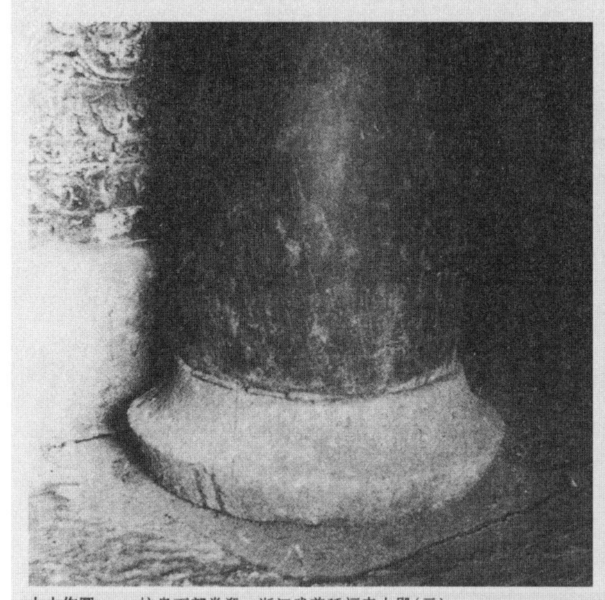

图　4.8

图　4.9

重带来的抗倾覆力矩。而由于柱底最大水平摩擦力有限，即能使结构所受的倾覆力矩也有限，只要限定合适的建筑总体高宽比，使 $GB/2 \geqslant FH$，其整体抗倾覆稳定性就能满足。如图4.10 所示。

显然础石与柱脚间的最大摩擦力是确定结构适宜高宽比的必要依据。在古代人们可以根据前辈屡次尝试所积累经验来确定房屋高度，而今天的研究则可以通过更直接的手段对其摩擦系数进行测定。

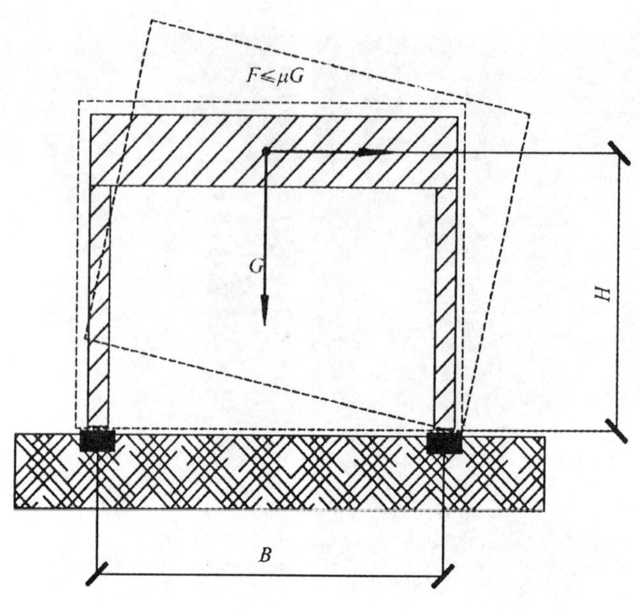

图 4.10　房屋自重抗倾覆示意图

4.3　木柱石础静摩擦滑移试验

我国古代建筑中木构架的柱直接立在露出地面的础石上平面上，并不嵌固，这一典型独特的技术措施具有重要结构意义。

柱直接站立在础石平面上，可靠地传下竖向荷重压力；柱底无粘连，可使柱不受轴向拉力。绝大多数木构架在水平荷载作用下柱必须承担剪力，按静力平衡原理，取上部结构为隔离体，则柱中最大剪力以柱底面与础石顶面所能产生的最大摩擦力为限。对于诸多殿堂、厅堂、亭榭等上部结构所能遭受到的最大水平作用剪力取决于木柱与石础间的摩擦力，为测定接近真实持荷条件下该接触面的的摩擦力情况特设计此试验。

（1）试验设计：

础石选用北方宫殿常用的青石，采用民间传统工艺砟平磨光以尽量接近《营造法式》中的要求。柱试件选用东北樟子松，直径 210mm 取 300mm 长一截，上下横截面按古代传统工艺做到平行，水平放置。构件尺寸见图 4.11。试验装置如图 4.12 示。为获得理想的纯摩擦环境，减少辅助设备的干扰，特用两块础石，光滑面上下相对，水平放置，像“三明治”一样夹住柱段，竖直方向施加摩擦面正压力 N，柱段上下端面同时均受摩擦力作用，水平推拉力 P 作用于柱段中部，上下端面旁各设百分表来测量滑移。竖向千斤顶先预加竖直压力 N，水平牵引力 P 从 0 开始，缓慢增加，直至柱段滑移发生。

（2）试验结果分析：

试验全程记录了 N 和 P 的对应变化，单位均为“kN”。摩擦系数 $\mu=\dfrac{P}{2(N+g)}$，g 为木块上部石块和千斤顶装置的自重，为 130kg，合 1.29kN。有效试验数据共 12 组。测试结果

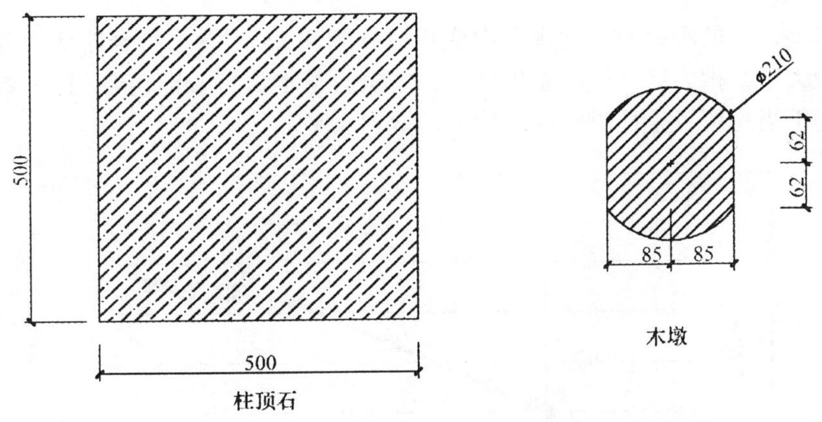

图 4.11　柱—础摩擦实验试件尺寸图（单位：mm）

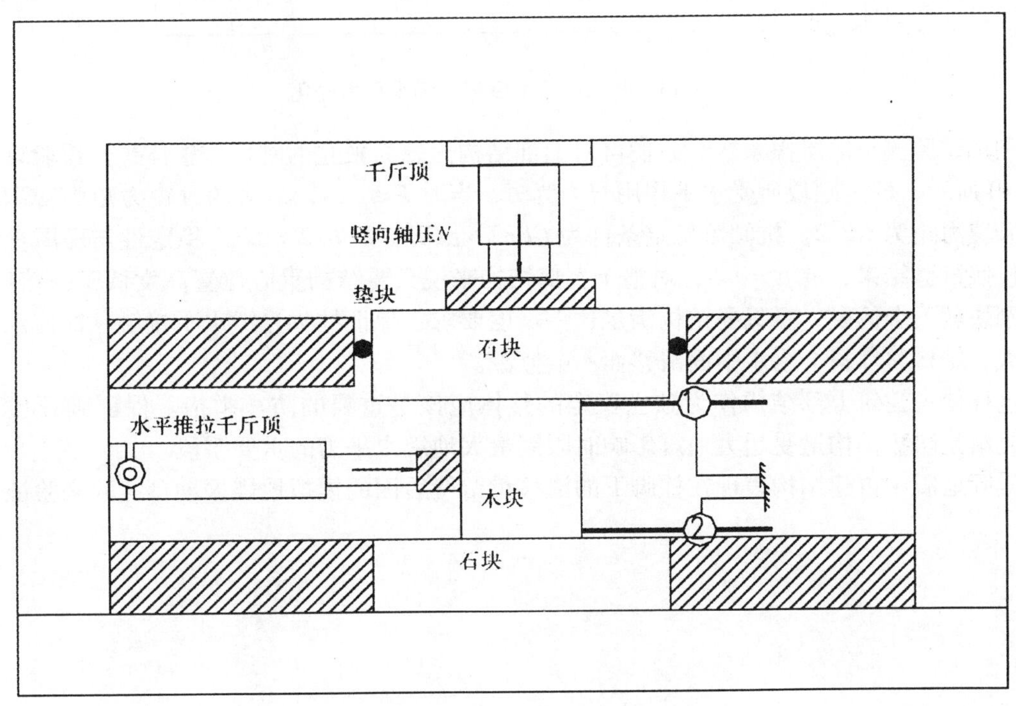

图 4.12　柱—础摩擦实验装置图

如表 4.1 所示。

表 4.1

试　件	1	2	3	4	5	6	7	8	9	10	11	12
摩擦系数	0.47	0.45	0.47	0.44	0.40	0.37	0.53	0.47	0.54	0.43	0.50	0.43

数据分析结果表明木柱与石础间摩擦系数平均约为 0.5。借此，我们可以估计古代木构架相当于现代干摩擦滑移隔震结构，隔震系数约为 0.5。即设上部质点总重为 G，则柱底总

剪力最大为 0.5G。

以一个典型试件的摩擦阻力随水平力变化曲线图 4.13 来看，符合摩擦力变化规律。当水平力超过最大净摩擦力后，试件发生滑移，摩阻力基本保持 μN 不变。这一数值可以用来计算地震作用下当房屋发生柱脚滑移时柱中的剪力水平。

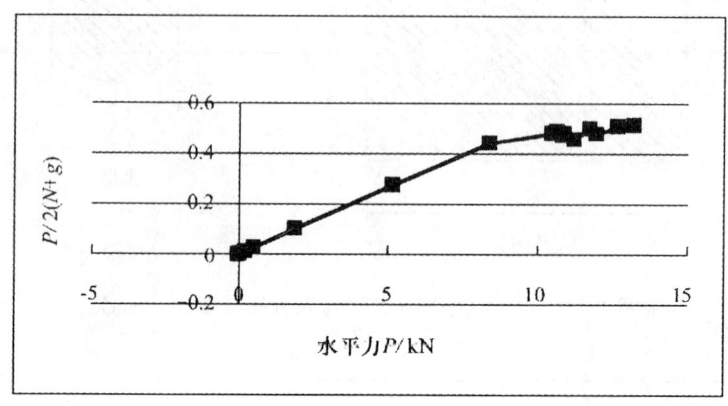

图 4.13　竖向压重下摩擦力随水平力变化

利用试验测得的摩擦系数，我们可对上部结构假想为独立的刚块作整体抗倾覆验算。如图 4.10 所示，假定刚块所受水平作用合力为 F，当时 $F \leqslant \mu_0 G$，最大的倾覆力矩为 μGH，自重抗倾覆力矩为 $GB/2$。抗倾覆稳定条件为 $GB/2 > \mu GH$，即 $B/2 > \mu H$，稳定性与房屋重量无关。按照试验结果，取 $\mu = 0.5$，对整个上部结构来说只要结构重心位置高度低于一倍柱距，整体刚块就不会倾翻，且只要结构满足这一尺度要求，保证柱脚光滑水平接触，即使水平荷载很大，结构整体只会沿水平面滑移而不会倾翻。

这样使古建筑上部结构作为独立稳定的整体应该是重要的防震举措。保证础石顶面水平、光滑是防止结构遭受超大地震影响时限制最大地震水平力的重要手段。

实际地震中古建结构表现在柱脚下的滑移量留待后面的模拟地震振动台实验来验证。

第五章　殿堂柱架结构

殿堂结构竖向有着清楚的结构分层，下分为台基和基础，中分即是柱架层。柱架层是一个以柱列、额枋搭建的独立、稳定的结构体系。其上再支持结构的上分——屋盖梁系。这一章来看柱架。

5.1　柱、额枋和榫卯

原始社会早期的简单建筑中构件之间的联结最早可能会用树木枝杈加上简单的绑扎，比较自然的会演化成采用简单的榫卯相结，随着使用经验和结构技术的积累，节点可靠性和联结强度、刚度逐渐提高。考古发现距今6000多年前原始社会的遗物中已有相当成熟的柱额节点榫卯加销联结技术。春秋战国时期，人们使用铜构件——金釭来加强节点连接强度。

从汉代画像石和唐代壁画石刻中就已经可以看到双额与柱刚性联结的柱架。如图5.1，左图为大雁塔门楣石刻之一角，右图为敦煌莫高窟一幅壁画上的建筑图样。图中都有上下两根额枋，按营造法式里的说法，上面的叫“阑额”，下面的称作“由额”。有腹杆或腹板相连，应相当于叠合梁。柱额节点在有水平荷载作用时要承受弯矩，柱额节点抗弯刚度在汉唐时期就得到了很明确的重视，并且使用了相当牢固的做法。

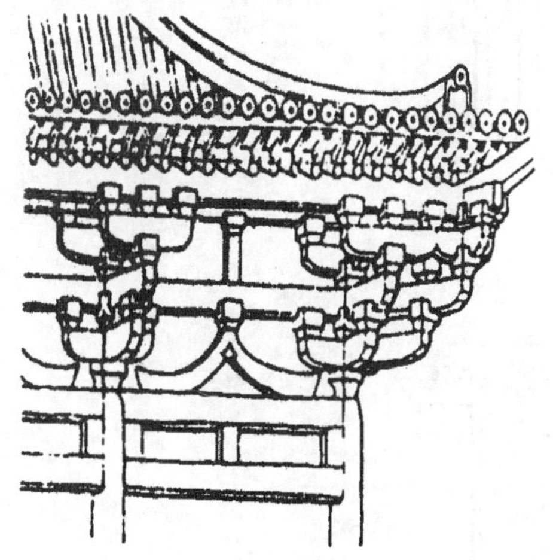

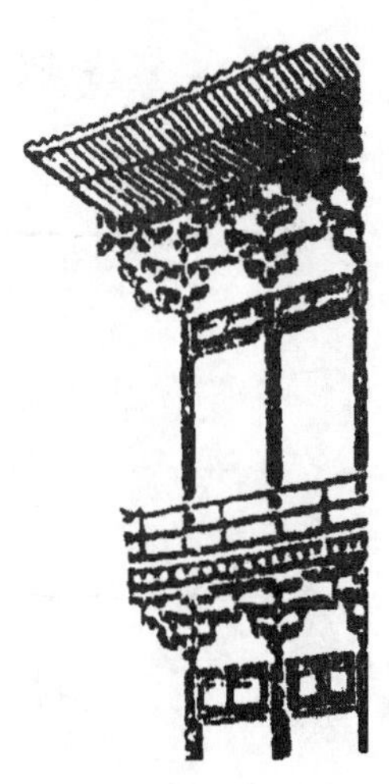

图　5.1

宋代的《营造法式》卷五中，大木作制度“阑额”、“柱”中都有有专门详尽的尺寸和做法规定。以下摘录《营造法式》卷五：

阑额　“造阑额之制，广加材一倍，厚减广三分之一，长随间广，两头至柱心，入柱卯减厚之半，两肩各以四瓣卷杀，每瓣长八分。如不用补间铺作即厚取广之半。凡檐额，两头并出柱口，其广两材一栔至三材，如殿阁即广三材一栔或加至三材三栔，檐额下绰幕方广减檐额三分之一，出柱长至补间相对作木沓头或三瓣头”。

“凡由额施之于阑额之下，广减阑额二分°至三分°。”

“凡屋内额广一材三分°至一材一分°,厚取广三分之一,长随间广两头至柱心或驼峰心。”

“凡地栿广如材二分°至三分°，厚取广三分之二，至角出柱一材。”各柱按地盘分槽位置布置，与阑额，由额，内额地栿相搭构成空间稳定的平面框架。地栿在檐槽的地栿建筑功能上可兼做门槛。由于会影响地面交通，在室内逐渐被弃之不用。

这里“广”指构件截面长向尺寸，即截面高度，“厚”指截面宽度，“长”指构件纵向长度。应注意这里只说明了榫的长度及截面尺寸，在《营造法式》卷三十所附图样里有燕尾榫的做法。燕尾榫应该是殿堂额枋和柱连接的主要做法。图 5.2 引自《营造法式》中的

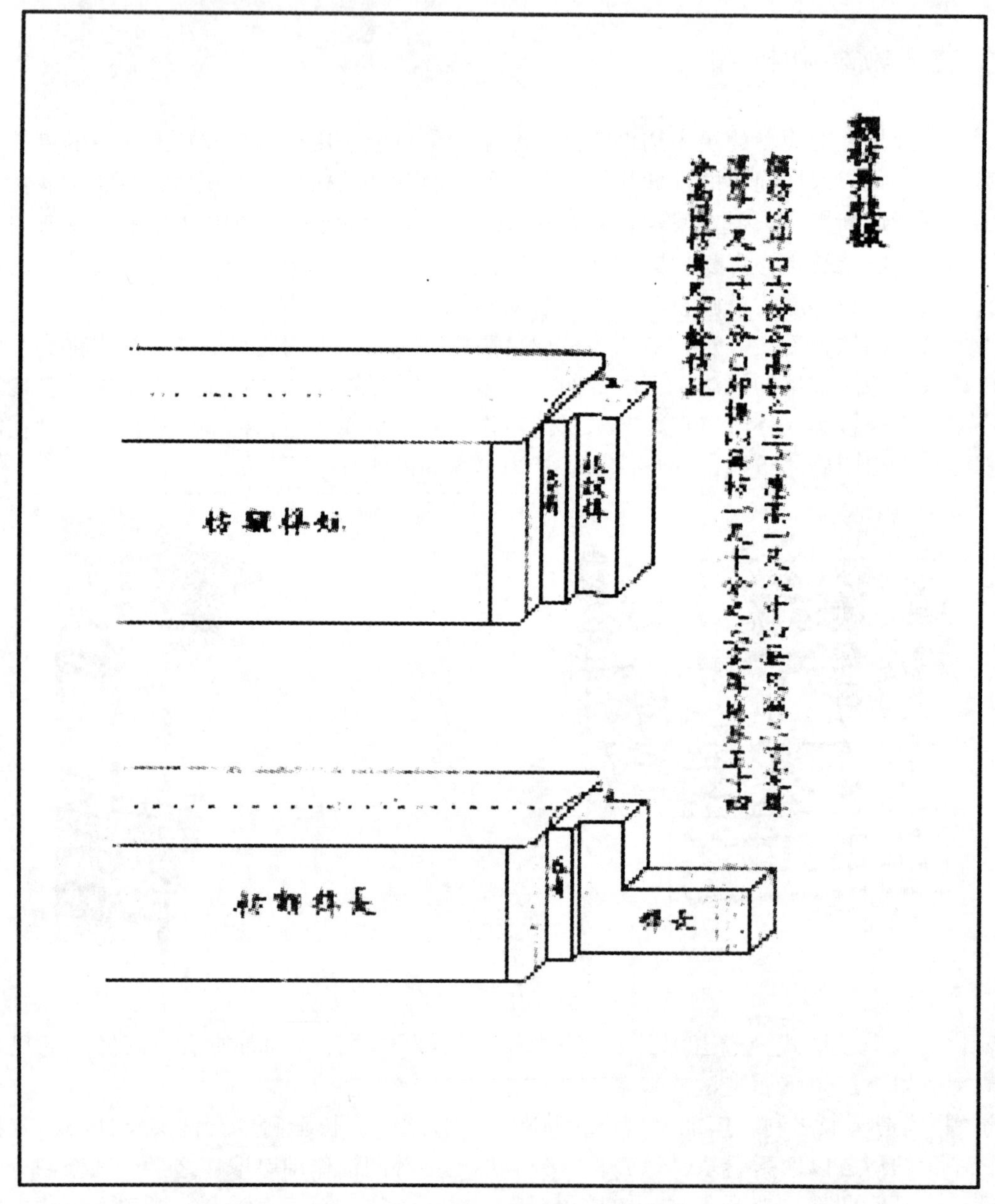

图 5.2　《营造法式》卷三十附中的额枋草样

插图。按照《营造法式》中文字叙述的做法，结合图样，可以二等材殿堂阑额为例，做出其施工尺寸图，如图 5.3 示。

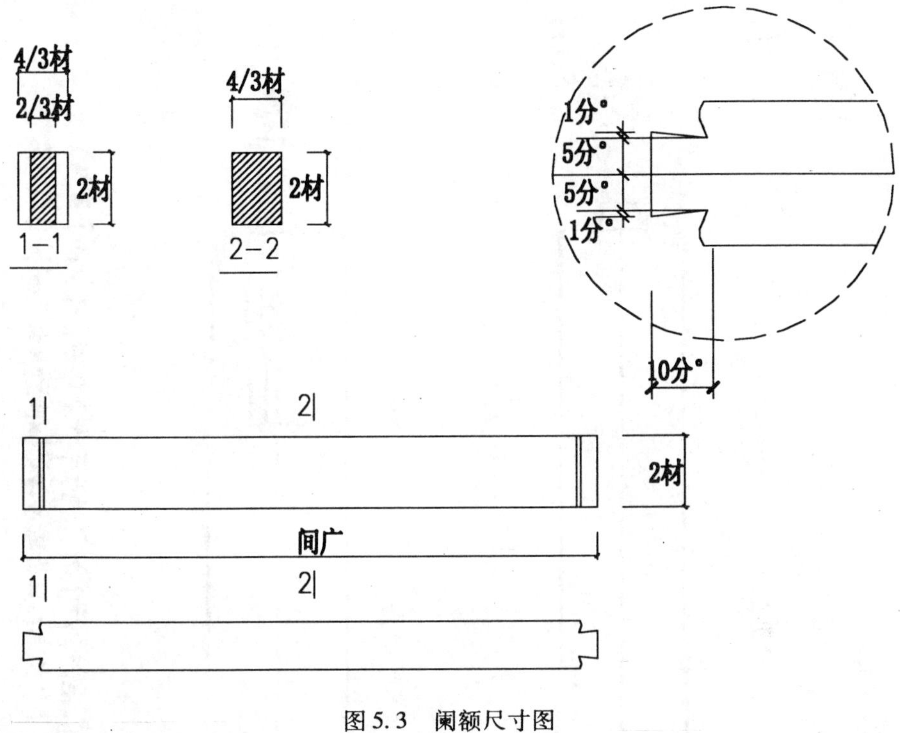

图 5.3　阑额尺寸图

柱　“凡用柱之制，若殿间即径两材两栔至三材；若厅堂柱即径两材一栔；余屋即径一材一栔至两材；若厅堂等屋内部皆随举势定其短长。”

“以下檐柱为则（注：若副阶廊舍下檐柱，虽长不越间之广。）”这一条规定了房屋柱高的基本控制方法，限制了房屋总体的高宽比，如图 5.3 所示宋代以前唐建山西五台县佛光寺东大殿，还有蓟县独乐寺山门等古殿堂都遵循这一方法。副阶和廊舍等房屋进深都较小，只有两椽平长，300 份，只是一倍间广，柱虽长不越间之广即是规定房屋柱架每间高宽比必须小于等于“1”。除副阶、廊舍等以外，厅堂和殿堂等通常由很多间大进深的间架联成，每跨进深至少两倍间广，进深有十架椽屋、八架椽屋、六、四架椽屋等，其面阔和进深都较柱高要大得多。

《营造法式》中除了“生起”的要求以外，对柱高再没有更多的文字描述。图 5.4 为朱启矜先生刊印的《万有文库》版的《营造法式》中所附“图样今释”中的柱的图样。在图旁边的文字注解中，有“檐柱以斗口六份定圆径，如斗口三寸即应径一尺八寸，以斗口六十份定高，即高一丈八尺（柱子上小下大，每高一丈上应小一寸）”的描述，应该是后人考证添加的注解，所用的单位“斗口”是《清式营造则例》才用的术语，柱高也是按《清式营造则例》中的要求确定的。

柱高的确定在宋式之中似乎仍应以“若副阶廊舍下檐柱，虽长不越间之广”来确定。有副阶时，内柱通常要高于檐柱，但以《营造法式》卷三十一原本所画图样来看，图 5.5，内额的高度要与檐栿平齐，由于内额的约束，柱的实际受弯的高度仍然是檐柱高度，仍然符

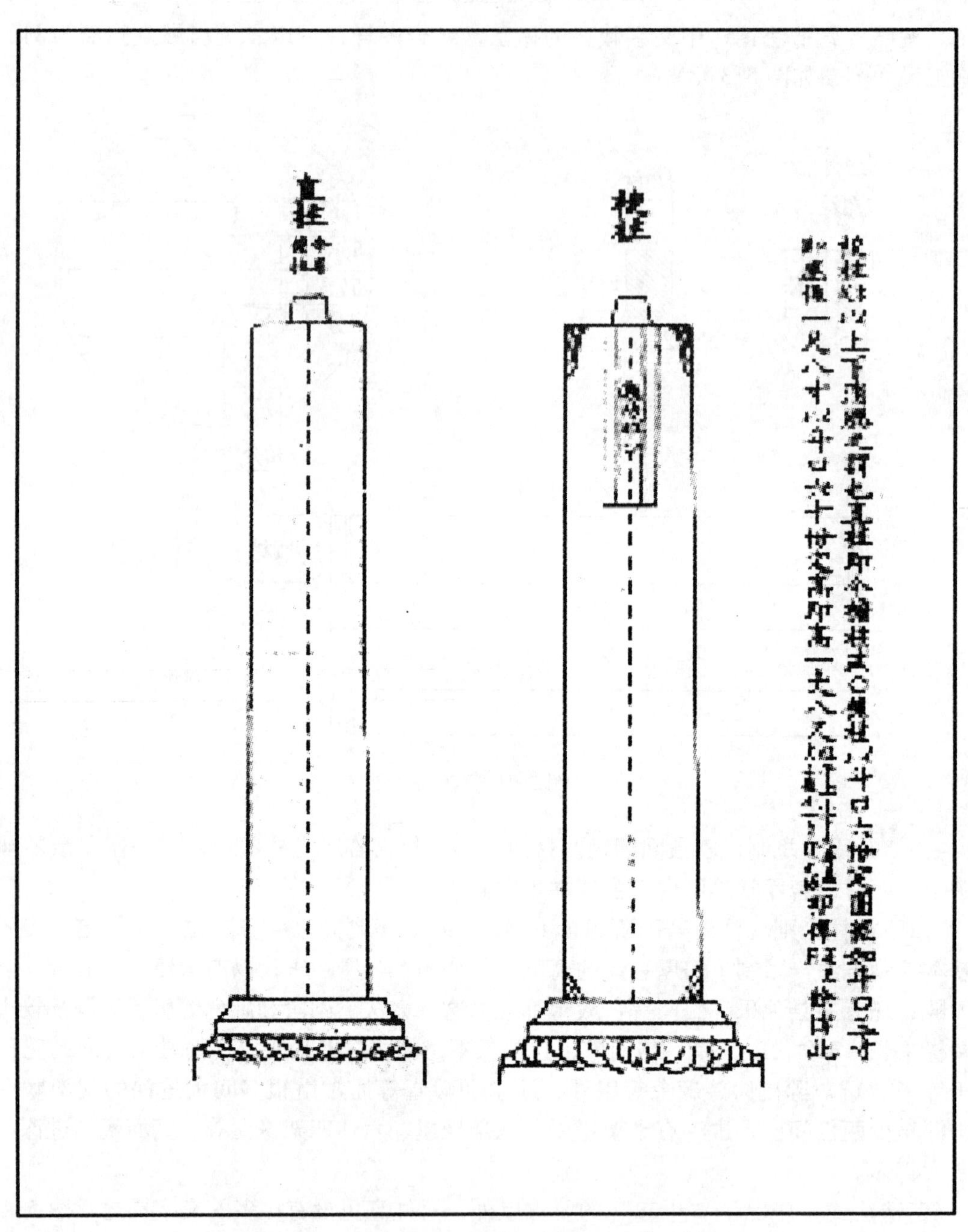

图 5.4 《营造法式》卷三十附中的柱身草样图

合柱虽高不越间之广。有一个图样例外，即“殿堂五铺作单槽草架侧样”，但从进深方向来看柱架，总进深仍大于 2 倍柱高（图 5.6）。

下面列举《营造法式》卷三十原书中有关殿堂的草架侧样图，如图 5.5、图 5.6、图 5.7。

《营造法式》中对柱还有“生起”、“梭柱”和“侧脚”等几项特殊的规定。

“（檐柱）至角则随间数生起角柱，若十三间殿堂，角柱比平柱生高一尺二寸（注：平柱谓当心间两柱也，自平柱叠进向角渐次生起另势圆和，如逐间大小不同即随宜加减，他皆

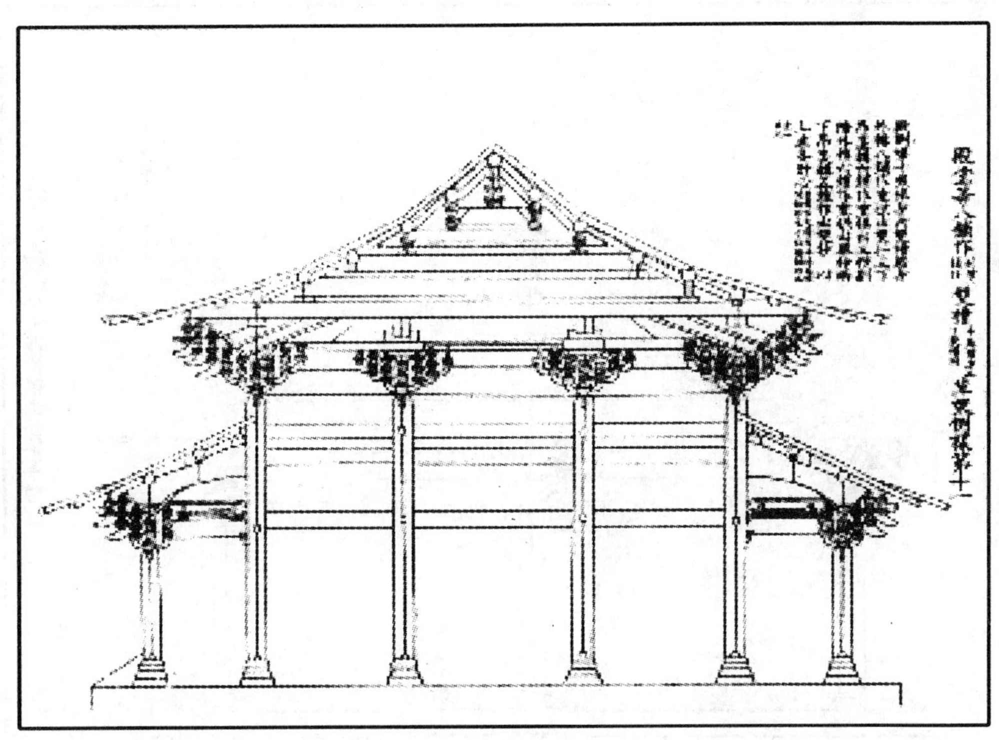

图 5.5 《营造法式》卷三十原书中殿堂等八铺作双槽草架侧样

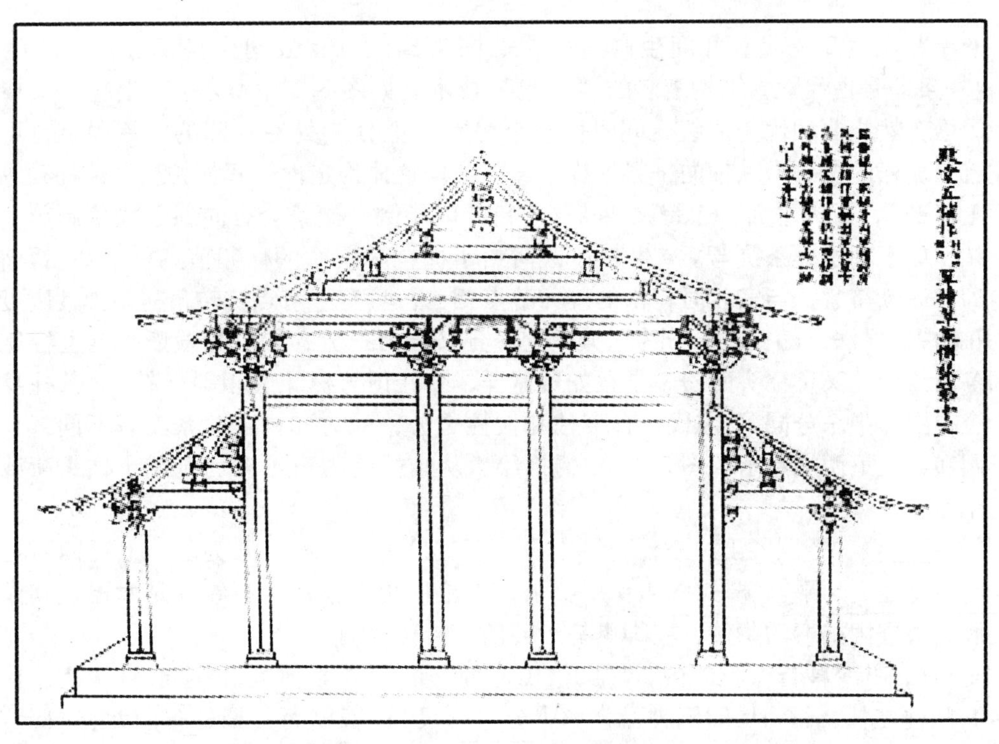

图 5.6 《营造法式》卷三十原书中殿堂等五铺作单槽草架侧样

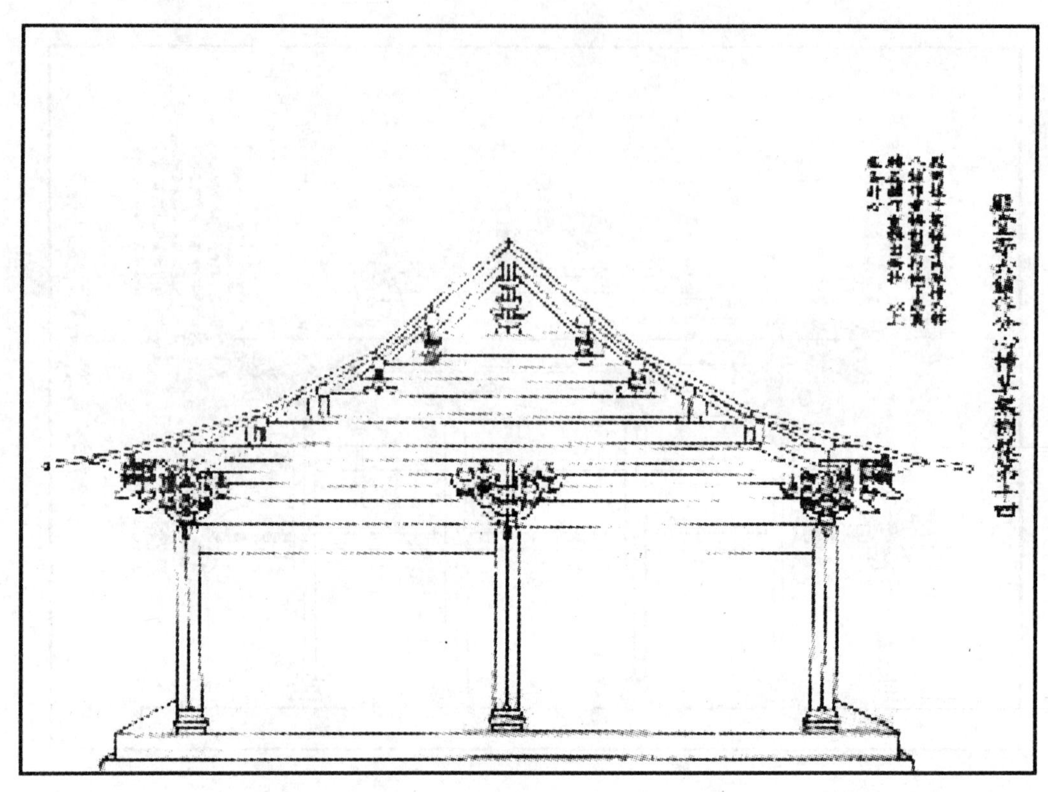

图 5.7 《营造法式》中殿堂等六铺作分心槽草架侧样

仿此。）；十一间生高一尺；九间生高八寸；七间生高六寸；五间生高四寸；三间生高二寸。”这一条即是古代殿堂结构著名的“生起”技术。如图 3.1 中所示，“生起”形成了古殿堂大屋檐自然挠曲的优美曲线，同时使整个房屋“上分”处在上凹的支承面上，可以使纵向连接较疏松的檩条沿纵轴向挤紧聚拢，增强结构整体稳定性。假如相反，使柱列纵向中部立面上“凸”，或为平面，边跨梁架将很容易外闪倾倒，檩条会有向斜下滑落趋势，使其支座受拉，更不利于檩条抗弯。“生起”同时给予檐柱和阑额的榫卯节点一个初始预转角，使榫与卯口逐渐挤紧，与安装时较松的榫卯节点相比，具有了节点抗转角初始弹性刚度。

“凡殺梭柱之法，随柱之长分为三分，上一分又分为三分，如栱卷殺渐收至上径比栌斗底四周各出四份，又量柱头四份，紧殺如覆盆样，令柱顶与栌斗底相副（符）。其柱身下一分殺，令径围与中一分同。”宋代柱有直柱和梭柱之分，受力和构造关系没有不同，只是梭柱外形圆和，上下两端卷杀如图 3.11 中的描绘，从结构受力讲更有利于减小柱头荷载对柱轴心的偏心。

“凡造柱下櫍，径周各出柱三份，厚十份，下三份为平，其上并为欹，上径四周各殺三份，令与柱身通上匀平。”櫍如图 4.6 中所示，无论使用青铜鑕、石礩或是木櫍，其作用都会使柱脚失去嵌固抗弯的条件，柱脚更易于转动和错移滑动。

“凡立柱，并令柱首微收向内，柱脚微出向外，谓之‘侧脚’。每屋正面（谓柱首东西相向者）随柱之长，每一尺即侧脚一分（十分之一尺）；若侧面（谓柱首南北相向者），每长一尺即侧脚八厘；至角其柱首相向各依本法（如长短不定随此加减）。”“凡下侧脚墨，于柱十字墨心里再下直墨，然后截柱脚、柱首，各令平正。”“若楼阁柱侧脚，只以柱以上为则，侧脚上更加侧脚，逐层仿此（塔同）。”

额枋头作榫入柱卯，分为短榫和长榫。短榫头要作成燕尾状银锭榫，可以抗拔，防止脱榫。长榫头要穿透柱身，节点受弯时有较强抗弯能力，同时节点转角后榫卯挤紧可增加榫与卯间摩擦力，即有利于抗拔，又增加了结构阻尼。在无节点转角时，抗拉能力较弱，需要加销栓等补强措施。

《营造法式》中对柱有生起和侧脚的规定。侧脚就是立柱之前将柱底面做成微小斜度的斜面，立柱后可令柱首微收向内，柱脚微出向外。“每屋正面，随柱之长，每长一尺即侧脚一分，若侧面，每长一尺即侧脚八厘，至角柱其柱首相向各依本法。”生起就是使檐柱由心间向两翼依次柱间头高。柱的侧脚对榫卯抗拔有利，在上部结构自重作用下，它像预应力一样，为原本松散的结点提供了一个初始弯矩，来自动完成榫卯挤紧。柱侧脚也是整个柱架稳定的要求。柱和内额的榫卯在安装时本来不可能个个都同时挤紧，横向柱架整体刚性本来就较弱，或在相当的水平荷载作用下，榫卯会发生转角变形，假如各柱平行站立，将极易形成机动体系如图 5.8 示。榫卯是半刚性节点，挤紧后抗转角刚度越大体系越不易变为机动体系，如图 5.9 示。

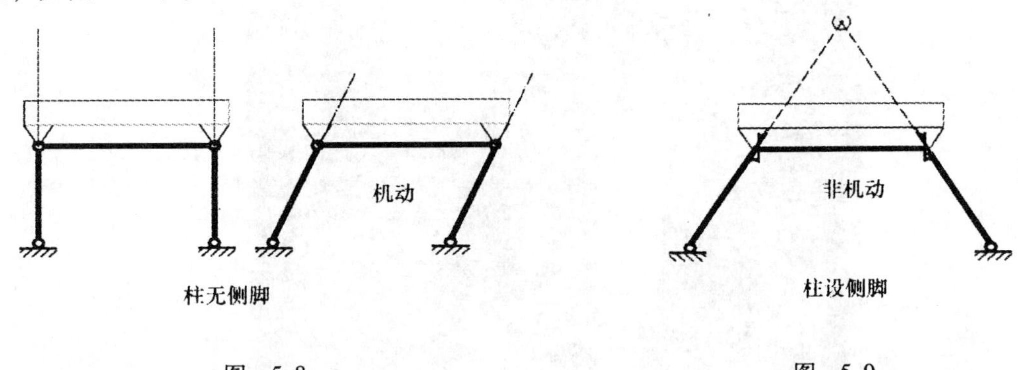

图 5.8　　图 5.9

由于木材本身的湿胀干缩及加工工艺的限制，柱额节点不可能达到完全刚性。但如果在其合理受力范围内，即破坏之前，我们仍然可以先作这样的假定。榫卯节点抗弯能力与变形发展有关，在柱额间发生一定程度初始相对转角后，榫卯挤紧，节点才具有抗弯刚度。挤紧后的节点抗弯刚度与节点构件变形有关，但不是一般意义上的刚节点，虽然材料本身处于弹性、弹塑性应力状态，榫与卯间的滑移却会占变形的主要部分，姑且称其为半刚性联结。若柱额间无转角趋势时，对于竖直柱和与之水平正交的额枋，榫卯缝隙挤紧前节点抗弯刚度几乎为零。鉴于这种特性，柱额节点为滞后受力，至于其刚度变化规律和承载力，柱的承载力，将应区别不同构造情况由实验测定。对柱与额枋构成的柱架，其

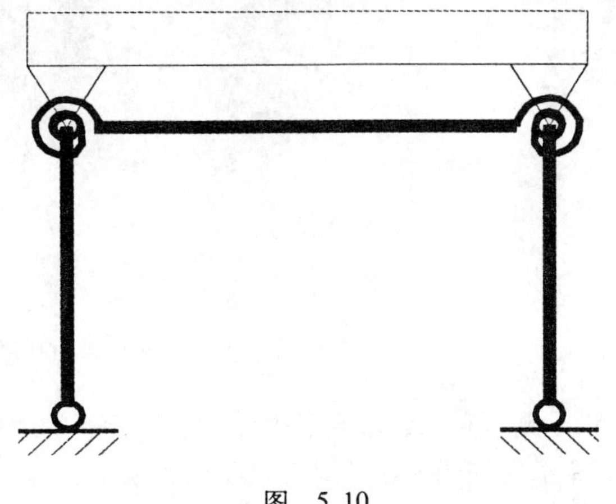

图 5.10

结构简图相当于具有弹性抗弯节点的平面简支门式刚架。如图 5. 10 示。

额枋凸榫嵌入柱卯，竖向荷载下额枋受力如简支梁，水平荷载作用下，节点发生张角，榫卯挤紧而产生约束弯矩，额枋受力则如两端固结梁，前提是固端支座有转角趋势，发生挤紧。柱承受轴向压力、水平剪力和结点弯矩，相当于上端固接，下端铰接的偏心受压构件。当节点张角过大，榫卯失效时柱架即变为机动体系而倒塌。

由此可见，柱额节点抗转角能力非常重要，宋辽时期开始，匠师使用更大截面大刚度的额枋，完善了节点构造措施，采用镊口鼓卯，吞肩透榫，两个额枋藕批搭掌相对穿入柱卯，再在榫头和柱卯之间开箫眼，横穿销键。以这些措施保证榫卯可靠联结不脱开。檐额下使用绰幕枋，即节点加掖，显然是为了加强节点抗转角的刚度，见图 3. 10。清代的额下大雀替更是增加节点抗转角变形的刚度的实际需要，见图 3. 10。雀替就是节点加掖，比宋代绰幕枋截面和体量都明显加大，大大提高了节点抗转角变形及承受弯矩的能力。图 5. 11 是作者 2002 年摄于山西晋祠大门的图片，可以权且作为雀替及其使用位置的示意。

图 5. 11　雀替（张鹏程 2002 年冬摄于山西晋祠大门）

正是侧脚和生起形成了中国古建筑特有的斜柱和优美的自然圆和的檐口下凹竖曲线，如图 5. 12 示。柱架因柱倾斜而使斗栱、梁架、襻间、檩、椽、瓦的结构联结更加紧密，梁架系因放置在凹面上而不易偏心，从而使下部结构处于有利的负荷状态。这两种效果对提高结构抗震及负载能力都非常重要。

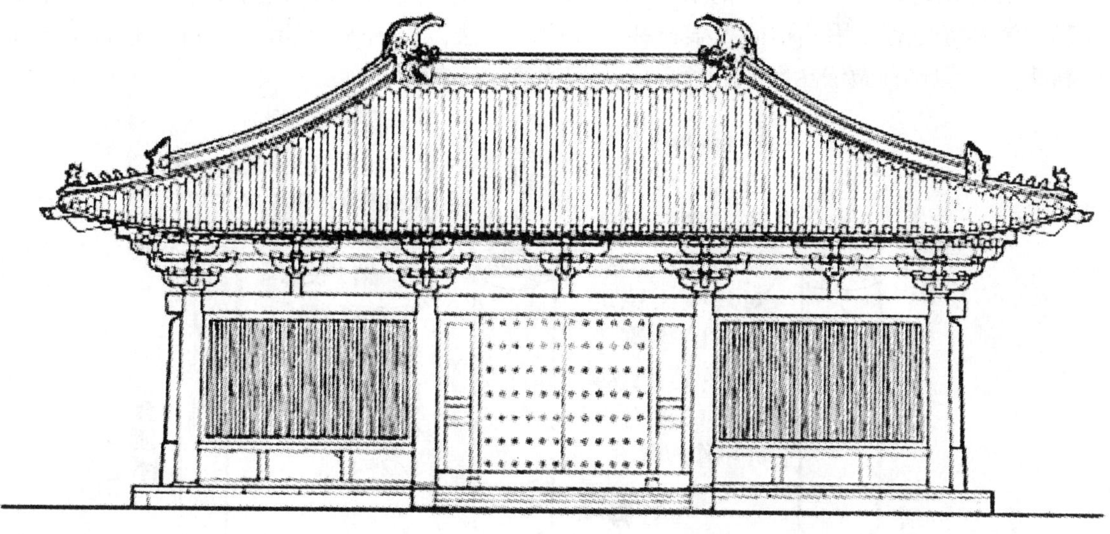

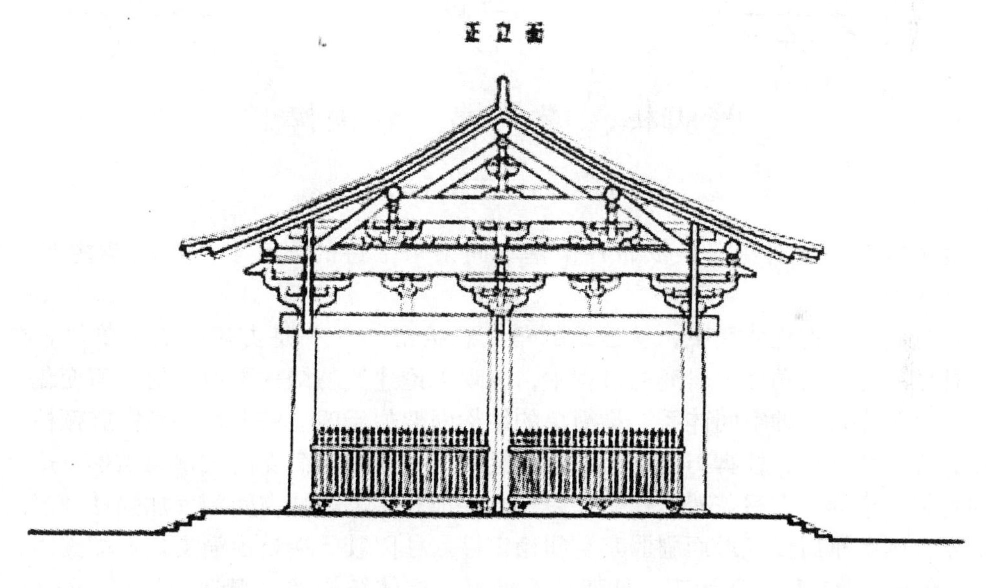

图 5.12　独乐寺山门（引自《图像中国古建史》）

5.2　柱架层的空间稳定

殿堂结构柱架层简支平支在柱顶石上，整个柱架层与其上梁系结构也是分离平支关系。屋盖梁架传来的重量通过栌斗传至柱头中心，栌斗与柱之间联结方式有两种：一种是栌斗底面平整，栌斗直接坐在柱顶水平端面上，第二种是柱头上留镘头榫（对应于柱脚也有管脚榫），栌头底相应留卯眼（柱顶石上也留有小海眼）。栌斗把上部荷重传给柱，靠斗底摩擦阻力（有榫销时在产生相当量的滑移后会有销铨力充当限位力）抵抗水平滑移。对于窄长而高的游廊等也有使用柱脚插入础石杯口嵌固的做法，如图 5.13 示（引自《建筑结构构造资料集》），但这种做法在殿堂、厅堂等大型建筑中不使用。

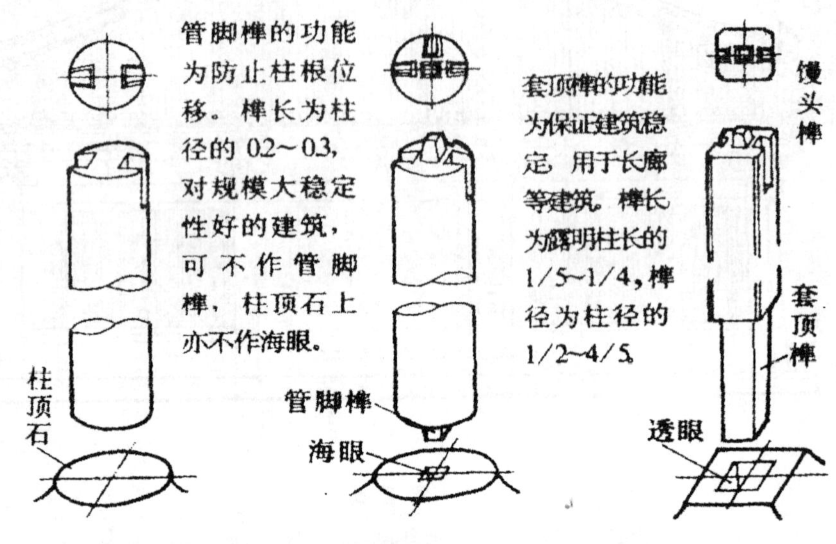

图 5.13　柱的上下联结方式示意图

古建木构架的空间稳定是依靠各个基本间架来维持的。基本结构间架构造可简称作“间”。

梁思成先生在古建研究中，从建筑的角度总结出“间”是古建的最小单位。在我们对古建从柱额层稳定的角度去研究的过程中，发现无论建筑物结构平面布局如何变化，柱额层必须是一个独立稳定的空间体系。最简单的结构间架位于四立柱上端头横向施额枋，纵向施随梁枋，榫卯相固结，柱脚与基础为端平面简支，整体形成简支门式框架结构。这样不依赖基础对各柱的嵌固，在屋盖架上柱架之后，要促成利用屋盖的空间刚度加强柱额层的空间稳定，而不会因荷重后要变形而削弱其空间稳定性。柱因其下端自由简支，上端嵌固，它们的“根”不在基础而在额枋和屋盖。柱架像八仙桌，整体结构像“鼎”。“间”这个基本的结构间架体现在几乎所有古代木作中。从最原始的氏族部落，半坡遗址中的窝棚到夏商春秋时的木傢具都不例外。多间的套用和扩展可以有多种变化，从而成为丰富多变的平面布局形式。在殿、阁、塔的柱架中都可划分出基本结构间架单元来，每个间架都是空间稳定的柱脚简支框架。

各间架的抗倾覆稳定是通过简单的约定来维持的，就是前面所说：“柱虽高不越间之广”。通过控制“间”的高宽比，使得最大水平荷载作用下的倾覆力矩永远不会超过自重带来的平衡弯矩。如图 4.8 所示。

这种靠自重平衡来抗倾覆的方法似乎早有渊源，早在唐代的建筑中就已经采用。在《营造法式》颁布之前的建筑，虽有纵向阑额以保证柱额层各柱的稳定和位置固定，但横向搭头木（内额）较少用，造成中部各间缝进深方向（横向）单榀构架的平面内抗侧力能力相对较差（图 5.3）。由于端间的两榀横向构架联系紧密，阑额跨度小，刚度大，再加上角檐柱和内角柱之间斜向顺栿串的联系使整座宫殿稍间跨横向刚度很大，而中间各榀要由横向构架阑额短轴方向抗弯、抗扭和需要借助横向底梁作为空间链杆，来约束柱顶侧移。另一项措施就是利用结构严格的对称性，用斗栱做到准确计心，使各柱尽量做到准确的轴心受压，不出现偏心受力的情况。仅凭这种理想的状况显然不可能维持柱架稳定，但可以减轻稍间柱架的负担。

由于中间各榀构架檐柱与内柱间横向联系弱，横向柱列的稳定主要依靠稍间（边跨柱架）才有的横向阑额，这限制了早期殿堂平面的长宽比不能太大，间数不能太多，这是空间刚度的要求。五台县佛光寺东大殿总共只有 7 间，八榀横向柱架中位于稍间的四榀设有横向阑额。对于中间四榀横向柱架，抵抗横向水平作用力的主要依托两端间的联系刚度大的四榀柱额构架。辩证地来看，这种作法有利有弊。在良好的地基条件上，它能以尽量少的内额来获得最大限度的内部开阔净空。但这种结构方式，中间各榀构架在发生较大侧移时稳定性较差。《营造法式》中的殿堂明显已经重视了横向构架的刚度，在内柱上端设了内额、由额、（顺栿串）等构件，从而使每榀横向间架可独立承担水平作用，增强了整体结构抗侧力的能力。这时结构传力更明确，横向抗侧力体系可以看作适当考虑空间作用的平面横向柱额构架体系了。

另外，在阑额上施用普拍枋（图 5.14）确实可以证明古代匠人已经有了很强的空间刚度的概念。《营造法式》卷四中有“凡平坐，铺作下用普拍枋，厚随材广，或更加一梨，其广尽所用方木”。

“凡平坐、先自地立柱谓之永定柱，柱上安搭头木，木上安普拍枋”，枋上坐斗栱铺作。普拍枋的横截面为矩形，长边顺水平放置，短边竖直，即抗弯强轴方向是用以抵抗水平面内的弯曲。从普拍枋使用的位置和它截面尺寸及接头方式的要求可知，它是双向受弯构件，以水平向抗弯为主，大概相当于现代结构中的圈梁的作用，用以协调柱头水平侧移。

普拍枋端缝搭接方式构造如图 5.15 左下两图所示，这种做法的目的：（1）减小横向联系弱的柱架中，柱头不均匀侧移对上层平坐层的影响；（2）枋底摩擦力可约束柱头不均匀侧移，即加强了空间作用；（3）竖向抗弯，调整下层柱头竖向高差对上层的影响；（4）有补间铺作时，普拍枋和阑额叠合，以摩擦力充当抗剪连接，可以共同受弯。上图的螳螂头口显然是为了提供纵向受拉纤维的锚固条件，适用于上部受拉下部受压的截面。勾头搭掌则可用于截面上下都受拉的情况。从梁思成先生绘制的历代普拍枋演变图正说明空间刚度提高的趋势。

到清代，木作结构构架可分为两类，一类是用于正式大型建筑的采用斗栱的大式，另一类是不用斗栱的小式构架。对大式构架，竖向仍可分为三个结构层次：柱架层、斗栱层和梁架层。小式构架中，柱架上铺普拍枋，其上支接支承随梁枋及梁架，小式中的横向额枋叫随梁枋，相当于梁的“副梁”，但其主要作用是和柱固接，承受支座弯矩。枋的功能大都是维持主要横向受力构件的支座稳定。

明清大式构架，柱下端仍保持平搁简支，明清宫殿所用柱顶石，多为表面光滑细腻的青石，滑移条件较前代有很大改善，这有利于减轻结构中的水平荷载造成的剪力及弯矩水平。

总体看来，柱上端与额枋的联系比前代要强得多。首先是额枋布置密度大大增加，每一柱与其相邻各柱都用额枋连结；其次是额枋断面尺寸大大增加；再次，在一条轴线上，上下

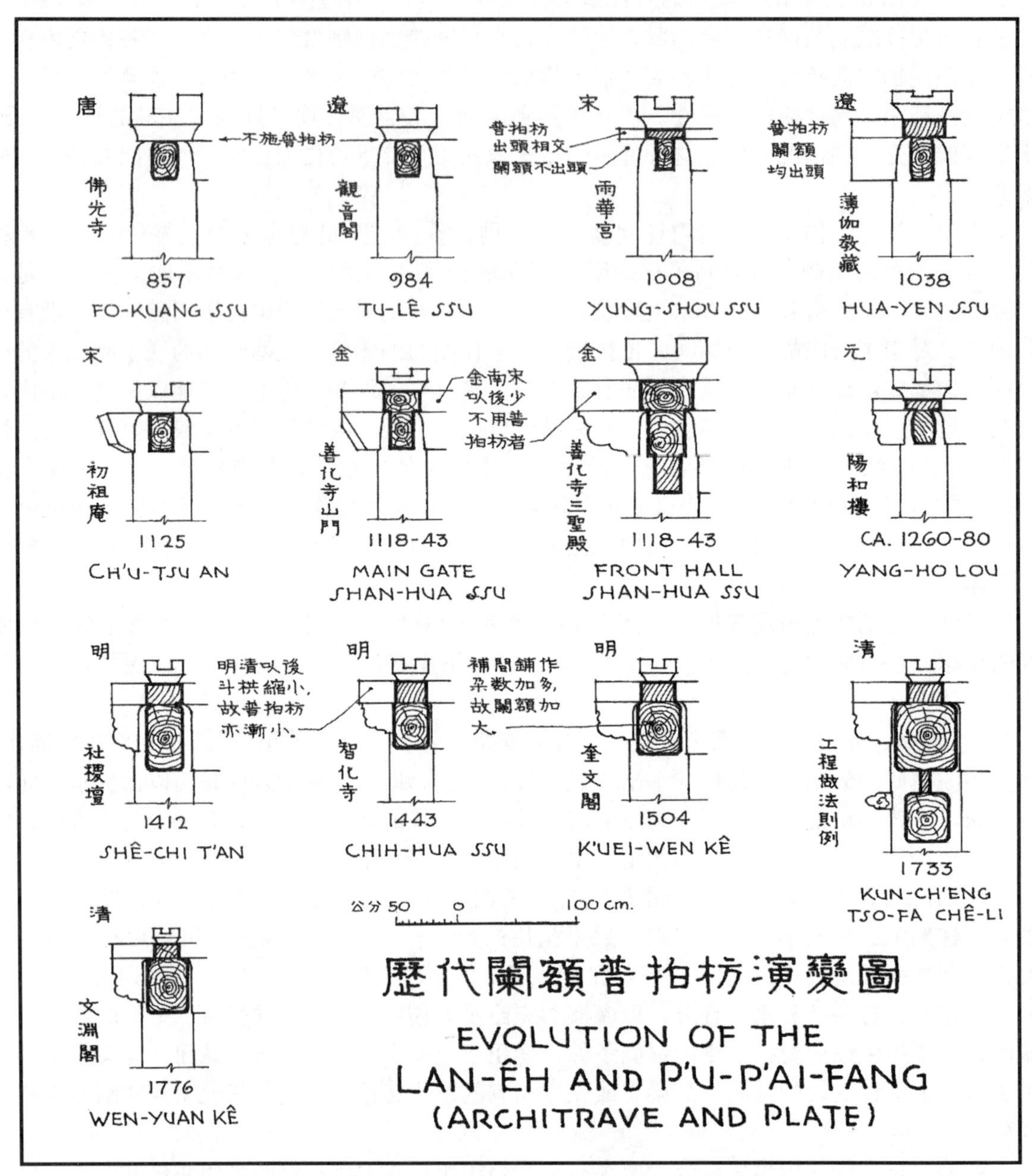

图 5.14　梁思成先生绘制的历代阑额普拍枋演变图

施用两道额时，两额间采用“由额垫板”，即在上下弦杆间增加腹板，成为上下额的剪力连结件，形成相当于现代“工”字形截面，用材不多，却大大增强了额的抗弯刚度。更重要的，明清柱架中对雀替的使用非常重视，它是古建木构架专门的节点抗转角元件。《营造算例》中明确规定柱额交结点处必须用雀替，雀替的尺寸很大，“长按净面阔尺寸四分之，即为净长，外加榫，长按柱径十分之三凑即长。高按柱径四分之五，厚按柱径十分之四。”

柱额上施普拍枋，普拍枋有利于增强柱额节点刚度和分担一部分部件铺作荷重造成的弯

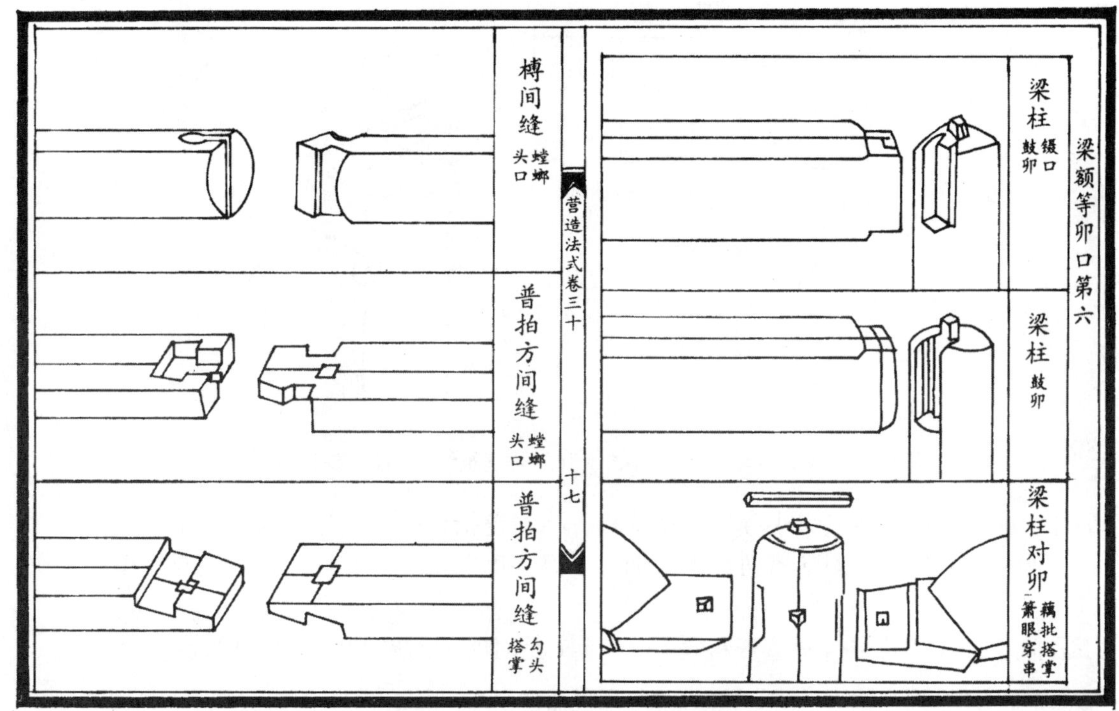

图 5.15 《营造法式》中的榫卯联结

矩。可见，到明清时人们对柱架上部节点的刚性要求已经较高。

清代的柱长径比为 10:1，柱架仍有保留柱侧脚，但不再要求生起，同列柱同高，这也是柱架纵横向稳定得到保障后的一个自然的表现。

结构上的变化与节点构造技术的发展是密不可分的。尤其是事关结构安全的柱额节点，明清的处理与宋制略有不同。柱额榫卯尺寸有详细严格的规定：“额枋出榫按本身宽折半”。柱如用管脚榫，柱头同时要用馒头榫，榫长按柱径折半，径按本身长八扣。雀替是加大柱额节点抗弯能力的非常有效的手段，清代的雀替尺寸加大，已成为必不可少的大构件，《营造算例》中规定雀替“长，按净面阔尺寸四分之，即以四分之一净长作为雀替长度，外加榫，长按柱径十分之三凑即总长。”

清代的榫卯技术已能适应各种复杂的连接需要，榫卯的连结能完成各种既定传力需要。管脚榫用以在柱脚滑移发生后提供更大的限位销栓力。以下四点是很明显的稳定构造措施：

（1）馒头榫来约束大斗底部相对滑移。当柱脚采用管脚榫时，柱头一定同时采用馒头榫，但榫宽一定不小于管脚榫。套顶榫柱，相当于现代根部固结柱，多用于长廊和牌楼，在居住建筑中很少使用。

（2）斗栱上加设栽销来约束斗栱层间滑移，增强了使用斗栱结构整体性。

（3）搭交檩用十字卡腰，增强屋架整体性。

（4）角柱的连接采用箍头枋，如图 5.16。

可以完成抗压、三向抗弯、抗剪、抗扭、抗拉等功能，是维持柱架整体空间形状的关键。

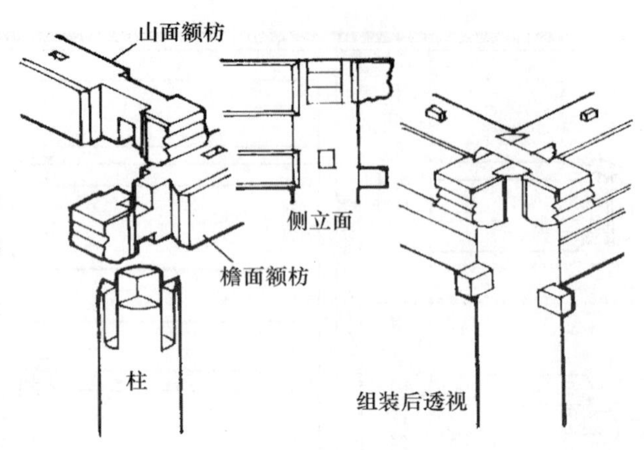

图 5.16　箍头枋与角柱的连接（引自《建筑结构构造资料集》）

另外，前已有述，清代大小额枋间用垫板，桁与随桁枋间用垫板大大提高了上下两构件组合抗弯能力。另外桁下用随檩枋也大大加强了梁架侧向稳定，其性能比宋制只用襻间斗栱大有改进。

下表摘录自《建筑结构构造资料集》，表 5.1 是对明清时的榫卯技术的总结。

表 5.1　　**清式大木榫卯简表**

<table>
<tr><th>榫卯功用</th><th>榫卯名称</th><th>结合方式</th><th>榫卯所在的构件、部位</th><th>安装方法</th></tr>
<tr><td rowspan="2">水平构件互交</td><td>燕尾榫（大头榫）</td><td>咬合延长</td><td>正身檩之间、扶脊木之间</td><td rowspan="2">搭交、起落</td></tr>
<tr><td>十字刻口、十字卡腰</td><td>正斜十字搭交</td><td>平板枋、搭角檩</td></tr>
<tr><td>水平及倾斜构件重叠稳固</td><td>裁销、穿插</td><td>相叠</td><td>额枋、平板枋与坐斗及斗栱各层之间、老角梁与仔角梁、脊桩、覆莲销</td><td>嵌入、穿入</td></tr>
<tr><td>水平及倾斜构件半叠交</td><td>桁（檩）碗、扒梁刻榫
压堂（刻半）榫</td><td>咬合
踹压
搭置</td><td>扒梁、抹角梁
角梁与由戗
檩与梁头</td><td>落刻
扣搭</td></tr>
<tr><td rowspan="2">板缝拼接</td><td>银锭榫（扣）、
穿带、抄手带</td><td>销合</td><td>榻板、博缝板、实塌门</td><td>镶入法、剔机理
或打眼穿入</td></tr>
<tr><td>裁口、龙凤榫（企口）</td><td>咬合、搭接</td><td>山花板等</td><td>搭边</td></tr>
<tr><td rowspan="2">垂直构件与水平构件拉结、相交</td><td>馒头榫、燕屋榫、箍头榫</td><td>顶插、箍掳</td><td rowspan="2">柱与枋
山柱与排山梁架</td><td rowspan="2">上起下落
穿入、倒拖法</td></tr>
<tr><td>选榫（大进小出）、半榫</td><td>穿插</td></tr>
<tr><td>固定垂直构件</td><td>管脚榫、套顶榫、童柱
瓜柱、管脚榫</td><td>插入</td><td>柱子根部</td><td>直插</td></tr>
</table>

总体看来，榫卯连接的额柱构成的框架是承载的主体。柱额构架的承载力和变形指标应是结构研究关注的重点。下文将通过一系列实验来解析柱架的受力变形机理。

5.3 单柱承载力试验研究

“立木顶千钧”，描述了木柱具有很高的竖向承载力。而地震作用会在柱架中产生水平作用力，复杂受力情况下柱的变形能力及承载能力如何，带有自然裂缝的木柱是否具备耗能能力等问题，需要试验研究确认。这一试验结果也将为后续柱架低周反复荷载及构架振动台试验作可供参照的数据准备。

（1）试验目的：

通过测试木柱在竖向荷重和水平剪力共同作用下的承载力和变形能力，搞清古建筑中木柱的受力机理、承载力、变形能力和刚度。

（2）试验方法：

针对古建筑中所采用的一端固结，一端简支柱，进行竖向荷重条件下水平向低周反复荷载试验。本试验设计采用每根试件为两倍柱长，两端铰接，跨中施加反复集中力，相当于两根柱同时试验。

（3）试件制作：

按照宋代《营造法式》中的做法，选用殿堂二等材檐柱作为试验模型。材质为东北红松新材。试验原型为直圆柱，按《营造法式》规定，构件原型尺寸为：柱直径 42 分$_{\text{二}}$*，柱长 300 分$_{\text{二}}$。（“分$_{\text{二}}$”表示二等材每分长度，相当于现在 1.76cm）。为了减小误差保证加工精度，模型缩尺比例选用 1∶3.52，即 1cm∶2 分$_{\text{二}}$，以方便对应尺寸数值取整，即模型柱直径 210mm，柱长 $L=1500$mm。由于古代木构架中的柱为下端自由搁置于柱顶石上，应为铰接；上端与额枋弹性嵌固连接，试验由于对称性可按刚接考虑。试验装置选用两柱联作，即用一根两端铰接，长为两倍柱长 $2L=3000$mm，直径 $D=210$mm 的木柱，两端施加轴向压力，1/2 柱高处施加水平推拉力。试验装置如图示。试件数量 3 组。

（4）测试内容：

① 轴向恒压力作用下，水平推拉滞回曲线；

② 受荷状况下截面应力应变状况；

③ 柱极限承载力及相应的极限变形。

（5）荷载估计：

①每柱所受竖向压重 N 按照《营造法式》中的二等材殿堂檐柱其竖向承担约最大为 60t，按照现在测定的新木材强度计，其轴压比约为 0.1。按照缩尺比例模型上相应轴压力为 50kN。

②模型所受水平力为自由加载。由于两柱联作，试验模型上施加的水平推力 P 应为单柱所应受水平力的两倍。模型所用木材强度按樟子松 TC13 级取用，柱中最大弯曲屈服拉应力在先不考虑水平位移造成的二阶效应影响约为 $P_{yt}=\frac{PL}{2W_d}-\frac{N}{A_d}=f_t$；最大弯曲屈服压应力为 $P_{yc}=\frac{PL}{2W_d}+\frac{N}{A_d}=f_c$ 来事先估计，预计使柱屈服时水平推拉力约为 16kN。

---

* ：“分$_{\text{二}}$”表示二等材的一分长，即按二等“材”的横截面高度的 1/15，定为 1“分$_{\text{二}}$”。

③按平截面假定，结合模型用材的理论极限应变反算，试件屈服时的中点水平变位约为9mm。

（6）试验装置：

图5.17为试验装置设计图。

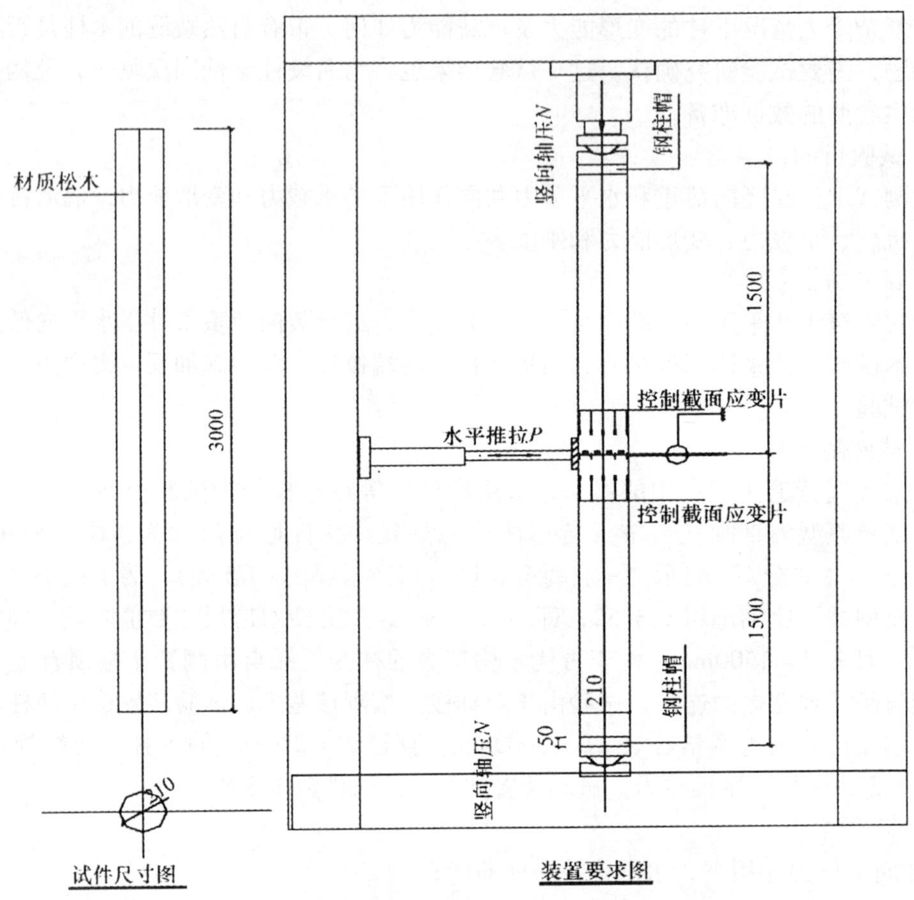

图5.17 柱身低周反复荷载试验装置

（7）加载方案：

试件定位后预加少量竖向压重，以固定试件位置，排除干扰因素影响，测量初值，各应变计及仪表计零点。

分级缓慢施加竖向荷载至50kN，随时记录轴向压重下柱中截面应变变化。其数据可供确定试件用材实际弹性模量。

分级施加水平低周反复荷载P，第一次加荷至$0.75p_y$，反复两周；然后以每级5kN反复两周递增，直至破坏。

（8）试验结果分析：

试验测得二组试件的极限承载力，极限位移，$P-\Delta$滞回曲线，罗列于图5.18至图5.20。

（9）试验结论：

各柱偏压承载力、滞回曲线形状、破坏形态比较一致。木柱纵向开裂之前滞回曲线接近

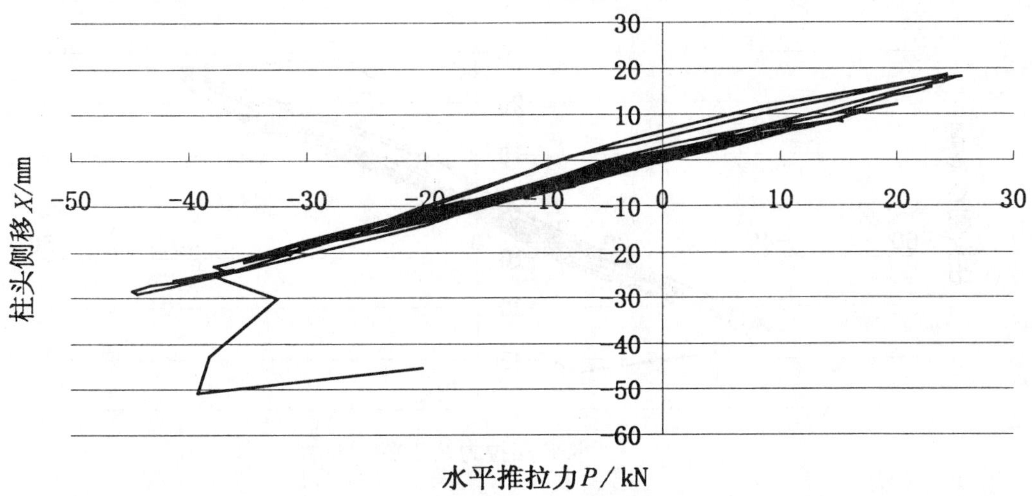

图 5.18　Z1 低周反复滞回曲线

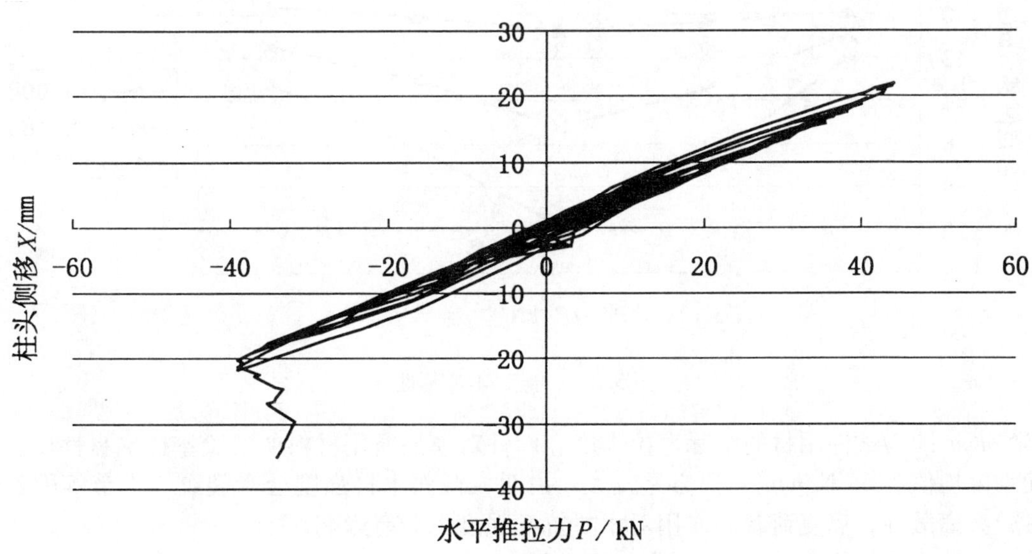

图 5.19　Z2 低周反复滞回曲线

理想弹性构件的偏压变形曲线形状（图 5.21），塑性发展特征不明显；受力后木材原有纵向自然裂缝逐渐扩张，裂缝张和造成滞回环的微小包围面积，荷载越大裂缝越大，滞回环渐宽；破坏呈突然脆性，破坏前有较大“劈啪”声为预兆，受压区柱外皮沿纵向劈裂挤压爆出折断，随即受拉纤维顺纹拉断。虽然受木材纤维强度不均匀性影响，破坏后断裂面参差不齐，但基本仍然可以认为是正截面垂直弯断。

试件柱破坏时截面最大承受弯矩平均为 31kN · m，最大侧移平均 24mm，按直径为 210mm 的理想圆柱截面、拉压强度相等估算可得破坏时截面最大应力约为 33N/mm^2。可认

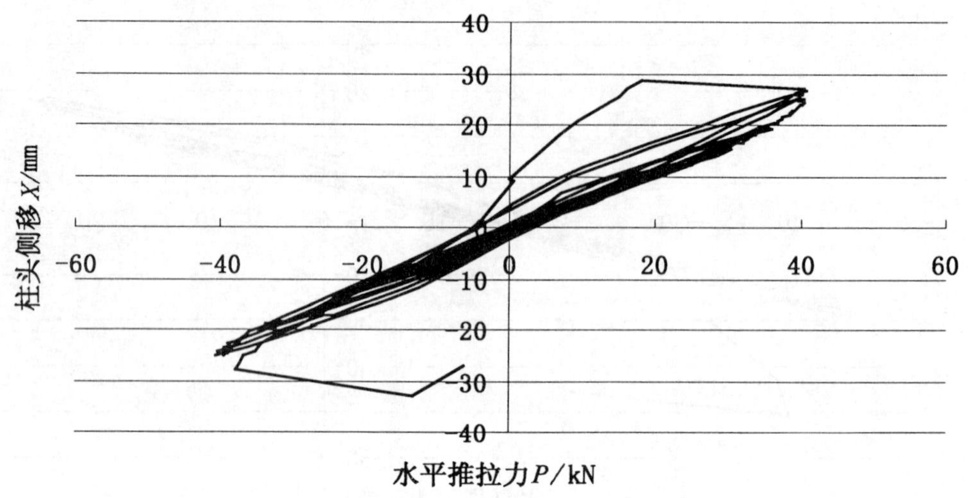

图 5.20　Z3 低周反复滞回曲线

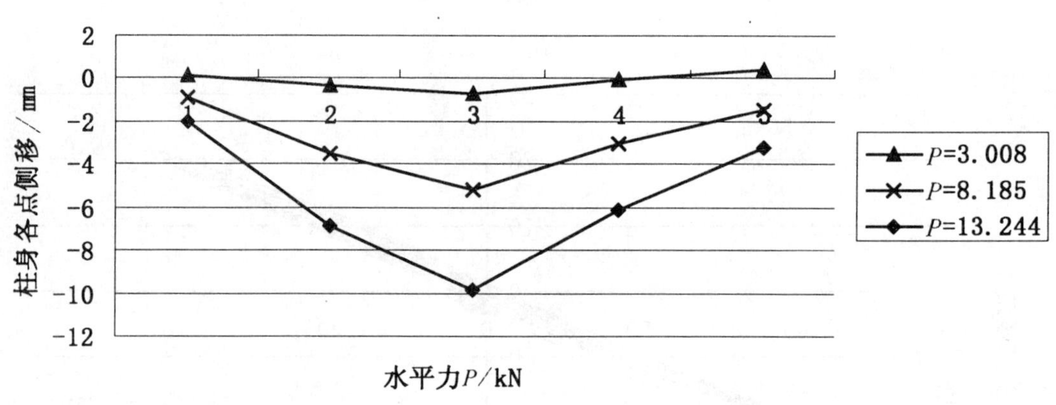

图 5.21　样组 Z1 变形曲线

为33N/mm^{2}即为试件用材的实际弯拉强度。而针对模型所用材料的实验室标准材性试验显示弯曲强度均值为 65 N/mm^2，但方差较大，说明大截面木材强度会受裂纹、木节等因素影响而有较大离散性，反复荷载的作用对木材抗弯强度也会有影响。

通过以上偏压构件试验结果可以做出推论：古建木构架中柱、梁都可按弹性构件考虑，本身几乎不具备耗能能力。进而推论木构架的耗能可能主要依靠榫卯节点构造和侧脚机制等。

5.4　柱—额框架性能试验研究

中国古代大型木构殿堂建筑是在高出地面的夯土台基上按柱位分基槽，按柱距安放上顶面露出台基面的柱顶石。柱下端直接搁置在柱顶石水平面上，上端由类似于框架梁的额枋以榫卯方式联结。所用榫卯必须具有可靠的抗弯能力，从而能使柱与额枋形成下节点简支，上节点半刚结的非机动框架。若榫卯不能承担节点弯矩，该框架即会成为机动体系而无法站立。只有在空间稳定性有保障的构架之上才铺设铺作层再承托屋顶梁架及屋盖荷重，柱额节点的联结性能是整个结构稳固的关键。

柱额的联结方式有很多种，从古至宋代以前的演变使联结节点的抗弯能力逐步改善，宋代《营造法式》中陈述了经过充分计算后构件各部尺寸，明确规定出了当时柱额节点联结做法。后来明清时期又有明显改进，使额枋变得更大，节点抗弯抗剪能力应更强。唐宋时期是木结构的鼎盛时期，宋代的做法最具代表性，因而选用宋代营造法式中规定的标准做法制作单间一榀柱架模型进行节点力学性能试验研究。

5.4.1 柱额构架低周反复荷载试验

（1）试验模型的制作：

按照《营造法式》中的“二等材殿堂式构架的主要承重柱——檐柱的柱头联结方式选取柱架模型。所有构件尺寸按照《法式》规定，以 1∶3.52 即 1cm∶2 分$_{=}$的缩尺比例制作（“分$_{=}$”代表宋代二等材的一份长度，相当于现在 1.76 厘米）。构架各部尺寸见表 5.2。

表 5.2

构件名称	原宋尺/分$_{=}$		模型尺寸/mm
檐　柱	直径 D_z	42	210
	柱长 H_z	300	1500
额　枋	截面高 h	36	180
	截面宽 b	24	120
	总长 L^e	280	1400
额枋燕尾榫（也是柱头卯口）	榫截面高 h	36	180
	榫额宽 S_e	12	60
	榫颈宽 S_j	10	50
	榫头长 L_s	10	50

试验装置图示图 5.22。

（2）模型装置与真实受荷情形的差异：

真实的古建木构架柱脚搁置在柱顶石平面上，柱架中所能形成的最大水平总剪力不会超过柱架底与础石接触面间的最大摩擦力。如果从质点惯性力角度看，最大水平总剪力又不会超过大屋盖质点的最大水平惯性力，即又不会超出柱架顶与斗栱接触面间摩擦力的值。由于柱架柱脚及柱头与外部结构都是摩擦简支关系，柱架在服役时所受的最大水平力可能较小，不会造成柱额构架破坏。为了测试柱架最大承载力和极限变形，将其柱脚以钢轴铰固定，以确保柱脚可以提供很大的水平支座反力，支持上部较大水平荷载的输入。随之带来的一个不利影响，即限定了两柱脚间的距离，而真实结构在水平荷载达到一定程度时可能发生柱脚间相对滑移张开，引起结构内张力释放，降低构件应力水平。忽略这一影响以获得构架榫卯节点极限承载力。

另外，真实结构中各柱所受地震作用会分别来自各柱所顶栌斗斗底摩擦力，额枋中不一定产生轴向力，即便产生，额枋受拉受压的情况也是随机的。试验装置的水平荷载由作用于额枋轴线标高处一侧柱头上的水平推拉千斤顶施加，水平力通过额枋轴向力传递到另侧柱

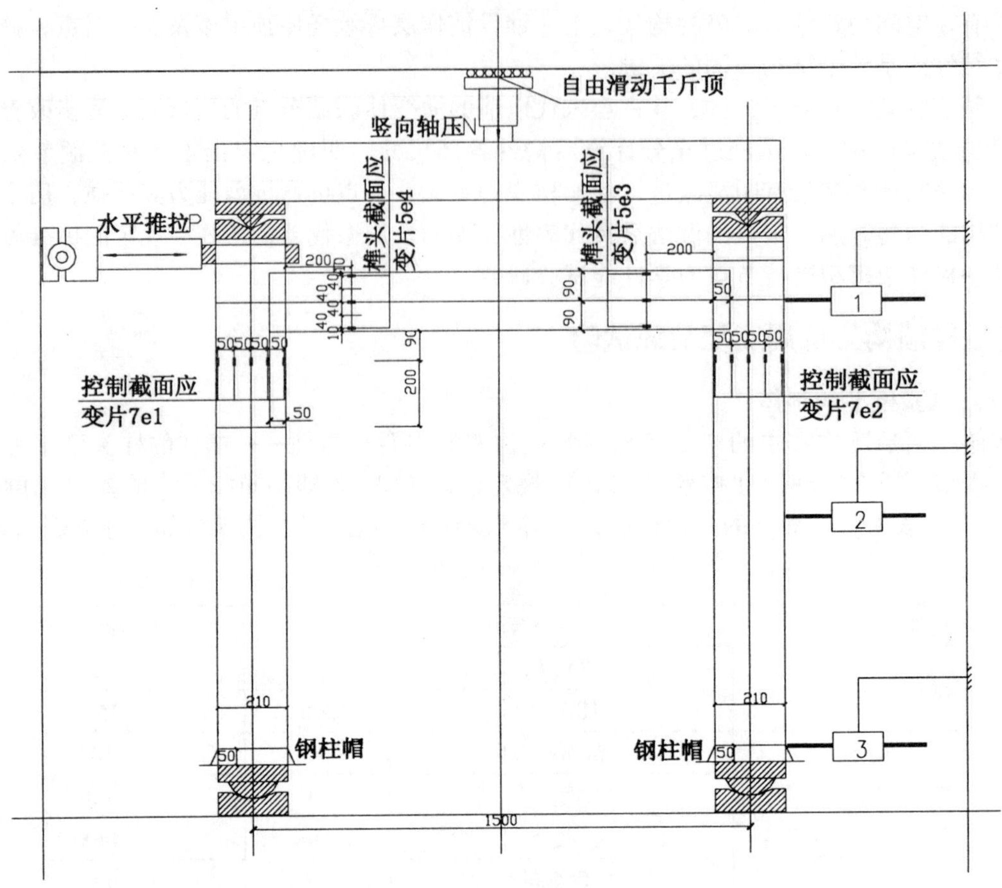

图 5.22 柱—额枋构架试验装置

头，这与榫卯真实受力情形有些出入，但对榫卯极限状态影响尚可以接受。

（3）试验目的：

测试真实持荷情况下柱架结构性能。包括榫卯节点抗弯刚度，变形能力，耗能能力，破坏形态；柱、额枋变形形态；柱架极限承载力，极限变形。

（4）测试内容：

①竖向荷载及水平低周反复荷载同时作用下柱架 $P-\Delta$ 滞回曲线；

②同时测量柱架左右两柱头的侧移，根据其位移差可测出两端榫头总拔出量；

③柱头相对于额枋头的转角，即榫卯节点的受弯转角；

④额枋两端分别相对于两侧柱头的相对滑移，结合两柱头位移差可计算出每侧榫头拔出量；

⑤柱及额枋的弯曲应变，变形曲线。

（5）试验加载及反应状况预估：

①构架所受竖向荷载按照真实结构荷重结合缩尺比导算，每柱竖向承载 50kN；

②水平作用由水平推拉千斤顶于柱头自由施加；

③根据榫卯尺寸可对水平荷载最大值作个粗略估算；

④燕尾榫主要依靠燕尾状榫头受拉时会与卯口侧壁挤紧，由两侧面上的摩阻力和法向压

力沿额枋轴向的分力抵抗拔出。从这种结构形式出发，可以预先估计它可能的破坏形式。

（6）燕尾榫榫卯可能的破坏方式有：

①榫头从颈部最细处弯断；

②榫颊顺纹剪切脱落导致榫头拔出；

③榫颊（燕尾两翼）挤平拔出；

④卯口胀裂榫头拔出；

⑤榫头横纹剪断；

⑥榫颈受拉拔断。

木材具有显著的各向异性，顺纹受力强度最高，横纹强度最低，斜纹介于两者之间；从取材位置来看，心材强度高于边材；根部强度高于稍部等。木材顺纹受压和顺纹受拉弹性模量基本相等，设为 E_l。横纹模量要区分为径向 E_r 和切向 E_t，二者常常不同，近似有 $E_r \approx 2E_t \approx 0.1E_l$。根据这些特性结合榫卯几何尺寸及选材可对其将要发生的破坏形态进行筛选。

情形1——榫颈弯断，木材顺纹抗拉、压强度最高，榫颈弯断通常只会发生在受弯截面很小即榫颈很细时。本模型榫颈截面积为50mm×180mm，按截面一半弹性受拉考虑，抗拉强度取前面单柱试验估算值，约33N/mm^2；榫颈弯断所需拉力合力 $F_l = \frac{1}{4}Af_t = 74250\text{N}$，弹性阶段可承受弯矩为 $M_e = \frac{2}{3}hF_l = 8.91\text{kN}\cdot\text{m}$。所需水平推拉力 $P_e = 2M_e/H_z = 17.82/1.5 = 11.88\text{kN}$。

情形2与情形1相比，节点受弯时，榫颊顺纹受剪面积（两侧榫颊竖直投影面之一半）约为榫颈受拉面积的两倍，但剪应力分布不均匀，平均剪应力水平约为最大剪应力的一半，而顺纹剪切强度要低于顺纹受拉强度，此两种情形比较接近，情形2比情形1更易发生，其所需水平加载更小。

由于木材横纹受压弹性模量很小，燕尾榫受弯时，受拉区榫头两侧燕尾会与卯口挤紧，凸榫头两侧面受压，榫头被压缩变窄。同时卯凹口被凸榫挤胀，柱卯沿横纹切向被压缩而使卯口张大。若榫卯受力变形在弹性范围，这些变形均可恢复如初，一旦凸榫和凹卯产生塑性变形就会造成榫卯松弛，双向弯曲反复作用下时间稍长就会造成拔榫脱卯。对于有初始松弛的榫卯，由于燕尾榫特殊的结构构造，仍然可以抗拉抗弯，只是有效抗剪抗挤面逐渐减小，致使情形4卯口胀裂更易于发生。

按近现代对木材受剪受拉特性的研究，木材顺纹抗剪应力只分布在有限的有效长度范围内，该有效长度最大为燕尾“出乍”（侧翼坡高）的9倍，《营造法式》中取“溜长”（顺榫头方向坡长）为“出乍”的10倍，与我们现在的研究结果非常接近，且更便于施工定尺，说明宋代以前就对木材材料力学研究取得了非凡的成果。

榫卯松紧通常也会受木材干缩湿胀、树龄、服役时间、服役环境或初始裂纹的影响，其承载力会有较大离散性，试验设计中作了充分考虑。水平加载千斤顶选用适宜量程0～20kN。同样选材及尺寸制作了3榀柱架进行低周反复荷载试验。

（7）试验现象结果及分析：

滞回曲线及柱架耗能减振性能：

试验测得三榀柱架在竖向持荷情况下承受水平反复荷载作用直至破坏的滞回曲线。列于

图 5.23 至图 5.25。

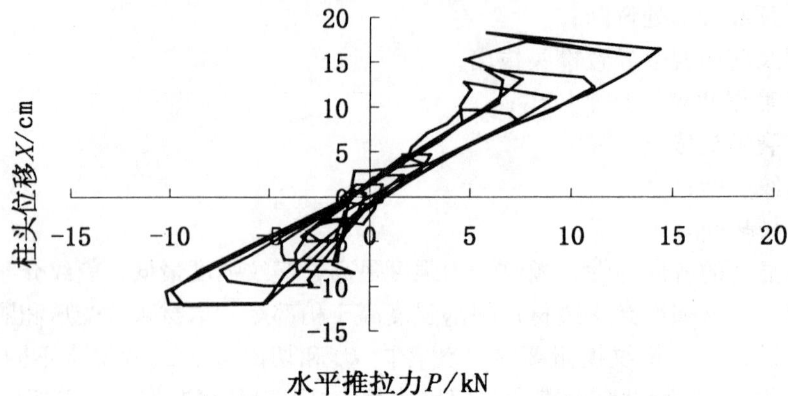

图 5.23　柱架 1 之 $P-X$ 滞回曲线

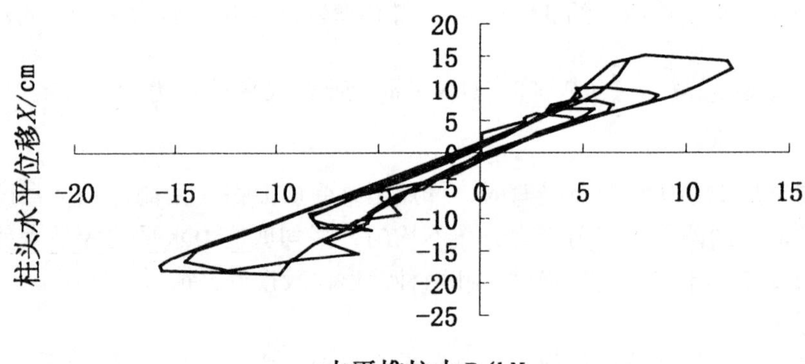

图 5.24　柱架 2 之 $P-X$ 滞回曲线

从实验完成的三榀柱架滞回曲线来看，曲线形状为两端微张的近似平行四边形，发展方向如滞回环数据方向示意图 5.26 所示。试验加载以柱头位移变化分级控制。数据采集为人工计时打点记录。试验得到的滞回环不同于普通与其形状相似的弹塑性滞回环，图中的水平直段具特殊性，它是在试件柱头控制位移到达控制值时，加荷水平千斤顶停止主动加荷后，测力计的表象记录，由于竖向荷重及其水平位移产生的次生附加弯矩继续使榫卯间缝隙挤紧，而柱头位移计安放在柱外侧，无法测到榫卯内间隙合拢，随后发生反向挤紧。该换向挤紧在榫卯节点内的变形量应约为加载初始正向挤紧量的 2 倍（由原向回 0，再反向挤紧）。因位移计放置在柱架外侧而记录不到额枋这部分位移变化，以至 $P-\Delta$ 曲线记录表现为荷载增加位移却不变化的假象。推测其一定发生了榫卯间隙挤紧的另一原因还在于构架回弹刚度大于被强迫发生柱头位移时的抵抗刚度。这一点在三个滞回环中一致，加荷线的斜率大于卸荷线的斜率（位移为纵坐标，水平力为横坐标）。屋盖质量块在被推离原有稳定平衡位置后，重力偏心产生的附加弯矩挤紧了榫卯，激发了更大的回弹力，构架榫卯换向挤紧后才能弹回。合理推想的滞回环形状应如图 5.27 示。

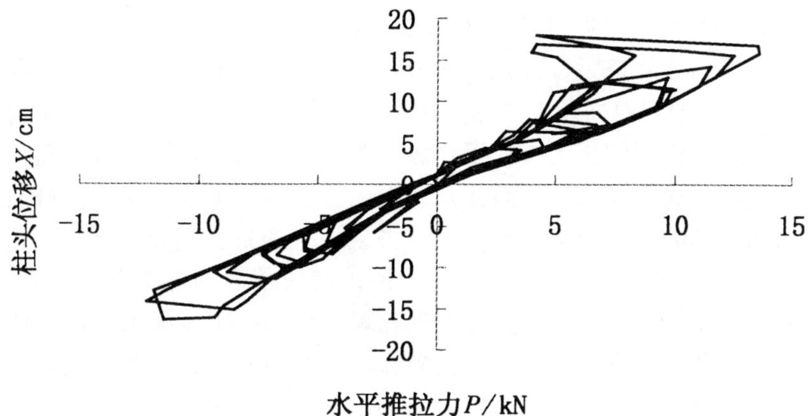

图 5.25　柱架 3 之 $P-X$ 滞回曲线

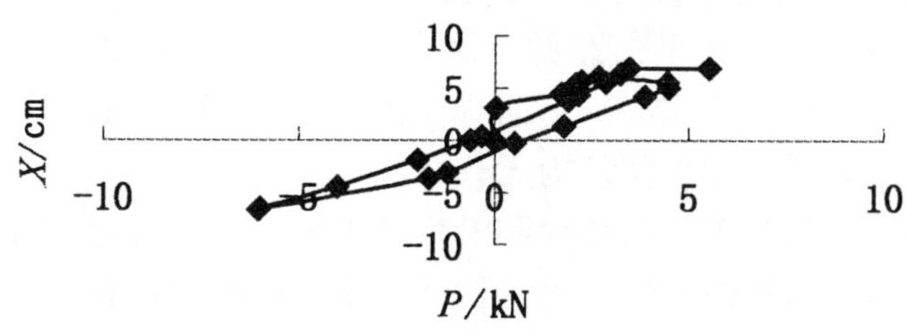

图 5.26　滞回环的数据方向示意

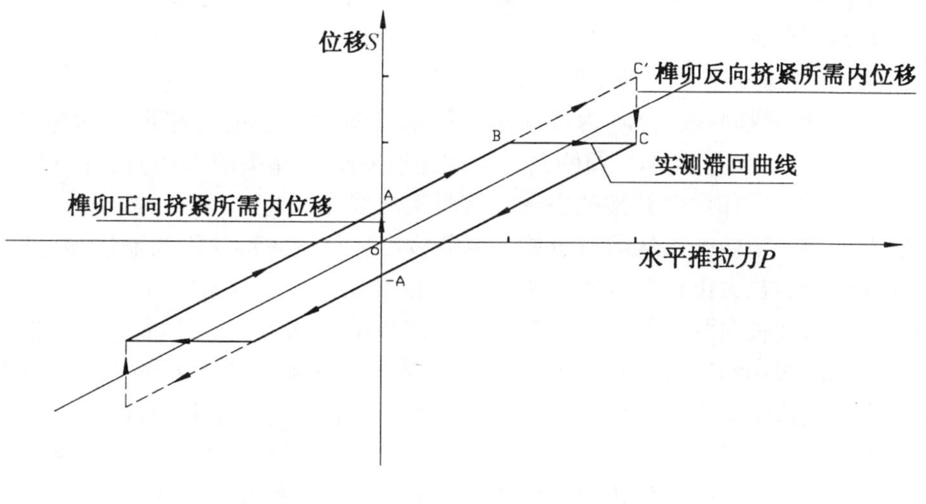

图　5.27

图 5.27 所示的滞回环产生在榫卯受力的弹性阶段，滞回环的形成是因节点中存在摩擦滑移。*OA* 段，在加荷初期，原安装的榫卯间隙还未合紧，一定变形后榫卯挤紧，柱架开始以其刚度受力变形。此后 *AB* 段为加荷线，具有良好线性。以柱头位移控制加载，停止主动增加柱头水平侧移时，水平荷载并不能立时卸除，而与一直在逐渐发生的重力荷载与柱头位

移产生的二阶效应在结构内继续挤紧榫卯间隙。BC 段为表象线，真实情形应如 $B—C'—C$，至 B 点柱架产生回弹趋势，榫卯受载方向改变，由于对新的受载方向来说榫卯节点还是松的，需发生一定变形后才能挤紧，在这个阶段水平千斤顶需要施加力使榫与卯在新的方向挤紧，表现为 BC 段力在增加而柱外皮位移并不明显变化；榫卯换向挤紧后开始回弹，由于结构对称，回弹刚度与加载刚度相同或相近，表现为卸载线与加载线平行；随控制侧移量逐级加大，原本平行的加载线与卸载线逐渐张开如喇叭状，说明榫与卯间弹性挤紧变形加大，间隙越来越大，换向合紧的历程越来越长；继续往复，逐级加大每次变形量，直至榫卯拔脱，柱额散架丧失承载能力。以柱架 3 的滞回环为例，正向拉力加至 7kN 左右时，加荷线失去了直线性，表现出明显塑性发展，同时观查到的现象是榫卯明显拔出，证明榫卯发生了塑性变形，卯口内腔被挤宽而榫头被挤变窄。反向加荷时榫卯又合回，继续承担荷载。正向受力造成的塑性变形对反响受力时榫卯刚度影响很小，因为榫卯受弯时拉压应力区域交换，原受挤一端会处于受压区，未发生塑性变形的原受压区会处于新受拉被挤的位置。柱头位移到达 10cm 时，榫卯凸榫受拉一侧端头完全脱出卯口，标志着横枋失去继续承担竖向荷重的能力，其所能承载的弯矩已经急剧减小，可认定为联结失效，结构破坏。而此时水平荷载平均约 6、7kN，说明柱架所能承担的水平荷载并不大。弹性阶段被动受水平荷载时的抵抗刚度为滞回曲线加载线斜率，约为 0.8 kN/cm，回弹刚度约为 0.9kN/cm。滞回环经历加载、换向挤紧和回弹三阶段，宏观现象可近似认为无非线性。

整个过程中，沿柱外侧布置的位移计和沿额枋纵向布置的百分表显示，柱与额枋变形很小，且都处于低应力状态的弹性变形阶段。这样看来，榫卯间隙在柱架遭受反复作用时的换向挤紧过程形成了柱架的耗能减震机制。滞回环的围拢面积就是一个循环所消耗的振动能量。榫卯联结的柱架在遭受地震等反复荷载时具有显著的耗能能力。

还有一点值得注意，对于模型柱架，如图 5.22，若一次单向受力最大为 P_C 时，柱架柱头侧移只为 B 点对应侧移量，为

$$S(P_C)=S_B=P_C/K_{AB}-S_{C'C}$$

式中，K_{AB}为柱架抗侧移刚度；$S_{C'C}$为换向挤紧所需变形量，该内位移可表达为 $S_{C'C}=2(\delta_0+K'\cdot S_B)$，$\delta_0=S_{OA}$，若忽略榫与卯侧面挤紧的弹性变形对榫头前端的微弱位移影响，近似有 $S_{C'C}=2\delta_0$。实际地震作用时柱架的力－侧移骨架曲线应取为试验的卸载线。

试验模型柱架在额枋榫头从卯口滑移，部分拔出后，整体形状因为额枋榫由柱卯口脱出一部分，柱头间距明显大出柱脚间距，而由原方框变为上口宽的倒“八”字形。这一变化会在额枋中产生附加轴向张拉力，开始对榫卯抗拔产生不利影响，使榫拔出长度只能累加，难以恢复。如果柱架在制造时使柱按正“八”字形预先倾斜，上部荷重会使柱头间保持自动向内挤紧，在额枋中产生轴向压力和额枋端头集中弯矩，这会使额枋榫卯自动挤紧，从而一开始就具有抗张角刚度。这一点验证了《营造法式》中对柱设置“侧脚”的必要性和合理性。在柱架在遭受持时较短的扰动后即便少有榫头拔出，外荷载消除后，向内倾斜的柱头压重也会自动将卯口推回，恢复挤紧。这正说明《营造法式》中的“侧脚”规定具有预见性。可见“侧脚”是一项重大的技术措施。“侧脚”正是为了防止节点易于脱榫而设置。这一措施在唐代就已广泛使用，直到明清建筑中也仍然保留。

另外，由于模型柱架未设侧脚，初始加荷和换向回弹都需要克服自重－侧移偏心弯矩作功。而对于设有侧脚的柱架，作一个合理的推测，其情形会不相同。屋盖质量块的稳定平衡

位置在柱架正中心，整个结构形成支撑式“单摆”体系。屋盖质点的摆离平衡位置后，重力将作为恢复力使质点的偏移摆回。按照《营造法式》中的规定，这个支撑摆在柱首的最大摆幅应限制在千分之八的柱高。在这个幅度以内，柱架可以自动复位。

5.4.2 侧脚的减振

对于设有侧脚的柱架，无论是柱脚随地面发生位移，或是质点在柱架上侧移摆离体系的支承摆稳定平衡中心，两侧原内斜的柱都会发生同方向的弦转角。如图 5.28，一侧柱倾角变得更大，另一侧倾角减小趋向立直，额枋由原水平位置会变得倾斜，下落端柱倾角更大，仰升端为柱架侧移方向。设地震造成柱头相对柱脚水平侧移为 X_1，柱新增弦转角 $\alpha = X_1/H_z$，质点侧移使原来轴线水平的额枋发生倾角为 θ，$\theta = 2X_1\sin\alpha/L$，$L$ 为额枋长，即间广，取间广与柱高相同，$L = H_z$，有 $\theta = 2X_1\sin\alpha/H$。质点由于偏离原稳定位置，处在倾斜的支持面上，自重沿斜面的分力 F 就成为恢复力，$F = G\sin\theta$。由于侧脚构造形成柱的初始倾角角并不大（营造法式中为 $\alpha = 8/1000$），α 可近似取为后期侧移造成的柱的弦转角，更简化可取

$$\sin\alpha = \alpha = \tan\alpha = X_1/H_z$$

即
$$\theta = 2X_1\sin\alpha/H = 2X_1^2/H_z^2$$

则
$$F = 2GX_1^2/H_z^2$$

即侧移越大，摆角越大，恢复力越大。只要榫卯节点不破坏这一机制就可发挥作用。由于这种作用力始终指向质点的稳定平衡位置，即地震前的静止惯性位置，方向总是和柱架振动侧移方向相反，使输入结构的能量首先必须克服重力沿额枋纵轴倾斜方向分力作功，地震中将具有显著的减震耗能效果。

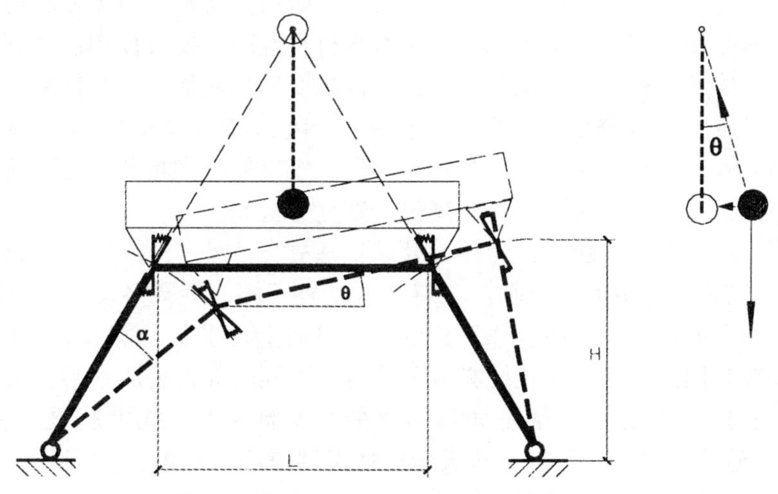

图 5.28 侧脚的自动复位机制

5.4.3 柱架刚度及节点承载能力

以柱架 3 的一个榫卯节点为例，考虑竖向荷重影响，试验测出其弯矩转角关系曲线，如图 5.29 所示。节点屈服时所能承担的弯矩为 $M_y = 9\text{kN}\cdot\text{m}$，按照现有榫卯尺寸，忽略中间环节，以屈服弯矩除以榫颈截面抗弯模量 $W_{sj} = 1/6b_{sj}h_{sj}{}^2$，可获得榫卯抗弯榫颈的名义最大

弯曲应力“σ^*”，作为相似尺度的燕尾榫设计计算时的对照参考。三个试件的名义榫颈最大弯曲应力非常接近，约为 $\sigma^* = 33\text{N/mm}^2$。与单柱试验所得的试件实际用材弯拉强度极为相近，这样看来古代榫卯做法应是很准确的计算结果。若榫卯按照规定的合理构造要求制作，可以以现代强度理论直接验算榫颈抗弯承载力作为节点强度验算手段。

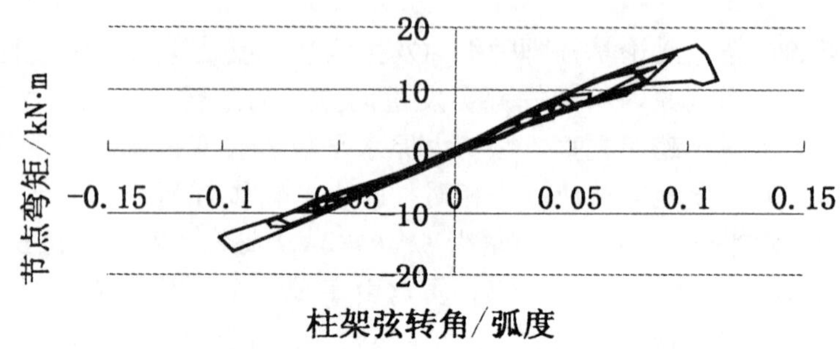

图 5.29　榫卯 3 弯矩 - 张角曲线

榫卯的张角抗弯刚度基本为线弹性，设 $M = K\theta$，实验所得 $K = M/\theta$，加荷时约有 $K = 160000\text{N} \cdot \text{m}$/弧度，卸荷时约有 $K = 200000\text{N} \cdot \text{m}$/弧度，这是榫卯弹塑性变形发展的结果。实际校核估算可取二者的平均值较为方便，这样造成的误差并不大。

整个柱架的抗侧移刚度可以由 $P - \Delta$ 曲线骨架线得出，近似为直线性，设 $K_0 = P/\Delta$，实验测得约为加荷时 $K_0 = 70000\text{N/m}$，卸荷时 $K_0 = 100000\text{N/m}$，实用计算可取二者平均值，并可附加适当考虑榫卯挤紧位移和侧脚的影响。

综合看来，宋代榫卯设计已很合理，榫头及卯口所留燕尾及卡口尺度相当恰当，与近代对木结构材性、强度理论相比非常接近，当时对木材材性的掌握及使用已达到了非常精湛的程度。研究表明木榫卯具有较高的承载力，和很强的变形耗能能力。柱架最大弦层间转角可达约 1/15，远远高于现代钢筋混凝土框架结构所控制的 1/50。“侧脚”对榫卯抗拔非常有利，在一定范围内可使已有所拔出的榫头自动复位，始终使榫卯挤紧，是防止榫卯拔出的巧妙措施，并且使柱架具备侧移变形后自动复位的恢复力机制。

一个值得进一步思索的问题是：为什么《营造法式》中有：“造柱础之制，其方倍柱之径”，其上顶面的圆镜面即由方中取圆。又有“凡造柱下櫍，径周各出柱三分，厚十分，下三分为平，其上并为欹，上径四周各杀三分令与柱身通上匀平”，说明础石顶面比柱脚櫍还要大出几份，看来其用意在于要防止柱脚滑移掉落，即同时允许柱脚滑移，又使柱根有充分可滑移的余地。柱脚可能的滑移量是如何估算的？经验使然？或者就是大概的概念设计“暂定”的结果。这个问题的解决对于今天的摩擦滑移隔震结构的最大可能位移的确定有重要意义，如果的确滑移量不大，从基于性能要求的设计观念出发，我们完全可以在合理规划的前提下，大量使用平面摩擦滑移隔震结构，这可以形成几乎是最保险最经济最简单的防范大震灾害的有效方法。

5.5　柱架的计算简图和静力分析

综合以上分析和试验研究，并结合古代殿堂结构设计施工的实际背景，按照现代结构力学的方法，可以给出简单的计算简图，以方便结构静力状态下的构件验算。

对于无副阶的殿堂横向柱架结构，以分心槽为例，可见图 5.30。

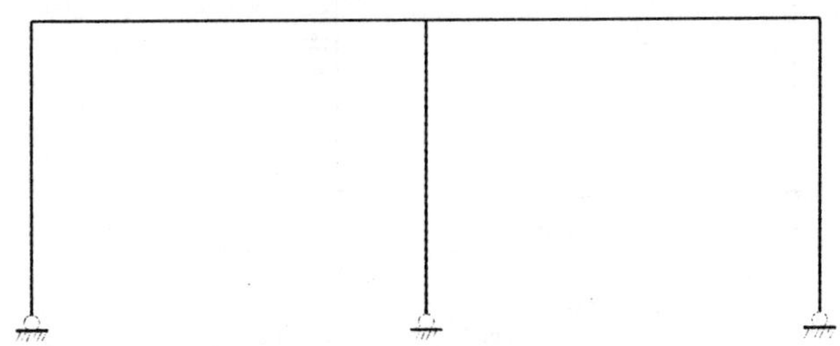

图 5.30 分心槽柱架计算简图

本书所有结构简图中对结构节点连接表示方法所采用的约定与现代结构力学中的约定相同，即柱脚为简支，柱额节点为刚接。柱脚铰接有两个限制条件：一是任何柱身不能出现拉力；二是柱脚最大水平约束力为最大静摩擦阻力，它与柱身轴向压力成正比，比例系数为柱脚与础石间的摩擦系数。

如果忽略构件自重，作用在柱架上的荷载应为上部梁架传来的斗底集中力，作用在柱头节点上。

考虑水平荷载，无论惯性力或摩擦力，其作用点也都在斗底，即柱头位置。如果按照“反弯点法”作一个粗略估计，反弯点在柱脚，作用于额枋上的总水平荷载应分配给各柱，若额枋刚度远大于柱的抗弯刚度，则柱剪力各占三分之一。但实际上，内额尺寸往往较小，按照力矩分配法分析的结果，因中柱被两侧额枋约束，柱头侧移相同时，中柱会分得更多的剪力，大致两倍于檐柱。但考虑柱身剪力的根源都是柱脚下的摩擦力，在摩擦系数相同时，它取决于柱所承担的竖向压力。《营造法式》中的“殿堂等八铺作分心槽草架（图 5.7）中，中柱的总竖向负荷只有每侧檐柱的一半。在中柱剪力达到最大静摩擦力之后，柱架中会出现内力重分布，使檐柱承担更多的剪力。以此看来，在结构设计计算时，应该以檐柱最危险的工况进行控制。在水平荷载作用时，倾覆力矩会造成一侧檐柱轴压力增大，相应造成该柱脚摩擦力增大，该柱脚可能出现的柱底最大剪力增大，以这个增大后的最大剪力作为控制荷载，重新计算柱头弯矩。以实际最大节点弯矩来验算柱头榫卯的安全性才可确保结构安全。

以下举一个小算例，以殿堂等六铺作分心槽柱架为例，如图 5.7。按照《营造法式》取定各构件尺寸，柱高暂取 600 份，结构简图如图 5.31。

设柱脚下摩擦系数为 0.5，则作用在结构上部总的地震惯性力最大为 $0.5G$，G 为两檐柱和中柱竖向荷重的总和。按照梁架导算，可得柱架上荷载分布如图 5.32 示。

为了方便计算，荷载的单位取梁架每梁端所受檩条传下的集中压力 P，对十架椽殿堂梁架，考虑两侧挑檐各一架椽，则两侧檐柱分别为 $5P$，中柱为 $2P$（推算过程可看后章梁架静力计算一节）。而水平荷载取最大水平惯性力，其作用位置也在柱头节点，数值分别为重力荷载的一半。

水平荷载在柱架中产生倾覆力矩，在檐柱中引起轴力变化，使一侧檐柱压力减小，另一侧檐柱压力增大。竖向荷载作用下的轴力与水平荷载造成的轴力变化如图 5.33。

按照重分布以后柱的轴力，可反推由最大摩擦力控制的各柱最大剪力，如图 5.34 示。

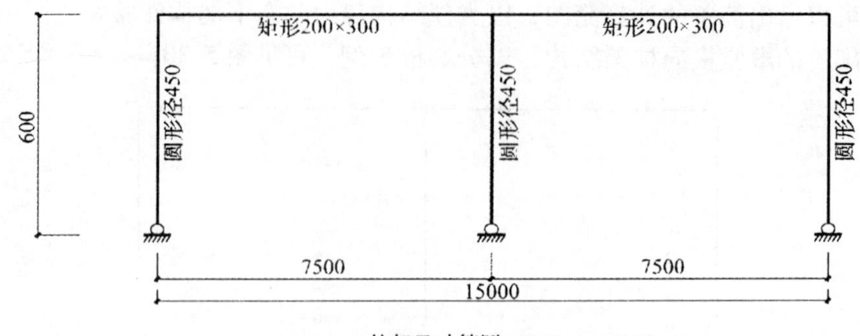

图 5.31 算例柱架尺寸简图

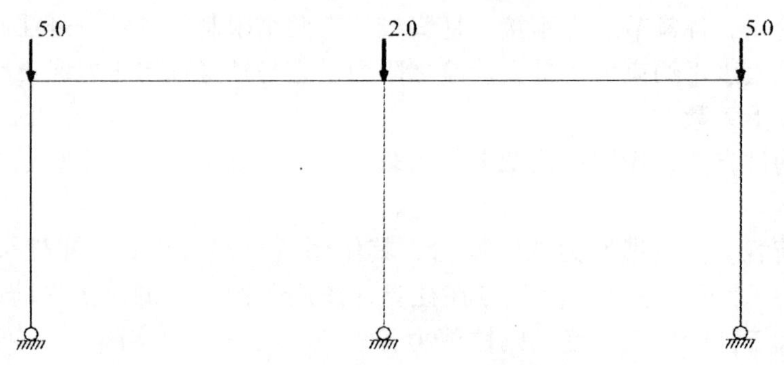

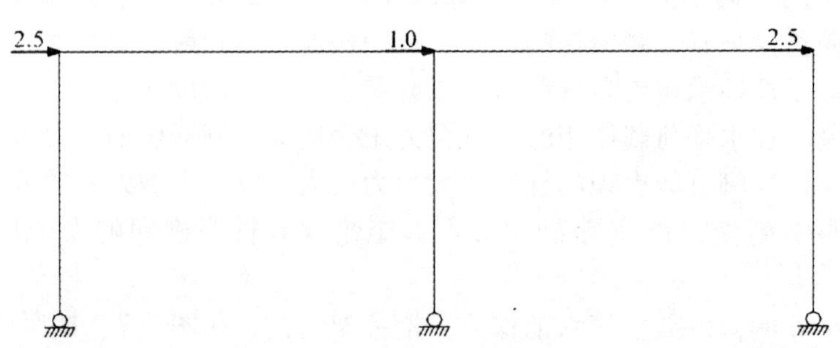

图 5.32 算例柱架竖向和水平荷载分布

相应的最终弯矩图，如图 5.35。

从上述分析可以看出，檐柱柱首节点抗弯是整个结构安全的要害。殿堂柱架内力分析的关键是必须考虑倾覆力矩和柱脚摩擦力小的柱脚持荷滑移引起的内力重分布。柱脚最大摩擦力又取决于柱身轴向压力与摩擦系数。柱轴向压力受倾覆力矩影响。每根柱身内可能产生的最大剪力最大为轴向压力乘以摩擦系数。柱架的内力重分布还与柱高密切相关。

算例中所选柱高为 600 份，这并不符合“柱高不越间之广”。如果取柱高等于间广，即

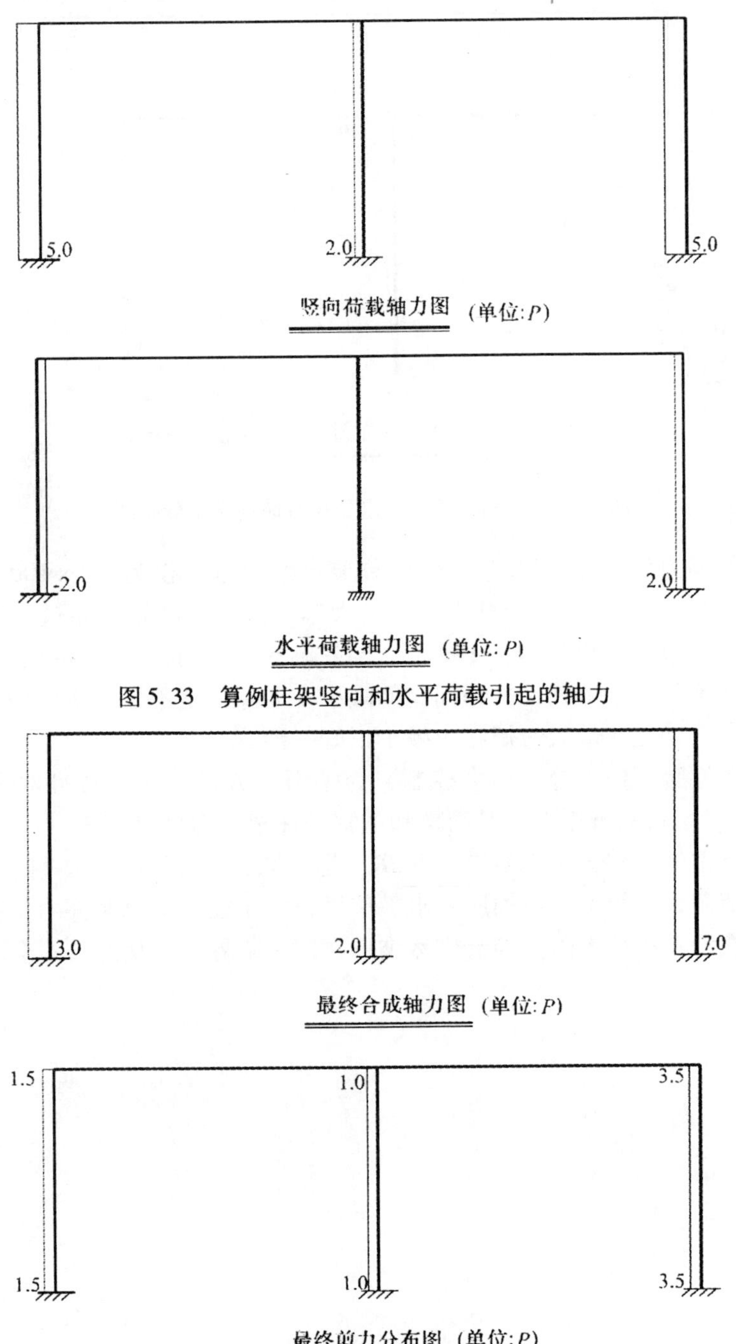

图 5.33 算例柱架竖向和水平荷载引起的轴力

图 5.34 算例柱架内力重分布后最终轴力和剪力

300 份，内力分布情况会大不相同。

仍以上例，改取柱高 300 份，按上述方法重新计算。倾覆力矩因柱高缩短而变为上例之一半，它造成檐柱中的轴力变化也仅有上例一半，但轴力减小的一侧檐柱轴压力变为 $5P-1P=4P$，摩擦系数取 0.5，则柱脚滑移的最大静摩擦力变为 $2P$。轴力增大一侧的檐柱柱脚

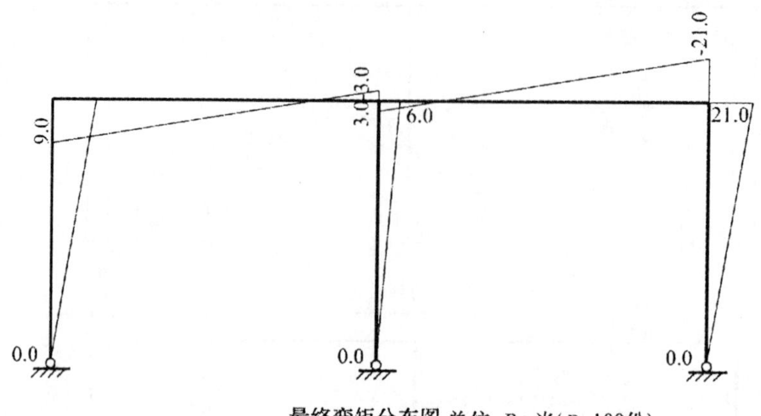

图 5.35 算例柱架内力重分布后最终弯矩分布图

滑移所需最大静摩擦力为 3P，其对应的檐柱首节点最大弯矩仅为 9P × 100 份。与柱高 600 份的柱架柱首节点最大弯矩 21P × 100 份相比，大幅下降，下降幅度超过一半。而柱身轴力减小一侧的檐柱柱首节点弯矩为 6P × 100 份，与柱高 600 份的柱架同侧柱首节点最大弯矩相比也小很多，但并不与另一侧檐柱按相同比例减小，下降幅度不足一半。中柱因竖向负荷不变，柱高减小一半，其柱首最大弯矩相应减小正好一半。

以上方法基于柱脚下最大静摩擦力控制，为了引用方便，我们暂且取个名称叫作“最大柱底剪力控制法”。目前看来，它是简单和适宜的柱架内力分析方法。

上述分析中所谓“最终内力”状态，事实上是柱架及上部结构整体滑移前的临界状态，假如真有比如风荷载，使得上部结构所受水平作用力大于柱脚下总摩擦力，结构就会发生整体滑移，而结构在滑动中最大内力却会仍然维持在这个临界内力状态，不会增大。

第六章 铺 作 层

6.1 铺作构造

铺作层是柱额层与梁架层或平坐层之间的过渡层，是以短小横木交叠铺成的垫梁支座层。如图 6.1 所示为唐建五台山佛光寺大殿的铺作层与柱架及梁架的关系图。

铺作，是由四种主要构件组合起来的：斗（栌斗、交互斗、散斗、交心斗），栱（华栱、瓜子栱、泥道栱、令栱、慢栱），昂（上昂和下昂），与素方。单独的一朵铺作也称作斗栱。一朵铺作按其施用的位置不同可分为柱头铺作和补间铺作；按铺作所处内外柱列又可分为檐槽铺作和内槽铺作；按房屋结构形式又可分为厅堂铺作，殿堂铺作，阁塔平座下铺作等；按铺作出跳层数不同，有四铺作至八铺作之分，铺作层数越多往往表明房屋等级越高。

图 6.2 是梁思成先生绘制的我国古建构件序列图，清楚地表示了斗栱本身及与相关构件的关系。栌斗下坐柱头，上开十字槽口，上部四角凸出自然形成四个斗耳。沿横向大梁架方向安放主要受弯构件华栱，沿纵向檐桁方向施泥道栱。栱头、栱心上施散斗（交互斗和齐心斗），这便是最简单的四铺作。若再铺一层，即华栱之上再出一跳，施一更长臂华栱或华头子，泥道栱上用慢栱，华栱头上再施令栱承素方，即为五铺作。其上再加层，一样类推，最多五层，称为八铺作。

斗栱是纵横向大构件相互交叠，同向构件搭接的集中点，各构件分层铺设。按照材份制确定的各构件的截面高度要兼顾铺设时各水平层各构件如斗、栱、梁、枋之间的水平分缝，由下往上各层分别连通。《营造法式》中摘录汉《景福殿赋》：“桁梧复叠势合形离”，意思是说斗栱是以横木交叠，但构件间是势合形离，相互不粘连，但越扣越紧。图 6.3 为摘自《建筑结构构造资料集》之《中国古建筑》部分的斗栱分解示意图。

《营造法式》规定的每层高为一个足材，这个高度既是构件截面受力的需要，也是纵横向构件上下搭叠的空间需要。上下相邻层间仅像积木一样搭扣叠积，不用钉锚，不用粘结，只是干的嵌套搭结和垒叠。有时用暗销作为定位和安装阶段防止水平错位或滑移的剪力连接件，如栌斗与柱头之间，散斗与华栱之间有时会留有暗榫暗卯，但大部分可以不用卡销，只由斗与栱、枋之间静摩擦力抵抗不会太大的水平力。多层建筑如阁、塔等，建筑的每一结构楼层可以分为台基或平坐层、柱架层、铺作层、梁架层四个相对独立的部分。铺作层在整个建筑立剖面上是柱架层上的水平垫梁构件组成的层段，是柱架和梁架之间的过渡，是梁架的支座。整个铺作水平分层，层间无拉结，依靠重力叠压和静摩擦力形成位置相对固定的整体。也有在斗底与下层栱上皮间使用小卡销，从其尺寸来看只是作定位之用。“铺作”即是一层一层叠铺作业的含义。

中国古代木构建筑，既可以由平台立柱开始一件件、一层层搭建起来，也可以由上房揭瓦开始一件件、一层层把构件完好无损地拆下来，是很好的预制装配式结构。斗栱本身也不例外，各构件因相对独立、不用粘结而可以自由拆装。

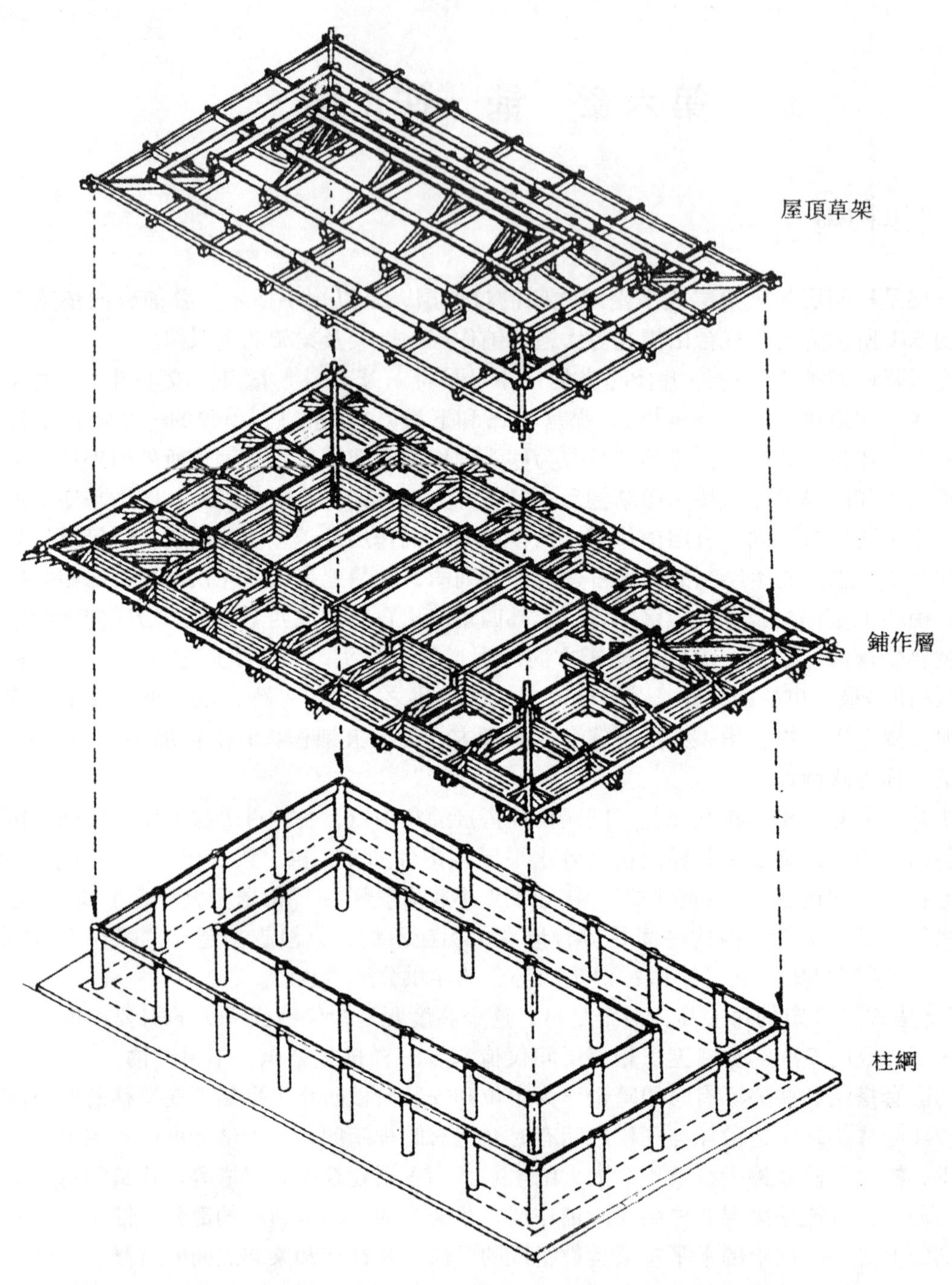

图 6.1 （引自《傅熹年中国建筑史文集》）

一朵斗栱的一层，俯视下去为“十”字、“丰”字、甚至“米”字形，每一个交叉点处，华栱、余栱要开豁槽相扣，豁口开在主要受弯栱华栱的受压区。该区域正好由与之相扣的余栱填实，不影响压力传递。用华栱承担大梁荷载，沿房屋横向顺大梁放置，而荷载较小

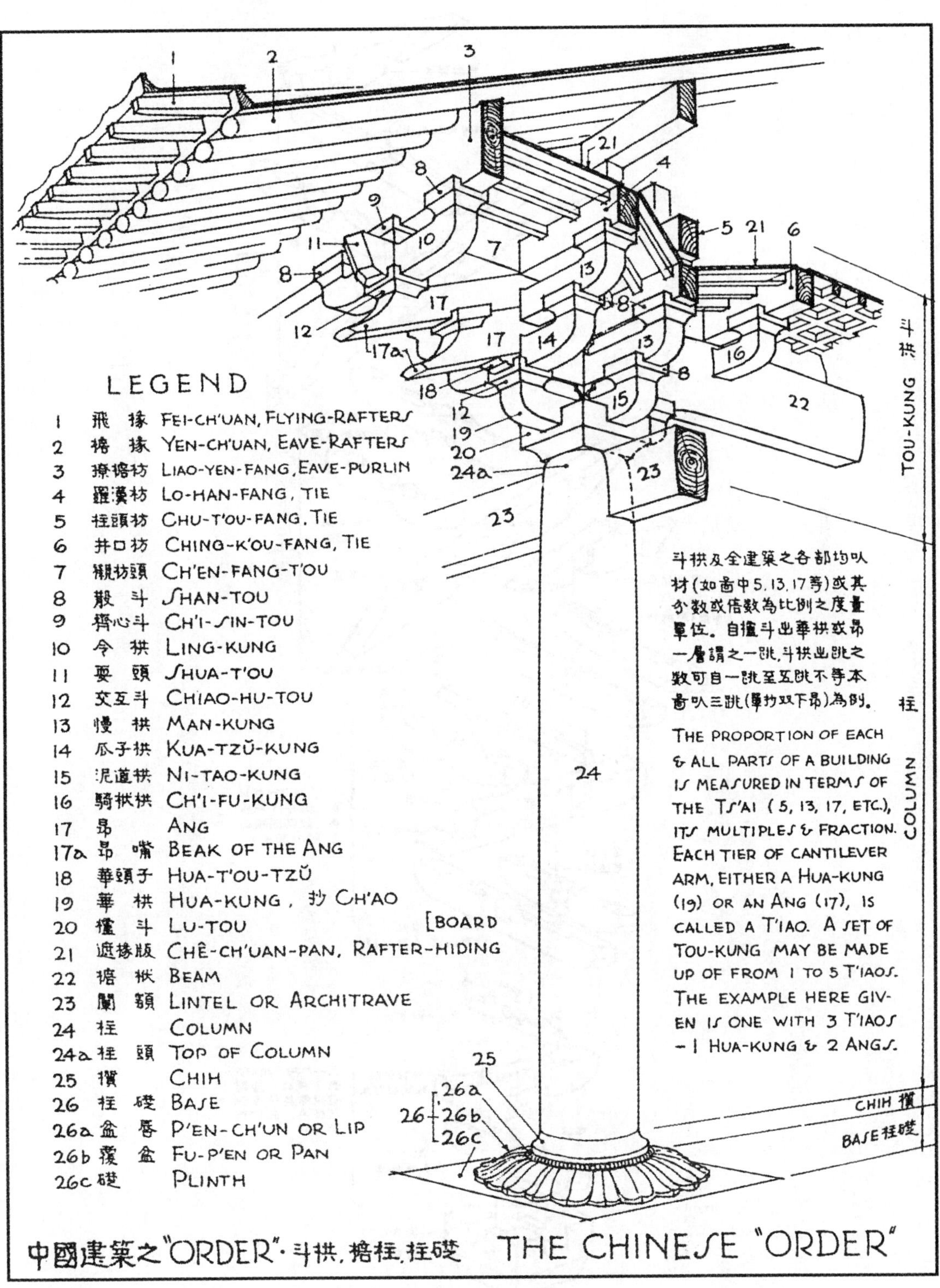

图 6.2 梁思成先生绘制的中国建筑的定制

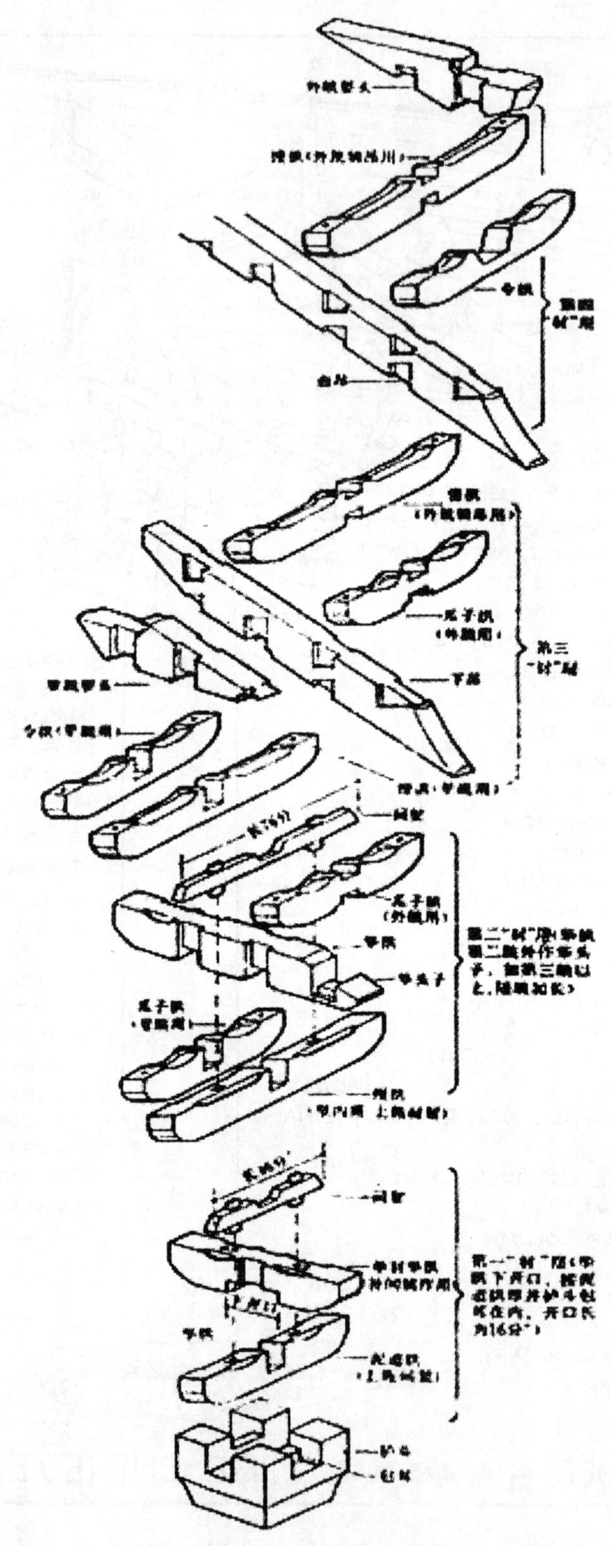

图 6.3　各栱相叠次序分解示意图（引自《建筑结构构造资料集》）

的余栱沿房屋纵向设置，余栱的豁口开在支座截面受拉区。当纵向也有荷载传下时需要增加上弦拉杆以补足余栱抗弯能力，即前示斗栱相叠次序分解示意图中的“闇栔”。“闇栔”即是截面为一栔的木条。华栱和余栱的垂直搭扣同时使十字交角具备了维持直角正交的能力，再加上斗耳的楔卡作用，保证了整朵斗栱纵横向坚固正交。华栱所受荷重最大。如果铺作层数多，华栱和昂的截面长轴在同一竖向平面内，形成高几材，厚十份的悬臂叠合梁。华栱与余栱间的“十”字搭扣同时也起到平面外互为支撑的作用，可以防止叠合梁平面外失稳。如果把斗栱比作球铰支座，它的根倒支在庞大的屋架梁桁上，铰头倒顶在柱头中央，正如前图6.2所示。虽然铺作种类多样，但它们的构造原理和传力方式大同小异。

斗栱理想选材为弹性好的方木，材质在《营造法式》中没有太细限制，使用楠、松、柏木为多，斗栱应可以允许使用材质均匀的阔叶材。栱、昂都是顺纹受弯、横纹受压的构件。斗底都相当于受压垫板，是上部荷重的总的集中点。斗栱整体可看做以横木交叠形成申臂受弯压的梁垫，竖向可压缩变形，竖直向平面内可转动，水平层间可滑移的，相当于倒置的弹性空间球形铰支座。与一个方向层层叠栱传力受力最相近的一个现代结构是汽车的叠板减振弹簧支座，如图6.4。

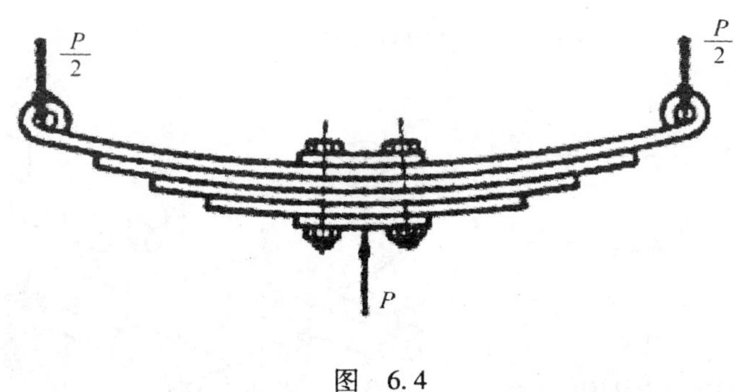

图 6.4

栱可按受荷方向分为横向栱，如华栱、昂，其受力方向与梁架方向平行，是主要承重的受弯构件，主要承担大梁和挑檐桁传来的竖向荷载造成的弯矩和横纹压力，如图6.2。平行于纵向桁方向的为纵向栱，如泥道栱，慢栱，令栱，瓜子栱，受荷较小，只承担正心桁传来的竖向荷载内力，但它们更重要的作用是充当横向华栱的平面外支撑，使斗栱成为各向空间位置相对稳定的空间支座。

纵向栱组作为素方和桁的支座承担桁头传下的压力，并层层相衬，构成襻间，完成房屋整体纵向联结，图6.5为《营造法式》中的襻间图样。

斗栱有“计心”、“偷心”之分。凡铺作逐跳上安横栱叫“计心”造，如图6.6示，多用于内槽檐柱和内柱之上。若逐跳上下安栱，而再出跳出昂者谓之“偷心”造，如图6.7示，多用于外槽檐柱，以檐柱为支点，昂后端借用金桁荷载作为秤砣作用来平衡挑檐荷载。计心造相当于等臂杠杆，偷心造则用上下昂做称杆，是以栌斗为支点的不等臂杠杆。对于庞大的梁架来说，斗栱是纵横向功能完备的球铰支座，无论计心、偷心，都是为了把斗栱上复杂的荷载，集中到柱头正中心，同时完成了同层纵横向梁的相交联结。

小斗最基本的功能是一个小垫块，以小斗为支点可以使栱成为受力点清楚的梁式受弯构件。比起栱上直接叠栱形成的叠合梁，刚度要小得多，似乎有明确欲使这个作为梁下支座的

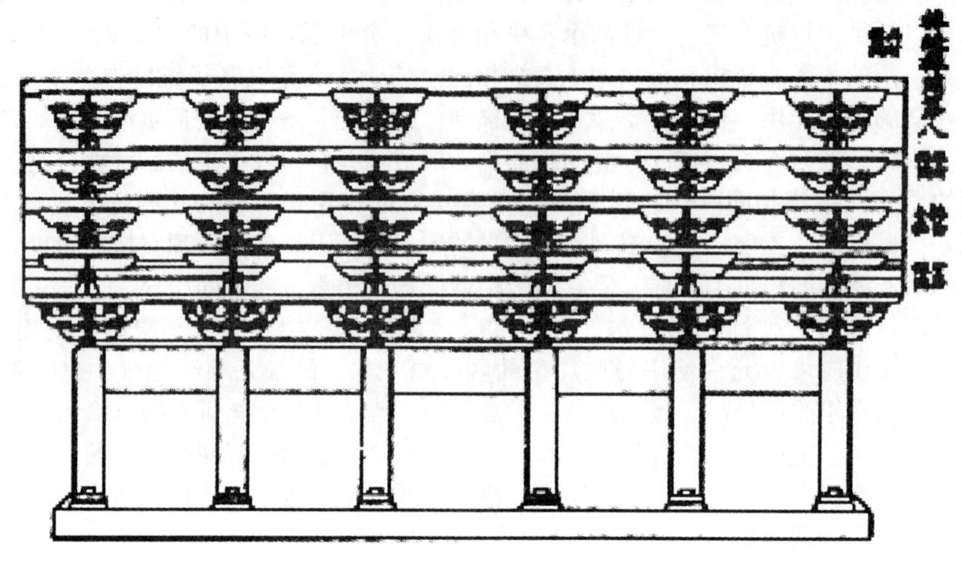

图 6.5 （引自《营造法式》）

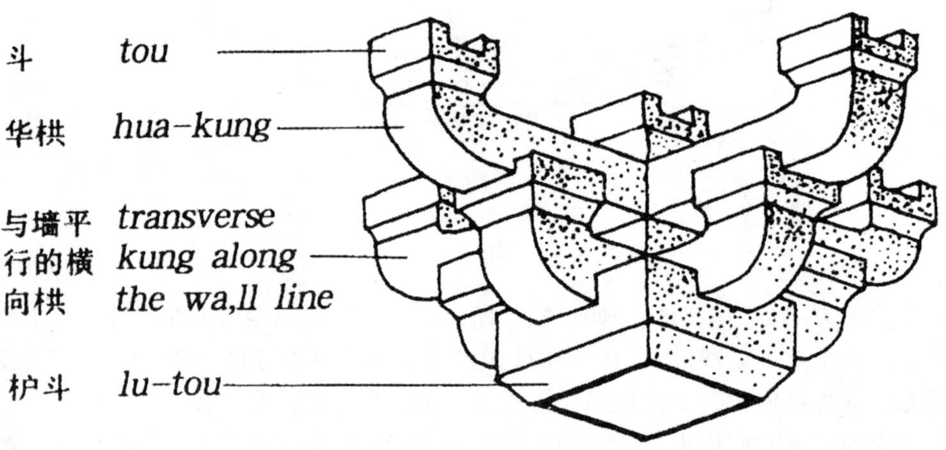

图 6.6 计心斗栱（引自《图像中国古建史》）

斗栱具有较大的弹性变形能力的意图。有了位置准确的支点，对称的栱臂，“天平”两边受力不平衡时，荷载大的一侧会被压低，与之呼应的栱臂的另一端就要翘起，而它们又位于同一根梁下，欲翘起一侧的栱臂通过小斗必然要顶起位于它上方的梁头，它所受的梁端的反作用力就会加大，而另一端压力必然减小，直到“天平”两臂受力平衡。这种通过构造手段，人为地主动地引导梁端压力准确传到指定位置的作法，即使在结构力学很发达的今天，这种“穷其理而神其用”也是令人惊叹的。

以往的研究很少提及斗耳的功能。在一幢建筑中，铺作层是坐在柱顶上的水平层，柱的平面定位叫作分槽，有金箱斗底槽、分心斗底槽、单槽等，俯视平面依次为“回”、“日”、“口”字形，都是平行四边形。而平行四边形是平面可变形结构，亭、阁、塔中常见的正六

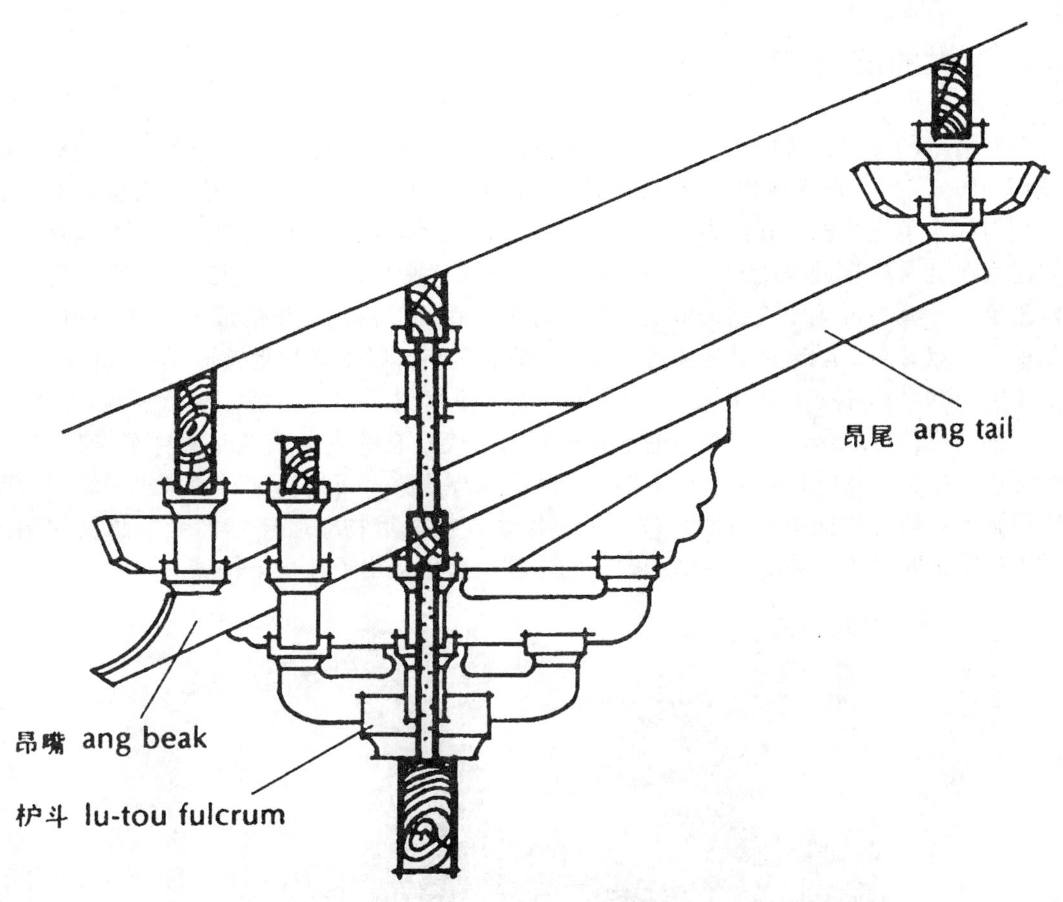

图 6.7 偷心斗栱（引自《图像中国古建史》）

边形、正八角形也都可变，其平面位置还需要有斜向链杆拉结构成三角形才能固定。如果屋盖是一个刚性较好的盘体，它便可以充当多向空间链杆，固定斗底分槽。而承托梁架的华栱和承托桁枋的令栱是垂直交扣，这种交扣本身维持直角正交的能力较差，如借助于斗耳的掖角楔卡作用，便可做到相当固定。可见斗耳在维持矩形直角方面有着至关重要的作用，不可或缺。在阁塔平座下的铺作层中，上面一层柱若采用“叉柱造”，即柱根部沿中心开一材宽的“十”字深槽，分成四肢，骑在十字交叉的栱上，则在斗耳以上的范围，柱肢可起到楔卡的作用，使节点在三维空间维持垂直正交。

《营造法式》中详细规定了各组件的几何尺寸。栱的横截面即为一材，散斗、齐心斗等小斗斗底厚度即为一栔。栌斗因负荷最大而体量最大，“长与广皆三十二份，若施于角柱之上者方三十六份，厚二十份……”。

在《营造法式》大木作制度的开篇，在《材》之后，最先列出的就是《栱》，我们以为的所谓重要的《梁》、《柱》却远在其后。最重要的华栱的截面为一个“足材”，据此推测，栱应是材份制力学计算的关键核心。

6.2 斗栱的演化

斗栱最早的文字记录见于《尔雅》。《营造法式》中记载有“王延寿鲁灵光殿赋：曲枅要绍而环句（勾），曲枅栱也”。栱最早产生的年代不可详考，构造方法可能起源于模仿树杈，用斜杆来承托屋檐，其传力机理相当于托重物的手臂或挑重物的肩膀。日本建筑史学家伊东忠太在其《中国建筑史》一书中例举了一个汉代画象砖上有关建筑的图案（图 6.8），生动地反映了我国古代建筑结构鲜活的构造思想。我国有留传很早的成语“拱手相让”，描述的就是人双臂高举献出物品的姿势，“栱”是形意字，以木代替手臂即是。古代建筑工程术语中类似的名称还有“叉手”、“柱‘脚’”、“挑肩梁”等，与我们现代所说“抬梁式”一样，都堪称传神之作。夏、商、周至春秋战国时代是它的发展成熟时期。秦修有阿房宫，可惜无遗物存留。从汉代墓葬中出土的画像砖和陶屋崇楼都可以清楚看到斗栱，北魏时期的敦煌壁画中有清楚的描绘。可能是古代工匠揣摩人抬举重物时肢体结构受力感受的结果，按照人举重物时身体的臂部、肩部和脊柱的生理构造创造出了斗栱结构。

图 6.8　武氏祠石室汉像砖上的图样

今天我们能看到的较早的最重要的实物遗构要属山西省五台县佛光寺释伽殿，上世纪 30 年代由梁思成先生发现并完成断代考证。图 6.9 为梁先生等搜集整理绘制的历代斗栱演变图，典型描述了从唐宋至明清斗栱的逐步演化，斗栱体形从大到小，布置由疏及密，工艺由粗拙到纤巧的衍变过程。

到宋代，木结构工程工艺及管理走上了规范化道路，出现了集设计、施工和工程定额于一体的国家规范《营造法式》，当时斗栱形制严密，并已根据材分制度确定斗栱及其他构件几何尺寸。经近现代研究表明，宋代材分制度所选取的构件尺寸已很精确，应该是成熟的力学计算的结果。发展到明清时期，木结构工艺已在民间普及深入，构造功能日臻明确简练，木材消耗量大幅减少，斗栱由原来大的悬臂叠合梁逐渐蜕化成申臂挑肩梁的小梁垫。宋代以前斗栱高大雄壮，作为屋盖大梁的支座，荷重很大。

从现在粗浅的概念上讲，这并不利于抗震，是过于高大的倒锥形，易歪闪而失去稳定。明清斗栱采用小材，降低了支座层高度，使大屋顶坐的更稳而更有利于其抗震功能。同时，

山西五台山
佛光寺大殿
唐
大中十一年
T'ANG
A.D. 857
MAIN HALL, FO-KUANG SSU,
WU-T'AI SHAN, SHANSI
河北薊縣
獨樂寺觀音閣
遼
統和二年
LIAO
984
KUAN-YIN KÊ, TU-LÊ SSU
CHI HSIEN, HOPEI
山西榆次縣
永壽寺雨花宮
宋
大中祥符元年
SUNG
1008
YÜ-HUA KUNG, YUNG-SHOU SSU
YÜ-TZ'Ü, SHANSI
河南登封縣
少林寺初祖庵
宋
宣和七年
SUNG
1125
CH'U-TSU AN, SHAO-LIN SSU
TENG-FENG, HONAN
山西大同縣
善化寺三聖殿
金
天會皇統間
CHIN
1130-43
SHAN-SHENG TIEN, SHAN-HUA SSU
TA-T'UNG, SHANSI
山東曲阜縣
孔廟金碑亭
金
明昌六年
CHIN
1195
STELE PAVILION
CONFUCIUS' TEMPLE
CH'Ü-FOU, SHANTUNG
河北正定縣
陽和樓
元
初
YUAN
CA. 1250
YANG-HO LOU
CHENG-TING, HOPEI
北平
社稷壇享殿
明
永樂十九年
MING
1412
MAIN HALL, SHÊ-CHI T'AN
PEIPING
公尺 1 0 5M
縮尺 SCALE
北平
智化寺如來殿
明
正統八年
MING
1443
JU-LAI TIEN, CHIH-HUA SSU
PEIPING
山東曲阜縣
孔廟奎文閣
明
弘治十七年
MING
1504
LIBRARY, CONFUCIUS' TEMPLE
CHÜ-FOU, SHANTUNG
北平
清故宮文淵閣
清
乾隆四十年
CH'ING
1776
IMPERIAL LIBRARY,
IMPERIAL PALACES, PEIPING.
歷代斗栱演變圖
EVOLUTION
OF
THE
CHINESE
"ORDER"

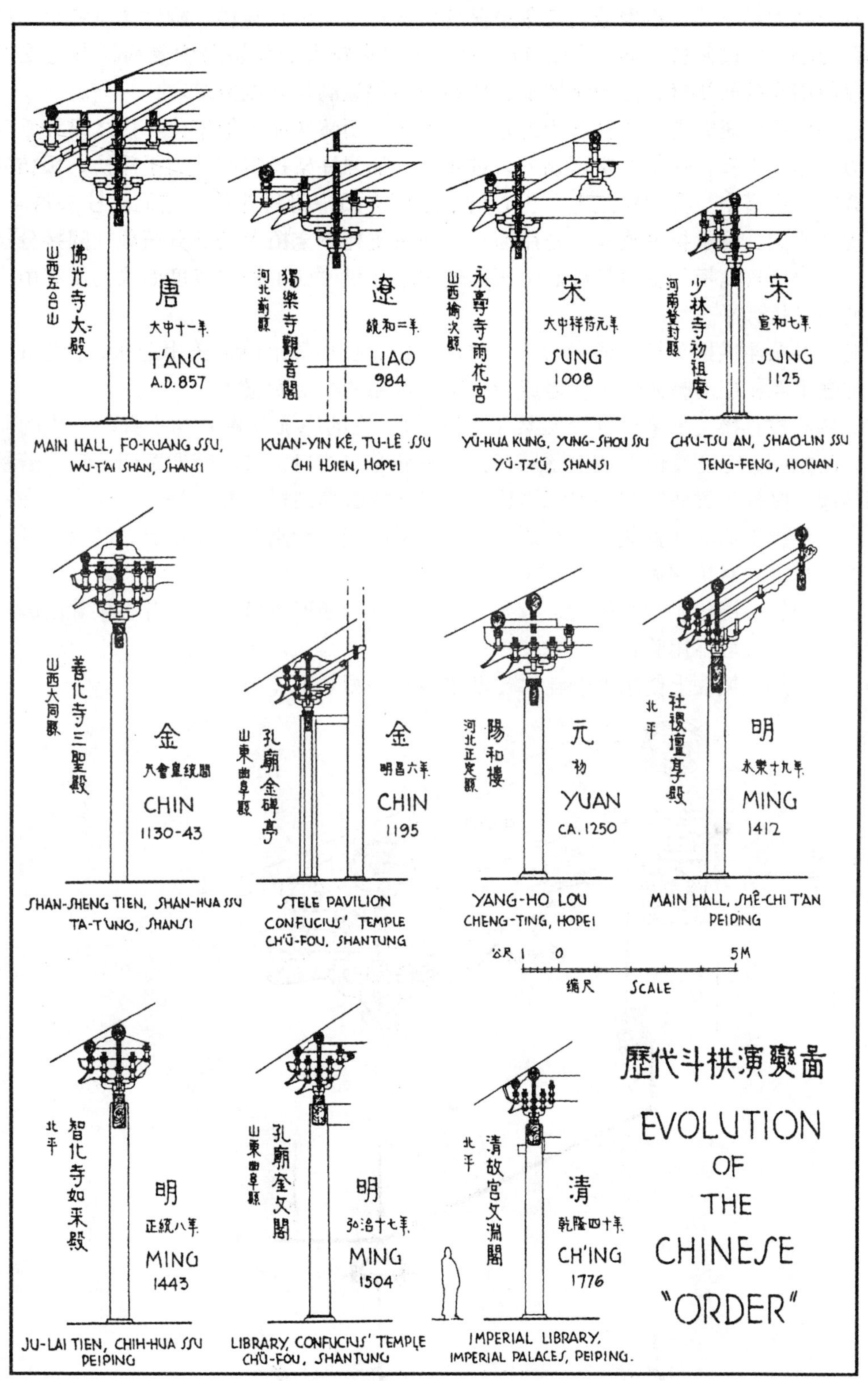

图 6.9　历代斗栱演变图

增加了每开间大梁下的斗栱攒数，使集中荷载均布化。明清代斗栱，构件体量变小，攒数增多，间距变小，沿檐额普拍方均匀密布，使截面本来较大的额枋跨中受荷，参与受弯。为此，可以使用小截面栱材，但数量增加，材料应力仍然满足强度要求。

以往一些古建研究者，往往认为这是一大退步，明清斗栱不似宋代斗栱之雄壮，今天从结构传力的角度来看，这是非常可嘉的大进步。为加强柱架稳定而放大了额枋，额枋的跨中受弯承载能力有富余。在额枋之上，正心桁下施用多攒平身科斗栱，它们除柱头科斗栱外，其余不支承梁架，只承担挑檐重。若用溜金斗还可支托下金桁上的部分荷载，间接分担了梁架荷重，改善了挑檐桁的受力条件。也正是这些小斗栱改变了檐口挠度曲线，使其由唐宋的圆和，变为了接近平直线。

同时，各朵斗栱把平行于檐桁的正心枋、拽枋、机枋等沿纵向连串起来，使它的“根”更大，加强了斗栱层的整体性，使之成为屋架的可靠的叠层圈梁。

柱头科斗栱直接支承梁架的桃尖梁（挑肩梁）。它的翘（华栱）与平身科斗栱的同层翘相比，高度相同，但宽度由下往上逐层变大，头翘宽二斗口，二层翘便宽四斗口。若桃尖梁下只用两翘，则桃尖梁底宽四斗口。这比起宋代同样截面的栱材叠置是一项改进：在不加大斗栱层高的前提下局部加宽截面，有效地提高了承载能力和刚度。斗栱层总高的降低，降低了屋盖重心高度，对抗震大有好处。

各层栱中，底层华栱受力最大，只要它满足强度和变形要求，上部各层栱截面因空间尺寸要求控制，一般可不用验算。

明、清时期，檐柱上使用镏金斗栱逐渐增多，如图 6.10。

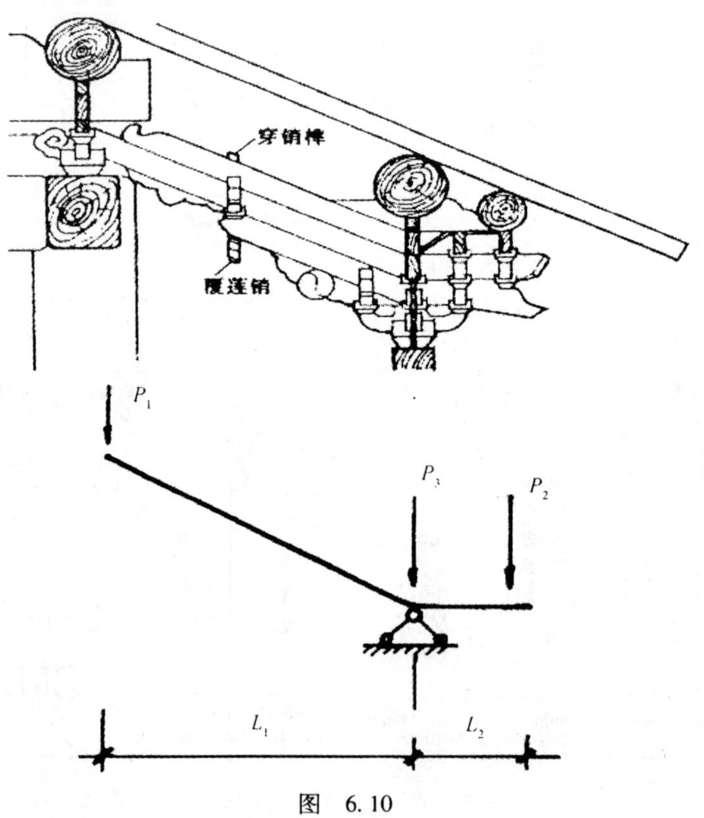

图 6.10

明清建筑中溜金斗栱的广泛应用充分体现出明清时期匠师对斗栱传力机理有精深的认识。如果说斗栱计心造各翘是等臂杠杆，溜金斗栱便是不等臂秤杆，把挑檐重和一部分下金桁上重量集中到支点——柱头上的坐斗心（柱轴心），或阑额纵向轴线上。用蚱蜢头后昂起秤杆，秤杆受弯，需要较大抗弯强度和刚度。而令撑头后起龙尾，由昂后上翘，再用覆莲销一穿，而成为一个大截面叠合悬臂梁，传力简练而巧妙。明清斗栱纤小，增加了华丽的宝玺彩画，装饰功能增强，其结构功能用到更精巧。

6.3 斗栱结构实验研究

斗栱，横向作为梁架的垫梁支座，承担着支承上部结构、构造联结、空间过渡等功能。一般来讲上小下大的刚体，如“金字塔”式的结构稳定而坚固，而斗栱却恰恰相反，下小上大。用小构件拼装，从上往下层层收进呈倒三角形，其势与中式建筑结构“根在上”暗合，这些独特的构造方式的结构功能着实有着趣味深长的研究意义。以下做了几个与其受力性能有关的验证性试验。

6.3.1 斗栱低周反复荷载试验

古代木构殿堂结构中柱并不是直接和大梁连接，而是要通过由横木交叠拼合而成的铺作层，铺作通常由斗和栱等小构件拼合而成。为了进一步研究斗栱本身的抗震性能，我们按照宋《营造法式》制做了斗栱模型，进行低周反复荷载试验。

（1）模型制作：

模型按照殿堂二等材柱头铺作制作，缩尺比例1∶3.52。试件尺寸详表如表6.1示。

表6.1

构件名称		宋尺/分°	模型现尺/mm	备　注
栌斗	长	32	160	底四面各杀4分°，合2cm
	宽	32	160	
	高	20	100	
	斗耳高	8	40	
	斗腰高	4	20	
	底欹高	8	40	
	内槽宽	10	50	
	内槽深	8	40	
华栱一	长	72	360	每头四瓣卷杀每瓣4分°，合2cm
	宽	10	50	
	高	21	105	
泥道栱	长	62	310	
	宽	10	50	
	高	15	75	

续表

构件名称		宋尺/分°	模型现尺/mm	备　注
华拱二	长	132	660	
	宽	10	50	
	高	21	105	
瓜子拱	长	62	310	
	宽	10	50	每头四瓣卷杀每瓣4分°，合2cm
	高	15	75	
慢拱	长	132	660	
	宽	10	50	
	高	15	75	
交互斗	长	18	90	
	宽	16	80	
	高	10	50	
	斗耳高	4	20	
	斗腰高	2	10	
	底欹高	4	20	
	内槽宽	10	50	
	内槽深	4	20	
齐心斗	长	16	80	
	宽	16	80	
	高	10	50	
	斗耳高	4	20	凡斗底四面各杀2分°，合2cm
	斗腰高	2	10	
	底欹高	4	20	
	内槽宽	10	50	
	内槽深	4	20	
余斗	长	16	80	
	宽	14	70	
	高	10	50	
	斗耳高	4	20	
	斗腰高	2	10	
	底欹高	4	20	
	内槽宽	10	50	
	内槽深	4	20	

（2）试验装置：

竖向可滑移千斤顶通过分力梁施加斗栱的竖向荷重，分力深梁一侧施加可双向变化的水平荷载。如图6.11示。

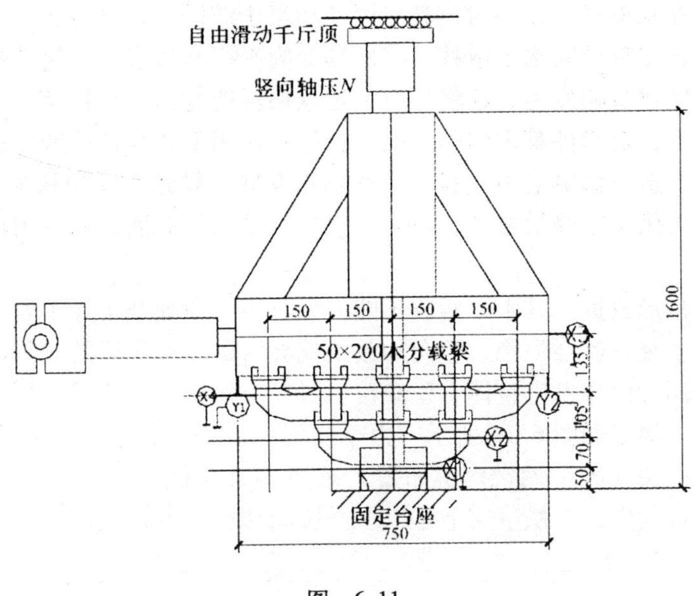

图　6. 11

（3）加荷方案：

竖向压载按殿堂檐柱缩尺荷载考虑，模型压载 $N=50\text{kN}$，水平低周反复变载。

（4）试验结果及分析：

试验测得 3 组水平力－侧移，$P-\Delta$ 滞回曲线，如图 6. 12 至图 6. 15。

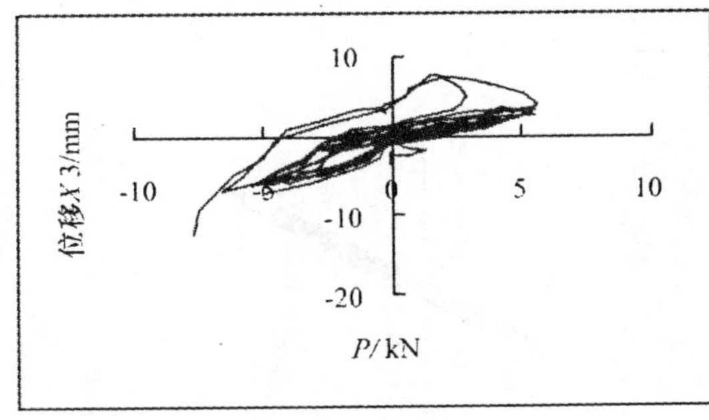

图 6. 12　斗栱 1 滞回曲线

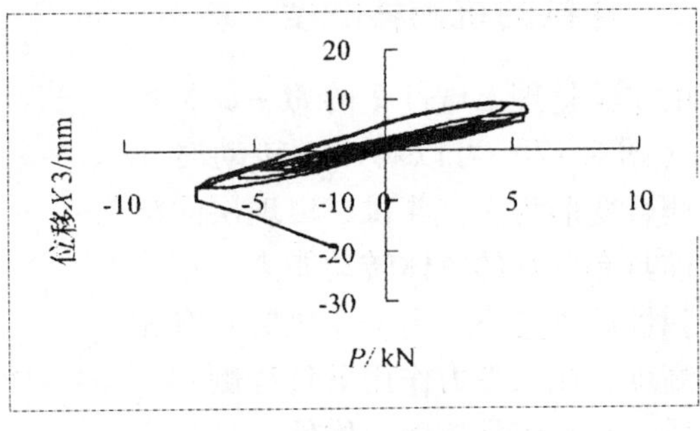

图 6. 13　斗栱 2 滞回曲线

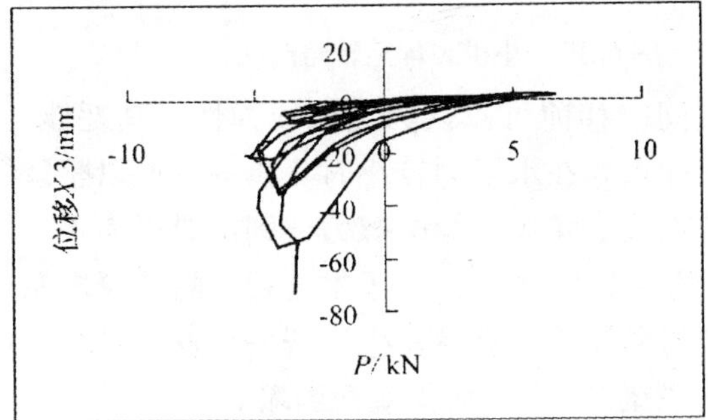

图 6. 14　斗栱 3 滞回曲线

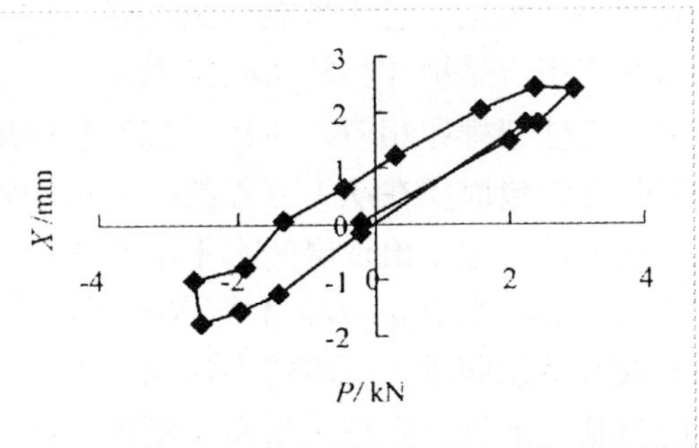

图 6. 15　滞回环数据方向示意

滞回曲线显示，在水平载荷较小时，其滞回环相当于纺棰形，具有较大围拢面积；在水平荷载增至某一值时，出现层间水平滑移，滞回环变为平行四边形。可见斗栱在水平作用下会有剪切变形和层间摩擦滑移发生，这将具有一定减振耗能能力。斗栱结构功能的好坏与斗栱规整程度有密切关系，对组件都规整的斗栱，在往复作用下并无位移残留，由于3号斗栱第二跳华栱截面偏损，造成该侧受力倾斜，位移累积发展，导致斗栱很快失稳，见图6.14。这是一条反面经验，可供文物修缮参考，对于斗栱，补足栱材截面，做到组件规整、组装严密是非常重要的。

由于斗栱如倒三角形放置，其水平侧移不能太大，当竖向加载千斤顶着力点竖直投影移出栌斗底面范围，整个装置就会失稳，竖向加载架就会沿最上层华栱的倾斜面滑移，虽然斗栱各构件并无任何损坏，但会发生整体失稳倾覆。对单个斗栱的试验只能测得斗栱转角很小时的水平力位移关系。但正如图6.16所示，由于实际房屋中斗栱并不是单个出现，一榀大梁和柱架之间至少用两朵（大梁两端对称布置）或更多朵斗栱，滞回试验中所见偏移失稳现象在实际房屋中很难发生，斗栱事实上是以多攒协同转动的方式工作。

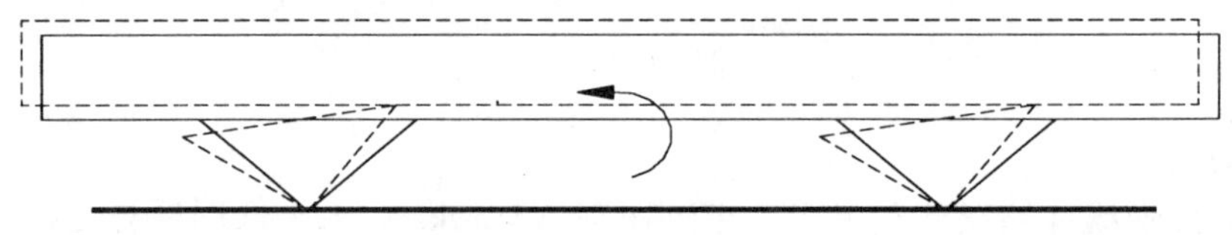

图6.16　两攒斗栱协同转动示意图

6.3.2　斗栱的抗侧移刚度

由试验整理出试件2的 $M-\varphi$ 关系曲线（图6.17）可以看出，转动时斗栱以侧转变形为主。斗栱在出现层间滑移之前具有良好的整体转动能力，正像空间弹性球铰支座。由于斗栱层具有相当的高度，在水平力作用下具有侧移变形性质，它也应是抗侧力构件，且具有抗侧移刚度。其刚度可由 $P-\Delta$ 滞回曲线的骨架曲线确定。它所可能受到的最大的水平作用应是栌斗与柱头间的最大摩擦力。与柱架榫卯相似，斗栱的抗侧移刚度在层间滑移前可以认为近似线弹性。其耗能，滞回环具有内包面积在动力方程的阻尼项中将予以计入。在水平力较小时斗栱的变形以整体绕栌斗底转动为主，出现层间水平滑移之前。则若克服层间最大静摩擦力，则需要很大水平力，其大小应不小于 $\mu_{木}G$。木与木间摩擦系数 $\mu_{木}$ 约为0.5~0.6，大于木与石之间的摩擦系数，造成水平层间滑移所需的力应相当大，因而层间滑移并不容易发生。若一旦发生足够大的层间滑移，大梁会容易从支座上滑落，就是所谓“梁落架”，结构就会倒塌。

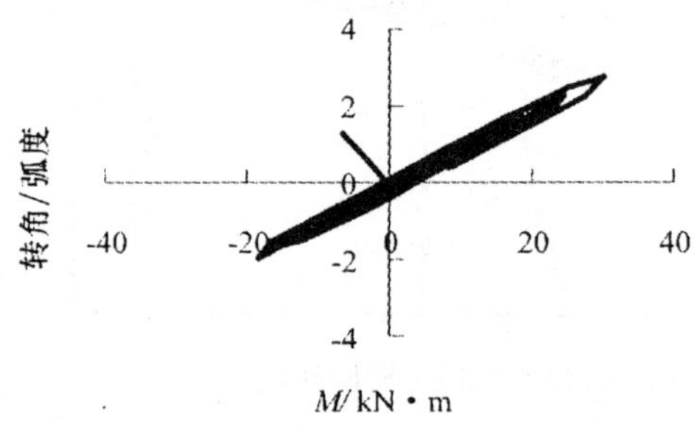

图6.17　斗栱3弯矩转角曲线

斗栱的倒三角形构造使每一攒斗栱像倒置的弹性球铰支座，栌斗顶在柱头中心，上部5个对称布置的小斗是梁架的支点，中部为矩形截面的横木垒叠。一方面，通过以柱中心为中

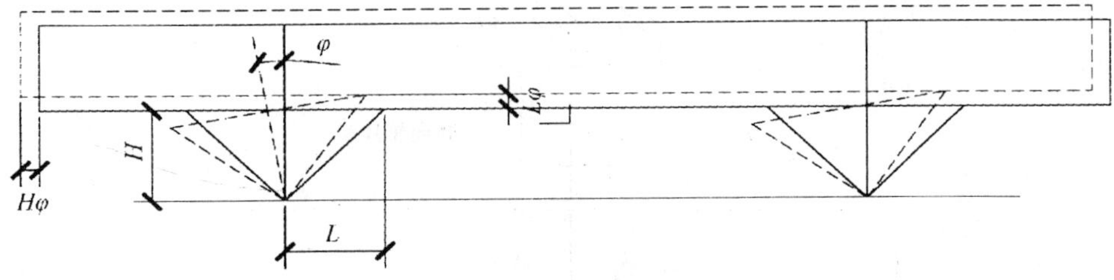

图 6.18

心两侧对称外伸的小梁逐层叠合展开，把上部荷重集中到柱中心，尽量使柱承受轴心压力，以减小偏心弯矩，可以最大限度发挥木柱的承重能力。另一方面，斗栱的倒三角形外形决定了它容易转动。当屋盖质点相对柱头摆动，以摩擦力带动斗栱转动 φ 角时（图 6.18），设梁架相对角顶点的位移为 $H\varphi$，若忽略斗栱横纹压缩应变变形，斗栱最远出跳端小斗处应发生竖向位移 $L\varphi$。由于一榀构架至少由两柱上两攒斗栱构成，所抬梁架刚度很大，当两侧斗栱在同一竖向平面内同时转动时，梁架及屋盖两端只能同时同侧被抬，相对柱头即使位置上移而不会倾斜。扣除斗栱层间滑移的影响，在不滑移条件下，斗栱层层间水平侧移与竖向位移将同时发生，即

$$Y = \frac{H}{L}X$$

把梁架横向侧移与被上举同时对时间求导，有

$$\ddot{Y} = \frac{H}{L}\ddot{X}$$

即说明假如梁架屋盖相对柱头的水平加速度为 $\ddot{X}$，它同时也正以 $\ddot{Y} = \frac{H}{L}\ddot{X}$ 的竖向加速度被上举，在摩擦系数不变的情况下会由于瞬时超重造成相对较大的层间正压力，进而造成摩擦力增大，其大小为 $\mu M\left(g + \frac{L}{H}\ddot{X}\right)$。事实上木材横纹压缩弹性模量较小，质点竖向变位应计入斗栱远端小斗处华栱的悬挑挠度的影响，屋盖所受上举力与该挠度成比例，比例系数为斗栱悬挑叠合梁的刚度。该挠度与远端小斗至栌斗中心距离的比值即为斗栱弹性转角变形。在计算由于质点侧移造成质点被上举的竖向位移时应扣除这部分挠度的影响，即 $Y = \frac{H}{L}X - f$，这种弹性变形会使斗栱转动造成质点的瞬时“超重”加速度变得不显著，不会造成大梁荷重及相应内力的突然显著增加。显然这一机制会使一部分质点侧移动能转化为重力势能，进而可通过竖向振动、侧移自振等多种方式中的阻尼耗散掉。斗栱整体转动会造成对大梁支座支点的后移，原竖直支承力变为 45°斜向上方的支持力，其水平分力大小接近质点压重，造成约 1000Gal 的反向加速度，可以立即阻止质点继续侧移。这是典型的被动控制方法，具有显著的减震作用。

6.3.3 斗栱抗压破坏试验

将与低周反复荷载试验相同的 3 组斗栱模型拿来作竖向受压破坏试验，以观察斗栱受压受弯破坏情况。试验装置如图 6.19 示。

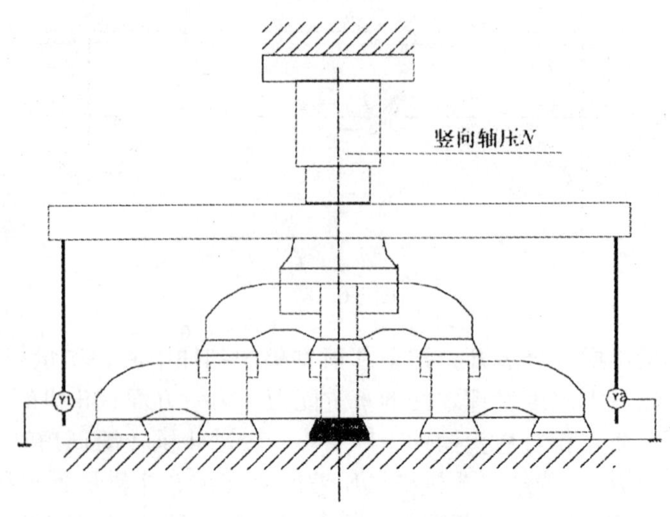

图 6.19　斗栱竖向受压破坏试验图

前两个试件重在观察斗栱受轴心压力时的破坏形态。这种破坏形态多发于层数较多的阁、塔结构的柱头斗栱，上层荷重会通过上层柱心直接传给齐心斗而造成轴压力很大。由于齐心斗（涂黑小斗）的存在，竖向荷载主要通过中轴线传递，栱臂具有相当好的受弯变形能力，使周围小斗试验初期只能分得少量竖向压力，这些小斗变形很小。齐心斗横纹受压，被挤压先发生较大变形后，周围小斗受力增加，各栱开始受弯，应变片记录了栱的应变状况，结果显示应变较小。破坏前，被挤扁的齐心斗深深嵌入长华栱背部使华栱弯拉区截面减小，在横纹受压和顺纹弯拉及剪切的复杂应力状况下折断，长华栱犹如一条被从中砸扁的扁担。较长的慢栱则因为本身抗弯能力弱，挠曲变形很大而从凹口根部沿纵向水平截面被撕裂。其他构件无太大变形破坏。由于主要受弯构件华栱是在受压区开口，口内衔住泥道栱和栌斗内暗耳，整个斗栱受荷越大，结构越发挤紧，最后成为很难拆开的整体。这正体现了斗栱技术的精湛，松散易于拼装，受荷后却具有良好的自锁紧扣功能。

试件 3 去掉了齐心斗，以模拟单层结构中斗栱的受力状况。单层殿堂、亭榭等结构中斗栱以栱臂受弯为主，而轴心压力很小。试件 3 表现出了良好的受弯变形能力和承载能力。栱具有良好的弹性和韧性。破坏时栱的弯曲变形很大，没有脆性破坏迹象，最后以短跳华栱弯剪断裂而到达承载力极限。整个斗栱，最后挤密成为很难拆开的整体（图 6.20），强行拆开的各部件如照片所示（图 6.21）。

由于木材良好的韧性，拆开后的卸荷构件自动缓慢回弹后只有少量塑性变形残留。这说明木结构如果不是上面层数太多竖向柱中轴向力大，斗栱很难压坏。

由于加工工艺水平限制，斗栱不可能做到严密合缝，而使结构中的应变分布离散性颇大，说明各构件受力很不均匀，因而，栌斗和栱材的截面应有较大的安全储备，以应付各种随机的荷载状况。

斗栱受压时具有显著的竖向变形。主要原因是木材横纹抗压弹性模量小，各层栱叠置，压缩刚度为串联关系，叠铺的层数越多，总抗压缩刚度越小。在竖向地震作用时，这种弹性变形能力将具有显著的吸能能力，如汽车减振弹簧一样对梁架起到减振作用。

斗栱作为屋架与柱架间的过渡，它的铺作层数是由建筑的要求决定的，它的选材尺寸由

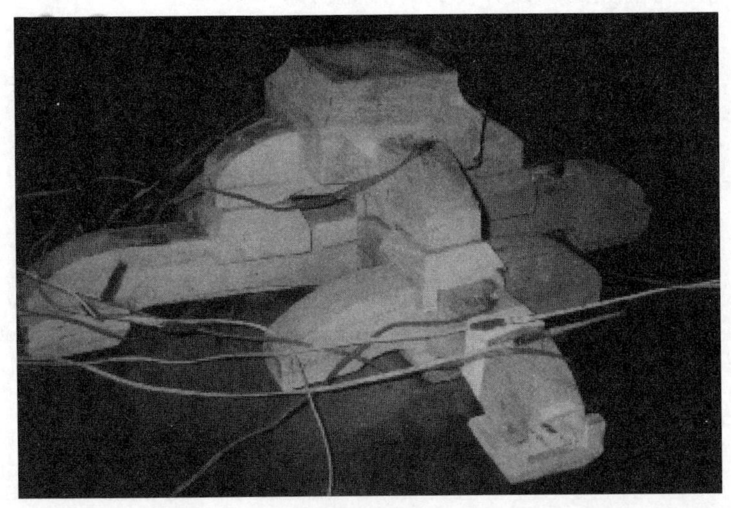

图 6.20　被压坏的斗栱

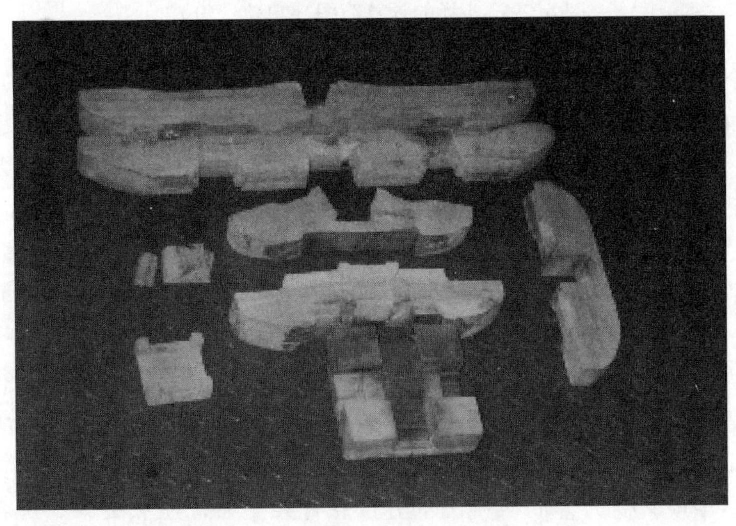

图 6.21　被压坏的斗和栱

受力后强度因素决定，有关验算表明，栱及斗的强度安全性较好。

竖向荷载作用下，栱材及斗的内力可以方便简单的采用倒算法得来。即将全部屋盖荷载及重量分摊在栌头上，它们所受压力是栌斗斗底反力 P；第一层都是计心造，第一跳华栱两端可偏于安全取 $P_1 = P/n$，n 为第一层散斗和齐心斗总数；验算栱材在 P_1 作用下的强度，若安全，则其余栱材可不用验算，原因在于，各栱材断面相同，出跳等长，第一跳华栱荷载最大。

实际建筑中，若栱断或斗裂，应可以用相同强度和变形模量的仿制件更换。

6.4　斗栱的计算简图和静力分析

对于斗栱的计算，最简单的作法是采用“倒算法”，作一个不一定确切的粘联叫“反栱倒算"，即由栌斗的压力向上倒着计算。其计算简图如图 6. 22。

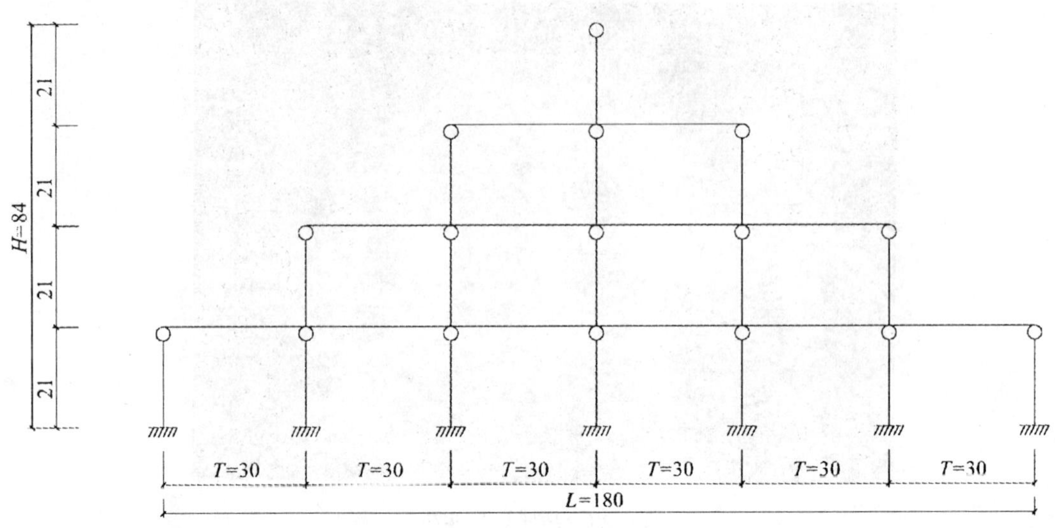

图 6. 22　斗栱的计算简图（单位：份）

小斗只是一个个垫块，传递压力和摩擦力。栱是受弯剪为主的梁式杆件。由于栱的出跳每跳都相同，且栱的横截面都相同，受力最大的是第一跳华栱，只验算它就够了。华栱的控制截面在栌斗边，跨度即跳长，所受最大剪力即小斗传来的支座压力，截面弯矩即为该压力乘以跳长。各部尺寸都可取《营造法式》中的规定：华栱，足材栱也（截面为一材加一栔，即 21 份 × 10 份），两卷头者其长 72 分（份），安于栌斗口内，若累铺作数多，或内外俱匀，或里跳减一铺至两铺，其骑槽檐栱皆随所出之跳加之，每跳虽长，（去）心不过 30 分（份），传跳虽多，不过 150 分（份）。

以柱头科为例，斗栱的荷载确定并不难，但实际的内力分布却不容易搞得很清楚，它经常是多次超静定结构。竖向荷载，梁端压力下传时，因为有齐心斗的存在，大部分会通过齐心斗直接传至栌斗，由于斗和栱都是横纹受压，木材横纹受压弹性模量很小，发生压缩变形后才会使栱端的小斗顶紧受力，而栱挑出部分按悬臂梁受力，显然更柔，边斗不会受多大的压力。我们或许可以得出一个粗略的结论，竖向轴心压力下，宜按齐心斗承担所有轴心压力来考虑。也就是说，斗栱的出跳是为纠正偶然的水平荷载造成的偶然的偏心转角而准备的。图 6. 23 为竖向荷载下斗栱内部压力大致分布情况，是参照考虑材料弹性模量按有限元法分析的结果，按以下原则简化估算的结果：每个一斗三升，都按照心斗分得总荷重的 8/10，边斗分得各 1/10，层层分配累加。

由于斗栱只是像积木一样垒叠搭扣的结构，内部不能产生竖向拉力。按照竖向荷载下内部压力的分布规律，越远离中心的散斗受压越小，按铺作层数来看，四铺作的边斗可分得约十分之一总压力，五铺作边斗约分得百分之一，六铺作仅千分之一，至八铺作时不到十万分之一。可见，对于边斗考虑以总竖向荷载下存在的压力来抵消一部分偏心弯矩造成的拉力是不可靠的。偏于安全起见，考虑偶然出现的水平荷载只会对斗栱之一侧形成瞬时的偏心挤压，造成倒三角形的斗栱发生绕栌斗的转动。这个转动使直接支承着梁端的几个斗所受的压力发生变化，造成支持力合力作用点由最上层齐心斗偏移向受挤压的一侧。斗栱所受的外来

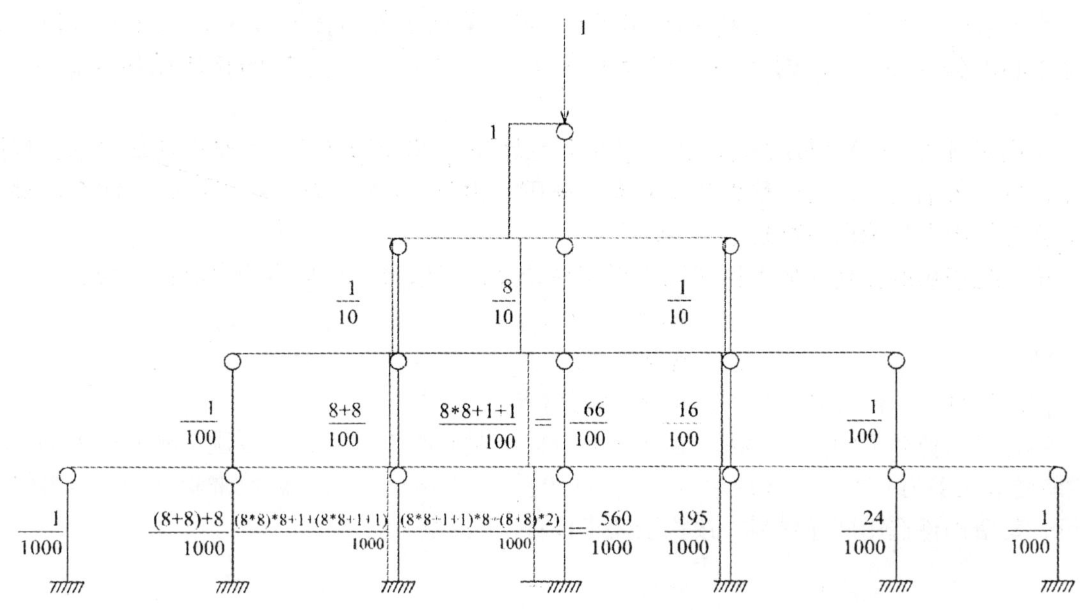

图 6.23　为竖向荷载下斗栱内部压力大致分布图

的转动力矩只能靠大梁梁端合力点在斗栱上发生相对偏移对斗栱造成相对偏心弯矩来平衡。

斗栱在整体水平滑移之前，所能受到的最大水平荷载就是栌斗底部最大摩擦力和可能的销栓力。因通常柱顶的馒头榫与栌斗底部中心卯口侧壁间自然存在缝隙，只在栌斗相对柱头滑移发生后才能挤紧，产生销栓力，在滑移之前可以只以摩擦力来考虑。

作一个简单的算例，设大梁一端传给柱头科斗栱的总压力为 N_1，作用在此斗栱上的水平荷载为 F_1，取 $F_1 = 0.5N_1$。斗栱各部分尺寸取《营造法式》中的规定模数，如图 6.22。求斗栱的挤压内转角，和各华栱端可能出现的最大竖向反力，计算简图为图 6.24。

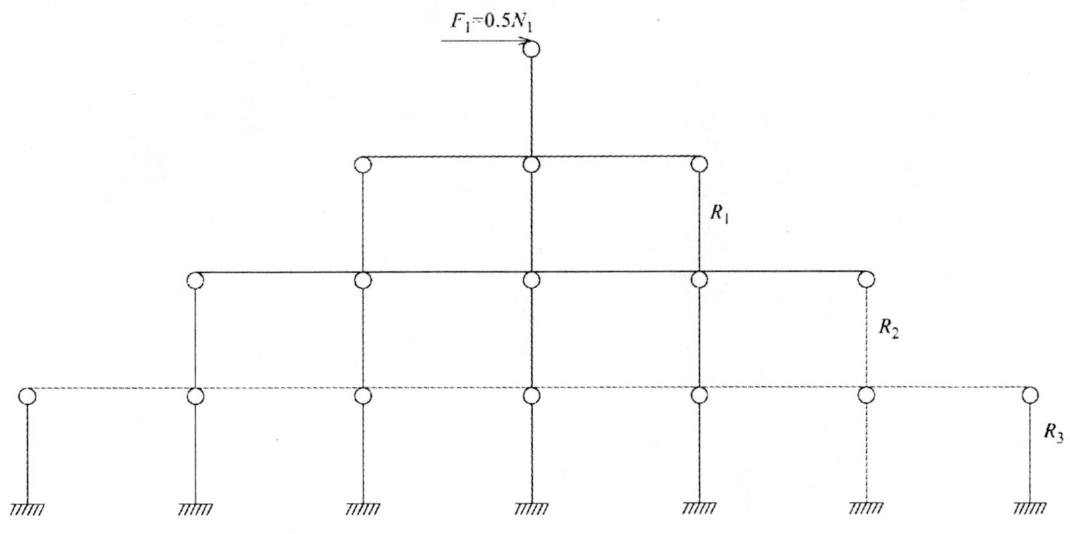

图 6.24　水平荷载下斗栱计算简图

水平力造成的转动弯矩为 $F_1 \times H = 0.5N_1 \times H$，梁端压力的合力为 N_1，其作用点相对于栌斗中心的偏移量为 e，则 $N_1 \times e = 0.5N_1 \times H$，得 $e = 0.5H$。斗栱的挤压弦转角 $\varphi = e/H = 0.5$。

斗栱每跳长30份，每跳高21份，其极限弦转角为30/21≈1.5。看来即使最大水平摩擦力作用下，梁端支点也不会移出斗栱的支承范围。由 $\varphi = 0.5$ 来看，对于计心六铺作，梁端压力合力作用点仅偏出一跳长。

第一跳华栱所受到的最大栱端压力很容易计算，只取第一跳华栱为隔离体，则有：

$$0.5\ N_1 \times 21 = R_1 \times 30$$

即
$$R_1 = 21/60 \times N_1 \approx 1/3\ N_1$$

同理估算，任何时候，R_2、R_3 都不会超出 R_1。

结合竖向荷载下的分析结果，在水平和竖向荷载同时作用下，第一跳华栱的最大端承力（栱所受最大剪力）约为 $[(1/10) + (21/60)] \times N_1 = 0.45N_1$。以此来验算华栱材料强度即可。其余构件选用同样材料，按构造要求设计。

第七章　殿堂梁架结构

大屋顶是中国古代建筑外观最具宏观特征的部分（图 7.1）。屋架体系主要依靠横向大梁承重，横向大梁为一榀由简支梁层叠相抬的平面复合梁架，以柱头铺作为支座，一层上再抬一层，层层缩进举高，构成整体呈三角形的举架。各层简支梁在距梁头一椽投影长度位置设蜀柱，蜀柱头上安放沿纵向布置的檩（桁），檩上密排横向布排的椽，椽上铺望板，板上覆以瓦茸。也可在椽上铺一层用藤条编织的“芭”，芭上抹草泥，上铺瓦。主构架如图 7.2 示。

屋盖体积大、构件多、重量最大，是房屋结构的主要荷重。我国古代屋架采用横向大梁承重，纵向采用檩条，檩条上再横向排布椽，结构传力清晰，构件功能简单而明确。

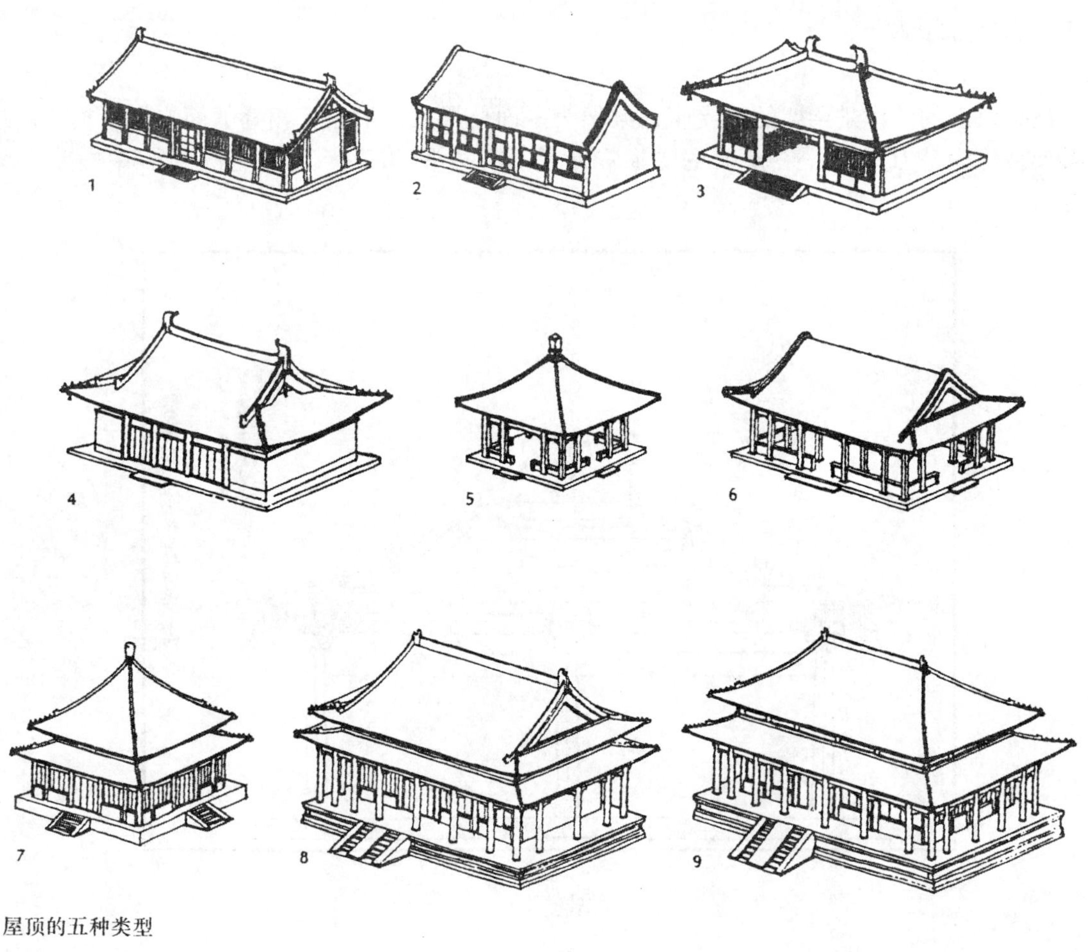

图 7.1　屋顶形式示意（引自《建筑结构构造资料集》）

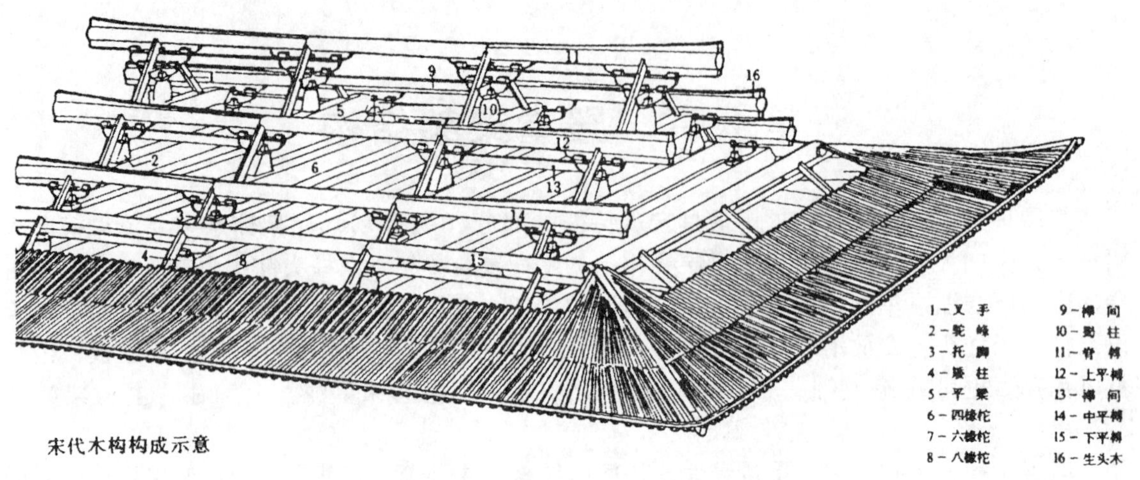

图 7.2　梁架空间体系（引自《建筑结构构造资料集》）

7.1　横向梁架

柱头以上的铺作是梁架的铰支座，梁架为平面叠梁架，由上下相叠的简支梁系构成。这种梁架被称为替力梁架，是屋顶主要横向承重体系。图 7.3 为《营造法式》中殿堂梁架侧样。

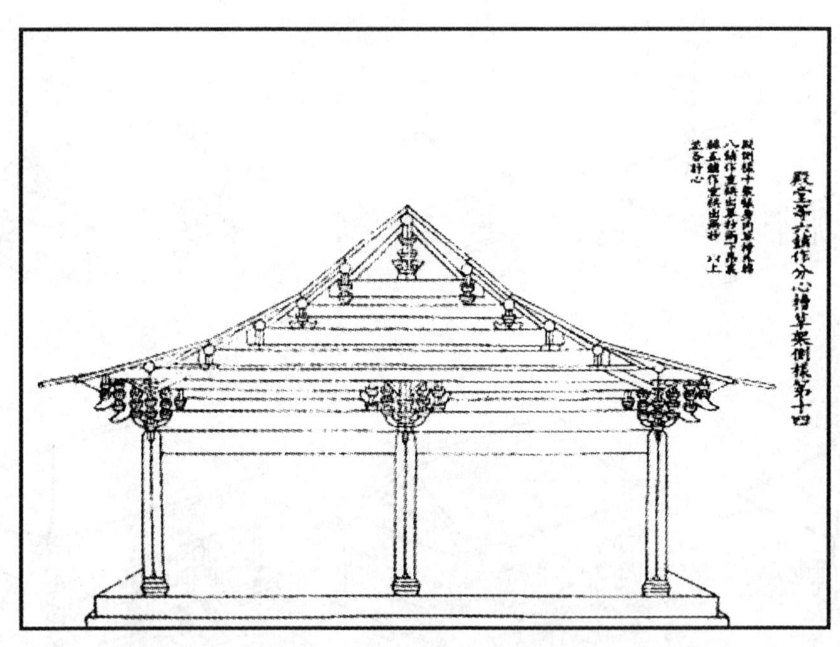

图　7.3

按由上至下的顺序，脊栋支承于蜀柱（侏儒柱），蜀柱下端嵌固在平梁跨中，并被要求“随举势斜安叉手”。平梁长两椽平长，跨中有蜀柱，两端支承在下层蜀柱上，竖向荷载由蜀柱传给下层梁，简支支座的水平约束可以由“广一材一栔”的斜杆“叉手”提供。在蜀柱正上方正好设第二根檩，檩端剪力也正好由蜀柱直接传下。简支梁端弯矩最小，截面有富余，可开出上凹的凹槽，即开抱槫（檩）口，亦称为“桁碗”，使檩头卡入其中，形成檩的简支支座，既使檩条使用圆木也不会发生滚动。房屋的进深通常成为“几架椽屋”，即最下层大梁跨度为几椽平长。大梁逐层设置，大梁的层数就是进深椽平长数的一半，如十架椽屋，就需要设五层大梁相叠。每层梁两端简支在垫方（驼峰或蜀柱）上，垫方中心位于下一层梁跨内距两端一椽平长处，也位于一根檩端头的正下方。

相邻栋间椽的水平投影一般等长，举折高低由垫方或蜀柱加梁广（高）的总高度确定。

最下一层梁较特殊，殿堂进深方向，跨度最大。最下层梁可以由多段合成，即可为多跨连续简支梁，如若平面分槽为分心斗底槽，即为两跨，若为金箱斗底槽就可为三跨或四跨，即要考虑一榀横向柱架内柱的支承作用。《营造法式》所取的最大单跨梁为八椽栿。殿堂草样中却有十架椽屋，但并没有十椽栿，它一定是跨中有支点的分段梁。最下层梁往往室内可见，称为“明栿”。明栿与铺作紧密联系，交织伸入铺作里。斗栱是它明栿的铰支座。上图最下层为挑尖落金十架梁（明栿）。“挑尖（挑肩）”意为该梁端头伸过斗栱中心，并挑出受力。“落金”即有一端落在金柱上，“金柱”指内柱。

另外，横向梁架中还有“叉手”，托脚等斜向支撑杆件，提供水平向支座约束力，也可固定栋位，防止它滑移和滚动。

梁与梁之间有驼峰、蜀柱、垫方等构件，宋时非常重视这些竖向承力构件自身的稳定，如蜀柱用背角，驼峰上小下大，垫方高宽比小于1/2，这是在水平荷载作用下垫方等不倾倒，梁架不产生错层滑移的保证措施。

替力梁架的计算较简单。每层梁都是简支梁，跨间在距梁端一椽平长对称位置作用有竖向集中力。设一椽平长为L，梁端剪力为V，则梁跨中最大弯矩为VL，最大弯矩作用点在距梁头一椽平长处，即蜀柱支座位置。梁端剪力由上往下逐层加大，增大量为一根檩条所负担的全部荷重。蜀柱及驼峰的安装要尽量减少对主梁截面的削弱，通常用搁置，两侧用叉手支撑，很少采用蜀柱根部嵌入主梁作固结的方式。

按材份制的等应力设计法，梁截面相应由上往下逐层加大。

《营造法式》中有：“造月梁之制：明栿，其广四十二份（如彻上明造，其乳栿、三椽栿各广四十二份；四椽栿，广五十二份；五椽栿，广五十五份；六椽栿以上，其广并至六十份止。”即说明各梁截面随跨度不同截面不同。殿堂最大跨度通常不超过十椽平长。结合屋面荷载，按陈明达先生验算结果，梁截面最大应力都很接近，因而认定宋代构件设计有确定的力学计算方法，按材分制各构件截面应力由相同的材料允许应力控制。

《营造法式》中还规定：“凡梁之大小各随其广分为三分，以二分为其厚。（凡方木小，须缴帖令大。如方木大不得裁减，即於广厚加之。如碍槫及替木，即于梁上角开抱槫（檩）口。若直梁狭，即两面安槫栿版。如月梁狭，即上加缴背下贴两颊，不得刻剜梁面。）”

在尽可能保有材料最佳承载能力的前提下，从原木中切削出方料，圆中取方，横截面高三厚二，可取得最大矩形截面抗弯惯性矩（图2.10）。《营造法式》中“材”、“栔”、“栱”、“栿”、“枋”截面都是如此。以上规定都是要确保截面最大限度的抗弯能力。月梁即栱形梁，在不影响梁抗弯能力的前提下，可对梁进行切削加工，以减少梁自重。也可以使用顺势弯曲的树木，使栱背朝上，稍加切削即可，抗弯能力照样很好，这也是节约用材的好方法。

替力梁架整体外形轮廓为宽扁的正放三角形，对于使用瓦屋面，三角形高为底边长度的1/4，茅草屋面，为1/3。重心很低，这使梁架很平稳。即使受很大水平荷载，也很难翻起。平面替力梁架平面外则依靠檩作为纵向支撑，不会倾倒。

7.2 檩和纵枨向襻间

纵向承力檩，又名槫、桁，是沿纵向水平布置于两梁架之间的横向承荷大梁。跨度大，荷载重，它们的最终支座都是梁架，在桁和梁架之间加叠斗栱、素方、替木构成襻间。

襻间的构造如下图7.4示。

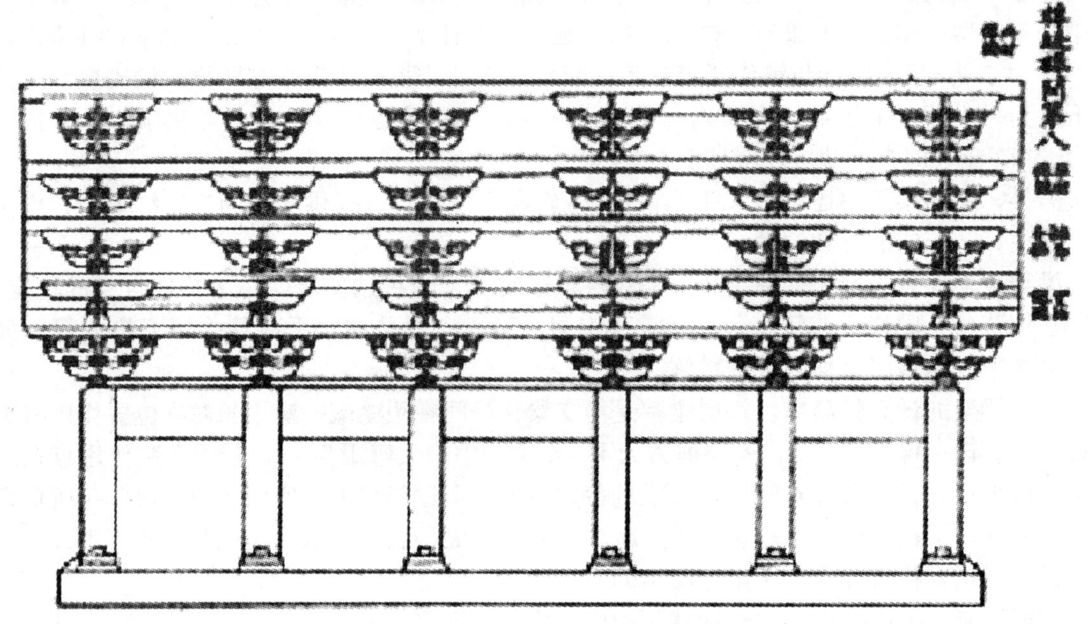

图7.4 《营造法式》中的槫缝襻间

襻间狭义的讲是桁与桁间相交的结点。襻间的作用有四：其一，作为支座桁和襻间同时构成了梁架纵向支撑系统，承托桁上荷重；其二，“越缝半栱”增强了桁接头处的支承联结，减小了桁的净跨度，从而减小其所受弯矩；其三，铺作正心枋襻间构成了横向梁架的出平面上弦支撑；其四，在襻间跨中增加补间铺作和桁形成了半组合梁，成为桁的有效铺助承荷部分。图7.4由桁和襻间的构造，清楚地表明，桁间缝的螳螂头口是把两相邻桁相叠嵌入的，可以传递拉力、压力。再加上一个替木和越缝半栱来传递剪力，便可以抗弯。

襻间作为“副檩”，和檩一起构成一个桁架，大大加强了檩的竖向承载能力。

这样，桁和襻间一起构成了一个刚度较理想的纵向连贯梁，其铰支座为各榀梁架。

等级最高的庑殿脊桁常有一项特殊处理，正脊向两侧移出梁架“增出三尺”。是在连续梁端梢造成悬挑段有利于减小脊桁跨中最大正弯矩（见下节角梁桁平面）。也减小了最外一间缝梁架受荷的偏心，有利于梁架整体稳定。

7.3 角梁

古建的屋顶形式多样，有庑殿（四坡顶五脊殿）、歇山、攒尖、卷棚、悬山、硬山等类，又有单檐重檐之分，如图 7.1 示。

殿堂主要用庑殿、也有歇山。它们的外观不仅是“建筑的”杰作，更是由内在结构决定的。

从柱架分槽图上看，一榀一榀平行排列的梁架需要平面外支撑，梢间二榀横向门架柱顶应有个“斜铰链”的连结。这个铰链杆就是屋盖中斜向横木角梁提供的，见图 7.5（引自《建筑结构构造资料集》）。

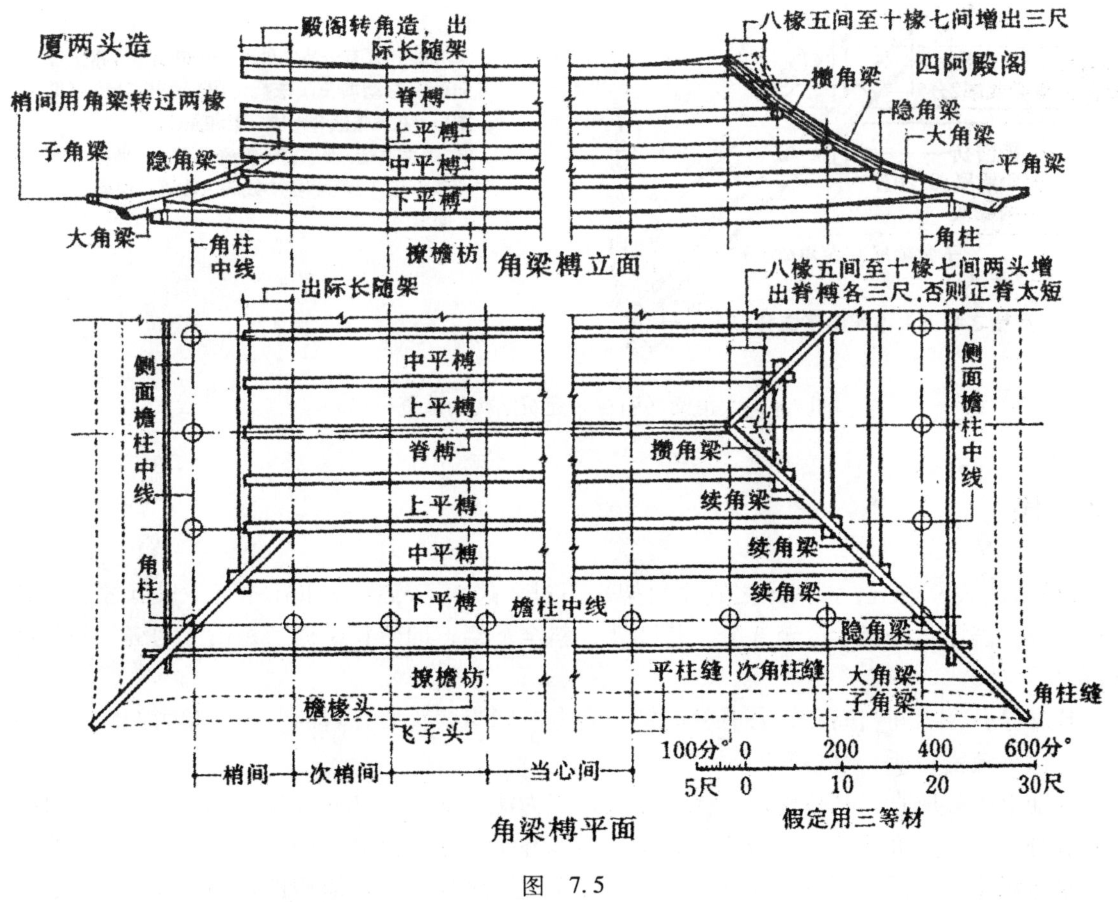

图 7.5

两侧相向对称斜置的四个角梁大大增加了梢间的抗侧刚度，起了稳固的支撑作用。角梁构造如图 7.6。

“厦两头造”的收山位置由下平桁与角梁交点定出，一般位于梢间跨中，使各纵向桁在边跨悬挑，减少了边跨梁架受压的偏心。大角梁以撩檐方为下支座，上支点在下平栋，是一个斜置的简支伸臂梁，见图 7.6。

庑殿的续角梁便是下平桁与中平桁、中平桁与上平桁、及上平桁与脊桁间的斜撑杆，也是依次递进的梁架的斜向支撑。厦两头造只有隐角梁，撑于角柱与内槽角柱之间。庑殿即五脊顶的空间稳定性最好。

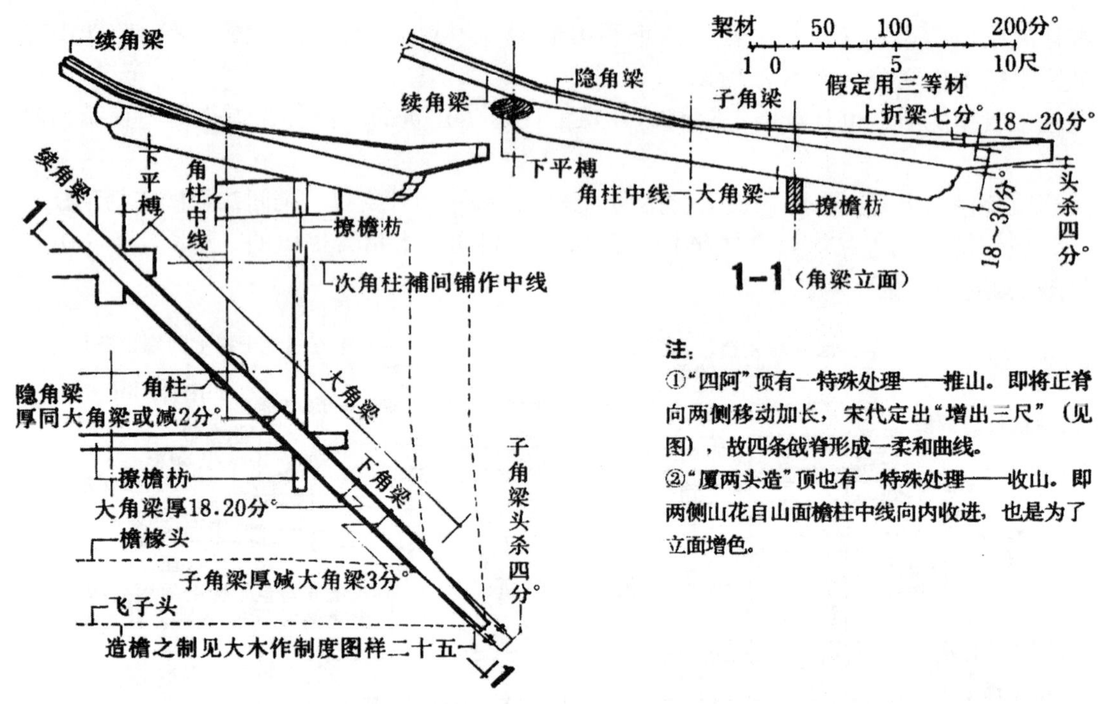

图 7.6　大角梁（引自《建筑结构构造资料集》）

7.4　椽

《营造法式》卷五：“用椽之制椽每架平不过六尺，若殿阁或加五寸至一尺五寸，径九分至十分；若厅堂椽径七分至八分。长随架，斜至下架，即架长出檐，每桁上为缝、斜批相搭钉之。”

凡布椽，令一间当间心，若有补间铺作者令一间当要头心，若四裴回转角者交随角梁分布，令椽头疏密得所，过角归间。

并随上中架取直，其疏密以两椽心相去之广为法。殿阁广九寸五分至九寸，副阶九寸至八寸五分，厅堂广大八寸五分至八寸，廊库广八寸至七寸五分。

椽上承望板及泥瓦雨雪等荷载，下简支于桁上，是典型受弯压构件，用材多，并有相当刚度。它的另一项功能是有效加强了屋盖的整体性。一间中它是桁间的垂直联系杆。

7.5　明清时期梁架的改进

明清时期对梁架系又有改进，明清梁架仍保留大多为简支梁层层叠置，大式小式基本相同（图 7.7）。

大梁两端放在前后两金柱上，若没有廊就放在两檐柱上，梁的长短随进深，梁上面设瓜

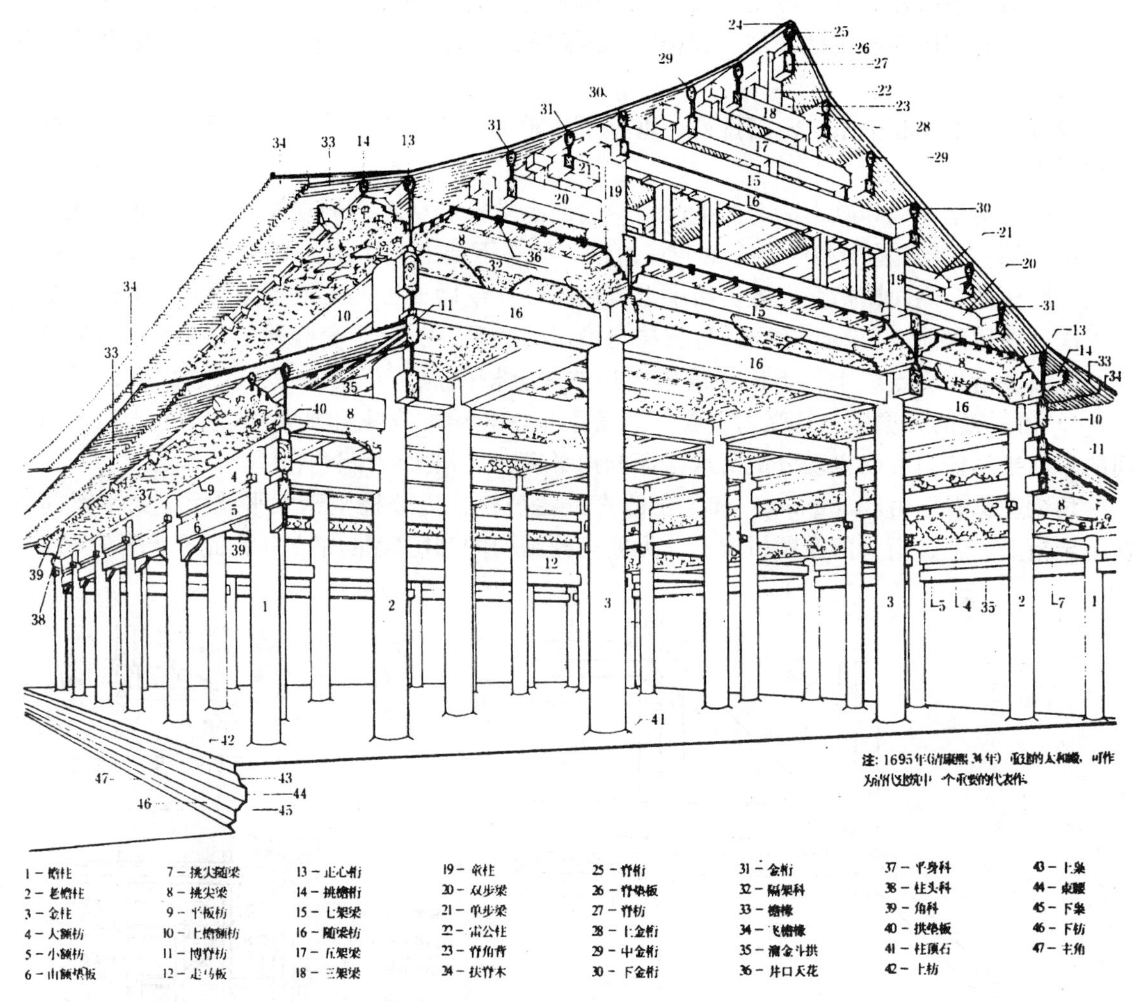

图 7.7　北京故宫太和殿梁架结构示意图（引自《建筑结构构造资料集》）

柱或矮墩又支一根较短的梁，一层上支一层，构成梁架。挑尖梁的应用更多，桃尖梁梁头挑过斗栱支座中心。桃尖梁截面很大，是荷载最大的梁，高为耍头和撑头高的和，下皮与平身科斗栱的耍头下皮平，桃尖梁宽六斗口，梁头宽四斗口，柱头科斗栱上斗口宽加倍(二斗口)所余二斗口由头翘或斗昂以上，翘和昂嘴之宽逐层加宽两斗口直到与桃尖梁同宽，桃尖梁所受剪力较大，截面面积是很重要的控制指标，小式抱头梁宽按檐柱径加二寸，梁头与梁深同宽。桃尖梁下柱额层中有桃尖随梁枋，抱头梁下有穿插枋，角金柱与角檐柱中心有斜插金枋。

每梁头做椀以承桁。桁檩放在各梁头上，上承椽子。梁头之下有柁墩和瓜柱支承，瓜柱或柁墩又放在下面大梁上，凡是瓜柱都有角背支撑，可视为固定端。大式桁径按斗口定，小式则与檐柱径相同。

每条桁下面与桁平行的有垫板和枋。

垫板施用在桁下枋上的空当。大式高按四斗口，小式按半柱径加一寸，即所谓“平水”，就是梁头下皮至桁下皮的高度。

枋是梁架平面外支撑，枋又和瓜柱一起构成桁下的“小柱额层”稳定体系。

垫板是桁和枋的连接材，是“腹板”，是很好的剪力联络件，使桁和枋构成组合梁，共同受力。

椽可用方木或圆木条，密密排列，垂直于桁轴线，上承望板，泥瓦。飞檐椽长于檐椽，扒在檐椽上。

角梁，用于庑殿和歇山造，向下倾斜，它的水平投影从正、侧立面上看都与正、侧檐桁各成45°角，与宋式基本相同。上部叫仔角梁，伏在下层老角梁上。老角梁前端直接放在檐桁上，即在正、侧面檐桁交点上。后端上皮按桁径一半做成桁椀支承正侧两面相交的两金桁的下皮。仔角梁前端长过老角梁，像飞椽与檐椽的关系，头上有套兽榫，安套兽；后端放在正、侧面金桁相交点之上，下皮做成桁椀扣住两金桁交点。角梁像一条尺寸放大，断面方形，45°角斜置的大檐椽。从受力上看，老角梁是仔角梁的支座和加强梁，仔角梁和老角梁间的多点接触传力可以自动分配荷载保证檐角平衡，老角梁像个秤杆。

角梁上扒有下由戗（qiang）和上由戗直抵雷公柱，雷公柱坐于太平梁上，太平梁简支在上金桁上。上金桁头落在顺扒梁上。见翼角檐结构图和庑殿推山结构平面图（图7.8）。

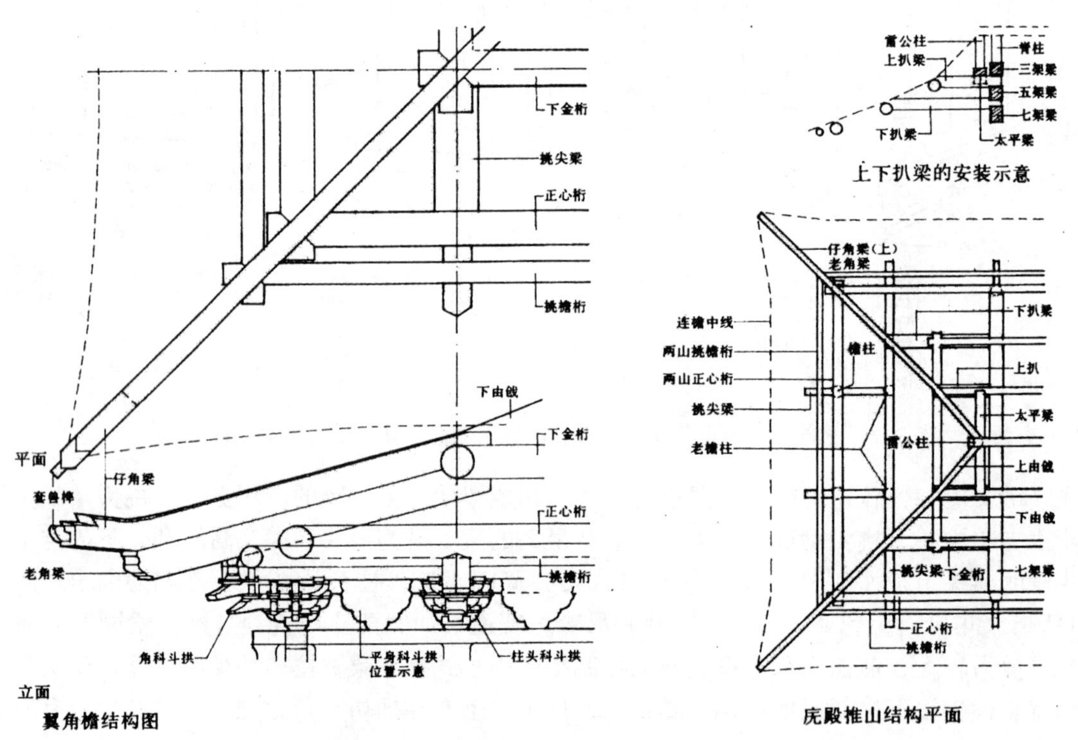

图7.8　（引自《建筑结构构造资料集》）

角梁的斜向布置成为梁架平面外稳定支撑体系的最终支托，改善了屋盖整体性和刚度。

整体看来，只要各构件可靠联结，梁架在一般的地震作用下不会散架，在考虑地震作用时，整个屋盖可视作整体空间刚度很大的一个低矮刚块。它最危险的破坏方式将是从支座上整体滑落，称为“落架”，是主要应防止的。

7.6 梁架层整体抗倾覆稳定性

对整个梁架层，由于铺作层的层层分离，屋盖及梁架整体可等效为带坡面的刚性整体。如简图7.9示。

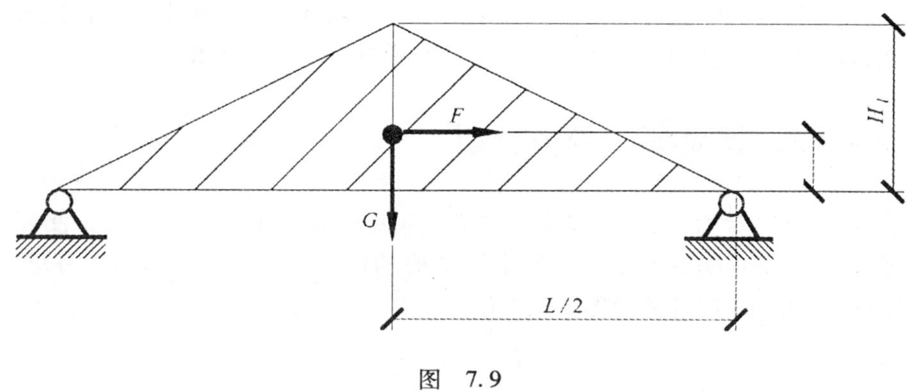

图 7.9

设梁架层刚块总质量为 m_l，水平作用力为 F。房屋通进深（即梁架跨度）为 L，梁架竖向高度为 H_l，斗栱层与梁底面及其间各层水平接触面最小摩擦系数为 μ_2，用静力来分析。按《营造法式》中“举折之法”规定“瓦屋四分”，即 $H_l/L=1/4$。取梁架层重心高度为 $H_l/3$。梁架层作为一个独立刚块，只要满足

$$FH_l/3 < GL/2$$

梁架就不会有绕一侧支点抬起倾转的趋势。

代入 $H_l/L=1/4$，上式即为

$$F < 6G \tag{7-1}$$

可作为梁架在竖直平面内不翻起转动的临界判别条件。实际水平荷载不会太大，上式容易满足。

如果与柱架一起考虑，μ_1 为柱架与柱顶石之间的摩擦系数，设柱架质量可以忽略，要

$$F \leqslant \mu_1 G < \mu_2 G \tag{7-2}$$

梁架就不会在柱架层以上发生相对滑移。即若 $\mu_2 > \mu_1$，梁架层将不会在柱架上发生相对滑移。

因为 μ_2 一般小于1，式（7-1）、式（7-2）相比，显然有梁架不会在滑移前翻起转动。

对于设铺作层的大型殿堂结构，柱架层和斗栱质量设为 m_z，梁架层质量为 m_l。若 m_z 在总重中所占权重较大，若有

$$\mu_2 m_l g > \mu_1 (m_z + m_l) g$$

即

$$(m_z + m_l)/m_l < \mu_2/\mu_1$$

梁架与柱架层间就会有相对滑移的可能。反之，若梁架占有足够大的权重，使

$$(m_z + m_l)\ /m_l > \mu_2/\mu_1$$

始终成立，梁架将总不会脱离柱架滑移。

可见，古建筑屋顶不能太轻，由于木与木间摩擦系数与木与石镜面间摩擦系数相比并没有明显大出，只有屋盖部重量比柱及额枋大出很多才可以保证层间不滑移。古代殿堂在屋顶上使用硕重的陶制鸱尾、金葫芦、脊砖等配重，其用意可能正在于此。

7.7 梁架结构计算简图和静力分析

殿堂的梁架都是“替力梁架”，是由几层简支梁叠合构成的。为了计算方便，暂时把叉手和蜀柱合并成一个既可竖向承重，又可水平抗剪的构件，以《营造法式》中十架椽八铺作分心槽殿堂梁架为例，取计算简图如7.10。

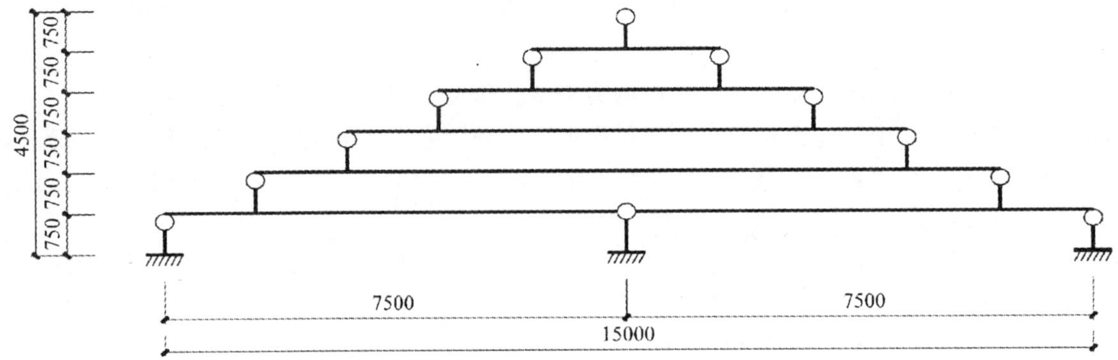

图7.10 梁架计算简图（单位：份）

竖向荷载下内力分析，为便于计算比较，并与前文呼应，仍取每檩负荷为P，房脊较重，增加$1P$，忽略梁架自重，其竖向荷载分布可按图7.11。

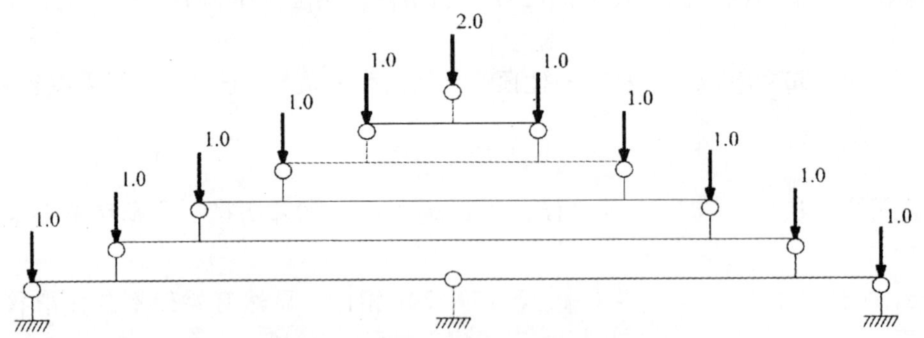

图7.11 梁架竖向荷载分布图（单位：P）

计算其内力，梁弯矩如图7.12，梁剪力如图7.13，蜀柱轴力如图7.14。

水平荷载下作用下的内力分析，各节点水平荷载按梁架整体滑移前的最大静摩擦

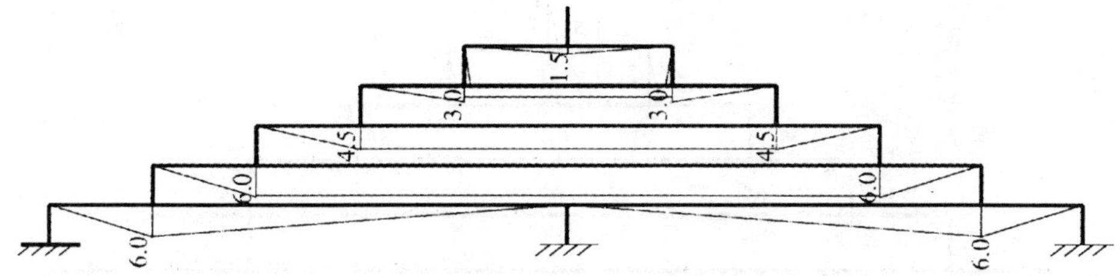

图 7.12　竖向荷载下梁弯矩图（单位：$P \times 1000$ 份）

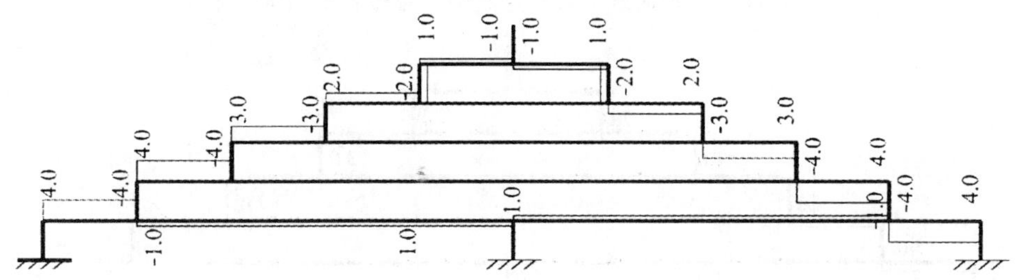

图 7.13　竖向荷载下梁剪力图（单位：P）

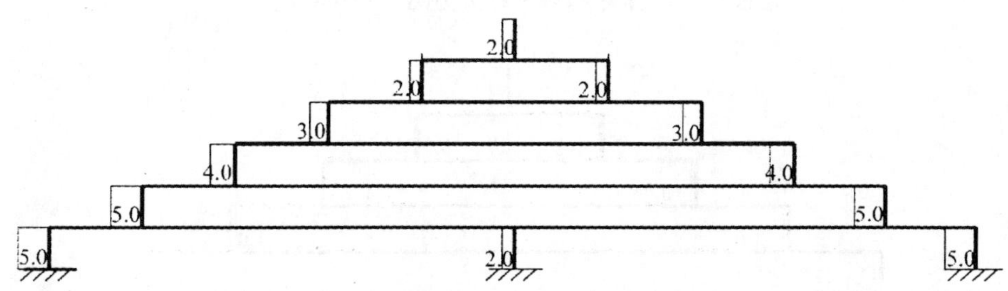

图 7.14　竖向荷载下梁架轴力图（单位：P）

力，取 0.5 倍竖向荷载，其分布如图 7.15。

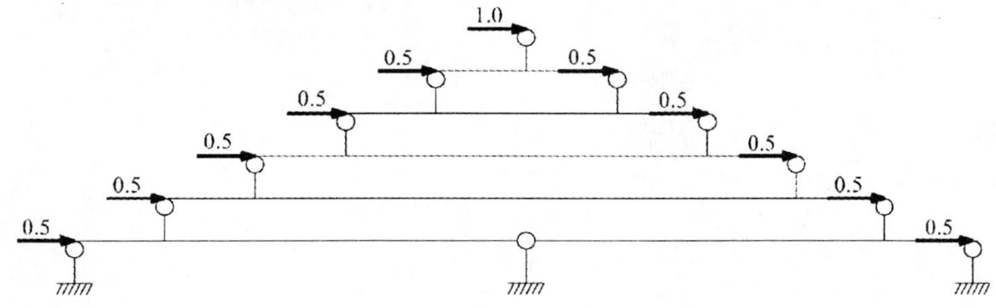

图 7.15　梁架水平荷载分布图（单位：P）

计算其内力，梁弯矩如图 7.16，蜀柱剪力如图 7.17，蜀柱轴力如图 7.18。

将竖向与水平荷载同时考虑，可将二者内力图叠加，即可获得梁架最大内力。

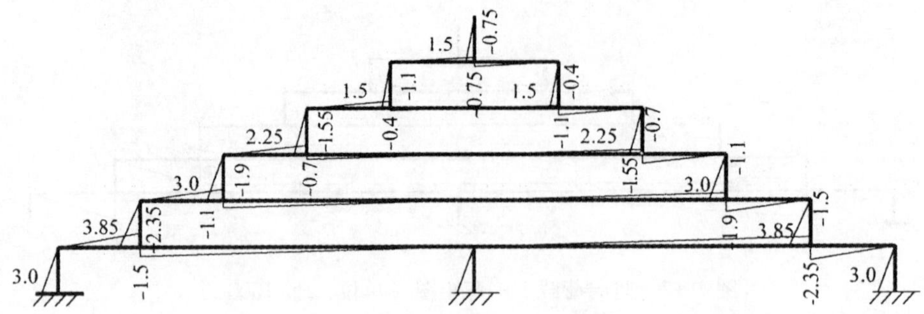

图 7.16　水平荷载下梁架弯矩图（单位：P×1000 份）

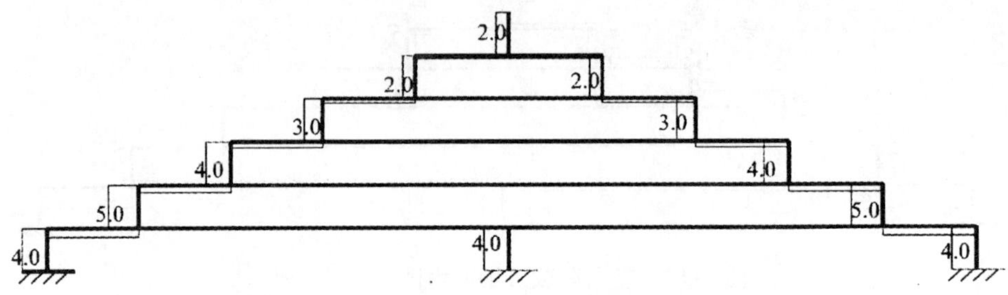

图 7.17　水平荷载下柱剪力图（单位：P）

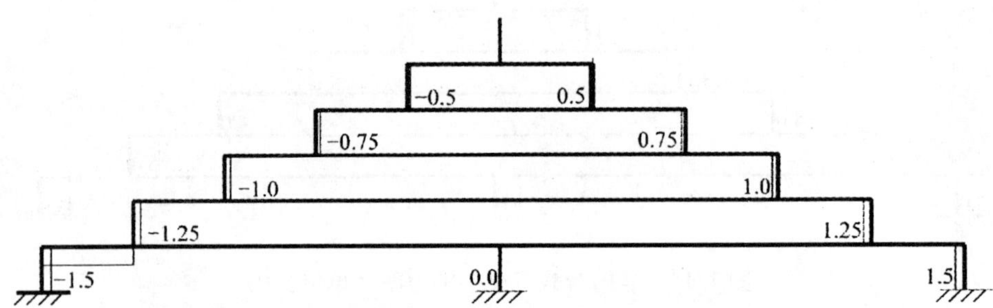

图 7.18　水平荷载下柱轴力图（单位：P）

第八章　殿堂木构架抗震性能试验研究

8.1　古建筑的震害表现总结

中国地震局工程力学研究所杨亚弟等根据历史资料，分类整理推断，列举出了一些古建木结构典型的震害：

8.1.1　低烈度区

（一）6 度区：

（1）故宫：明永乐十八年（1420 年）建，明、清年间多次修建。1976 年唐山地震中北京地区大多数古建筑完好无损，仅少数出现震害。神武门城楼为重檐庑殿顶木结构，面宽 7 间，进深 3 间，城台高 10m，地面至楼顶总高 31m。震后，后檐西半部檐柱普遍向西南移动，最大达 4cm；交泰殿为单檐四角攒尖方形木结构，震后，4 根金柱柱脚出现位移，最大 2cm，山墙两处开裂。

（2）颐和园：原金朝行宫，光绪十年、二十九年重修建。其中，仁寿殿为周围廊式歇山卷棚顶木结构，面宽 3 间，进深 3 间，震后，金柱、檐柱间穿插坊有拔榫现象，个别斗栱压裂变形。

（3）德胜门箭楼：明正统元年间，康熙十八年震毁，后重建。城台高 12.6m，箭楼高 19.3m，九檩歇山顶木结构，面宽 7 间，进深 2 间。震后，顶层檐墙和山墙大部分震塌，椽飞拔尾折断，排山柱向西南倾斜。

（二）7 度区：

（1）清孝陵 碑楼：木结构歇山琉璃瓦顶，北坡垂脊、戗脊毁坏；明楼：木结构重檐琉璃瓦顶，上层正脊、垂脊、戗脊震塌；隆思殿，木结构重檐琉璃瓦顶，下层东北角戗脊震落。

（2）独乐寺观音阁：位于蓟县，唐代始建，历经多次修建，乾隆十八年（1753 年）大规模重建。三重檐歇山顶木结构，面宽 5 间，进深 4 间，高 23m。据文献记载，该阁至清末共经历地震 36 次，其中在康熙十八年（1679 年）平谷 8 级地震中，附近其他建筑物基本倒平，只有观音阁屹立未倒。唐山地震后该阁基本完好，仅局部墙皮有横竖裂缝。

8.1.2　中等烈度区

（1）净觉寺：位于玉田县，始建于唐代，光绪年间重建。震后，寺内石碑坊个别柱劈裂，石柱与木梁间出现裂缝；大殿屋顶氏鸱尾及四角戗脊走兽震落；藏经楼正脊和鸱尾部分震坏跌落；东配殿垂脊震落；西配殿正脊及檐头震裂，山墙有 3 道裂缝，其中一条裂缝到顶，明间压条石向东错动 7cm。

（2）天后宫大殿：位于天津市区，元泰安三年（1326 年）建，明代多次修建。单檐庑殿顶木结构，面宽3间，进深3间，总高9.2m。震后，大殿基础明显不均匀沉降，南面大额坊在柱头上拔榫，殿后尾抱厦明、次间檐檩拔开，西北角砖墙倒塌。

（3）孔庙大成殿：明正统元年间（1436年）建，清代重修。单檐歇山顶木结构，面宽7间，进深3间。震后，西侧垂脊震塌，西鸱尾震落。

8.1.3　高烈度区

（1）通海地区，1970年通海7.8级地震中，位于9度区的聚闺阁（3层，高17.5m）受损轻微，木构架完好。

（2）海城地区，1975年海城7.3级地震中，位于9度区的3座清代木构架建筑文昌阁、三学寺和关帝庙出现柱脚移位，维护墙开裂等震害，但木构架基本完好。

（3）应县木塔，高67m，是现存尺度最高、体量最大的木构架多层楼阁建筑。文献记载，由辽代到明代经历“大震凡七，而塔历屡震屹然壁立。”明代后至今，塔经历战争炮击，及1976年唐山7.8级地震，应县处于9度区，塔仍安然无恙。

研究以上震害，得出了大型木结构古建筑具有较好的抗倒性，但在6～8度地震区内其震小害并不少见，如唐山地震中，玉田县8度区的净觉寺、遵化县7度区的清东陵、天津市8度区的天后宫、蓟县7度区的观音阁及北京、承德地区6度区内的故宫、颐和园、北海、避暑山庄等处的古建筑震害表明中、低烈度下一些非结构构件易损坏：

①屋面系统的正脊、垂脊、戗脊的破坏、震塌或跌落，脊兽、吻兽等震坏、跌落。

②围护墙、山墙的开裂、倾斜或倒塌。

③木构架局部出现拔榫、节点脱节现象，个别柱脚发生显著位移。

这些震害记录，是揭示古建筑木结构防震、抗震机理的外在客观证据，可以用来检验试验和理论结论的正确与否。

8.2　试验研究方案

综合分析中国古代大型殿堂木结构的抗震机理，按照前面试验结论，可以推测其抗震措施，除了和所有建筑结构一样的对结构承载能力和能够正常使用的变形要求之外，中国古建筑木结构所具有的独特之处可能主要在于以下几方面：

（1）柱与基础断离，采用基础顶光滑水平面简支构造是基础隔震、消振的主要方法；

（2）通过最大静摩擦力控制结构最大底部剪力，通过控制结构高宽比来保证房屋总体抗倾覆稳定；

（3）柱架榫卯良好的变形、持荷和斗栱良好的转动、持荷、自动复位能力是上部结构消能减震的关键方法。

本课题1999年获得了国家自然科学基金资助，使我们有条件开展一系列较系统的试验研究。古建木结构整体的抗震性能的验证是试验研究的最重要的一项内容。

我们严格按照宋代《营造法式》里的规定，建造了一间抬梁式殿堂结构模型，对它进行了一维的模拟地震振动台试验，对上述推论进行验证。

（1）模型制作：

模型为《营造法式》中的殿堂式结构，又称作“抬梁式”。结构具有相对独立的台基层、柱架层、铺作层、梁架层。抽取宋二等材四柱构成的单间柱架，严格按照宋代《营造法式》中所规定的材份制度制作，如图 8.1 所示。

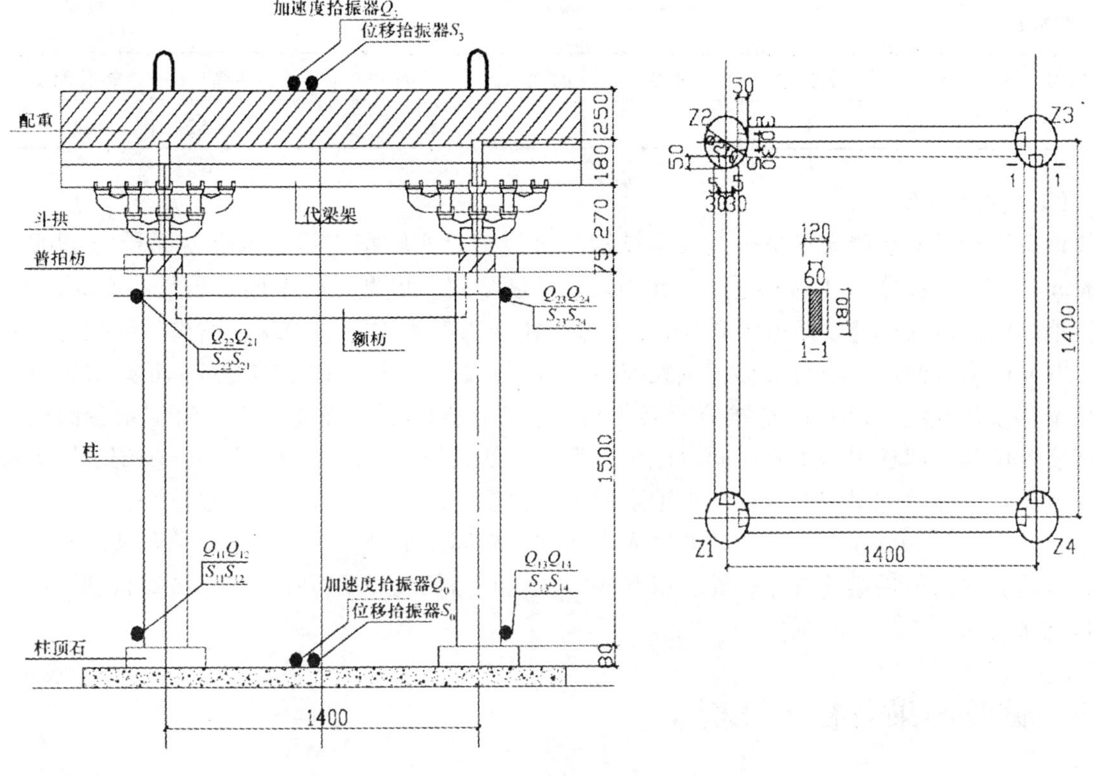

图 8.1

柱顶石选用青石，表面按古代工艺磨光，嵌固在振动台面上。柱架选材为东北红松，柱与额枋间采用燕尾榫连接，柱头上施普拍方。榫卯尺寸与前述柱额低周反复荷载试验相同。斗栱选用阔叶材山榆木。斗栱原形为柱头八铺作计心造，模型只取梁底两跳制作，其上部梁架及屋盖由一层梁托和整块钢筋混凝土配重板代替，不影响斗栱的构造功能，较好的保证了铺作层和柱架层的受力情况不失真。按照古代构建方法，结构竖向分层：四块柱顶石板嵌固于振动台台面上，安装时保证柱顶石顶面光滑水平，顶面在同一标高。木构架直接放置于柱顶石的水平顶面上，柱底平面与石板间平顶接，无任何拉结、无抗剪键；柱头及搭头木（额枋）上铺设普拍方，斗栱安放在普拍方上，栌斗底平面与普拍方之间无穿销、无拉结，栱为两层横木交叠磊置，层间水平交接面上无卡销、无粘结；屋盖梁架通过小斗直接安放在四攒斗栱上，无穿销、无拉结。模型缩尺比例为 1∶3.52（即 1cm∶2 分$_{=}$，以减少尺寸换算误差）。

（2）配重设计：

实际模型仅为一间，屋面荷载、梁、檩、椽、脊砖等粗略估重按建筑面积约 1.8t/m^2。

按照缩尺比例，对结构配重进行了计算，采用满配重，配重总和折合2400mm × 2400mm × 250mm 厚混凝土板，总配重 36kN（3.6t）。混凝土配重板板底留槽嵌套在梁架上。

柱架及斗栱合重 4kN。

柱顶石质量 2kN。

试件总质量 42kN（4.2t）。模型比例参数列于表 8.1。

表 8.1

项目	尺寸	面荷载	应力	加速度	时间	速度	弹性模量
比例	1/3.52	1	1	1	$1/\sqrt{3.52}$	$1/\sqrt{3.52}$	1

（3）测试方案：

该振动台试验在西安建筑科技大学结构与抗震重点实验室进行，振动台面积为 2200 × 2000mm²。试验采用 EL Centro 波，Taft 波及正弦波分别对模型进行单向、重复、连续输入。模拟地震波的输入加速度幅值为 $0.05g \sim 0.9g$。由于古建木构不同于现代结构，结构竖向分层，并允许构件间产生相对滑移，试验前对各构件初始位置作了详细的测量标记。以备观察震后滑移累积状况。12 枚磁电式拾振器分别安装于：振动台台面 2 枚，同时记录台面输入加速度及位移；四柱根各 1 枚，同时记录柱根加速度或位移；四柱头各 1 枚同步记录柱头加速度或位移；屋盖配重板上 2 枚同步记录屋顶加速度和位移反应。这样，整体结构竖向四个层段上的同一指标可以在一次振动波输入中作到全程同步记录。并采用振动荷载法测量每级模拟地震波输入前后结构自振特性。以观测古建木结构的地震反应，对结构抗震机理及性能进行初步分析。

8.3 试验结果及初步分析

2001 年 12 月至 2002 年 7 月，模拟地震振动台试验在西安建筑科技大学结构实验室的 2m × 2.2m 振动台上进行。先后进行了四组试验，总历时 8 个多月，现场除了进行电脑数据采集，还进行了照相和录像拍摄，获得了一大批宝贵的数据（图 8.2）。

图 8.2　振动台试验现场照片（右边为赵鸿铁教授）

按照预定方案，各结构层间隔振效果由上层与下层绝对加速度 a_k 与 a_{k-1} 比较测出；柱与柱顶石之间的相对滑移可由柱根绝对位移与台面绝对位移的实时差额测出；榫卯的转角，假定额枋纵轴线始终保持水平，可由柱头与柱根绝对水平位移差除以柱高测出，而斗栱转角或滑移则可通过屋盖与柱头位移差除以斗栱层高测出。

在附图表中列举了台面输入峰值加速度为50Gal 的 taft 波、100～900Gal 的 EL Centro 模拟地震波时结构各层加速度及位移比较时程曲线，峰值加速度分别为50Gal（图 8.3、图 8.4）、100Gal（图 8.5、图 8.6）、200Gal（图 8.7、图 8.8）、400Gal（图 8.9、图 8.10）、800Gal（图 8.11）、900Gal（图 8.12）。加速度单位为 Gal（0.001g），位移单位为 mm（0.001m），时程记点频率 200Hz。

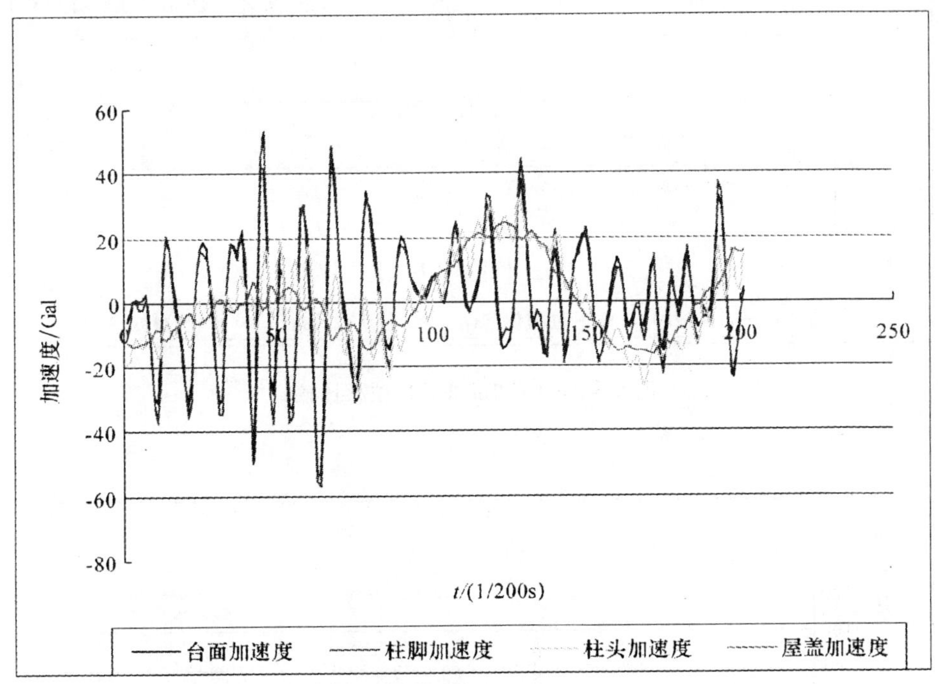

图 8.3 50Gal taft 波加速度比较

由 50Gal taft 波各层加速度比较图线可以看出柱根与台面输入加速度时程曲线几乎完全重合，说明此时柱脚与础石间一起运动，振动的台面需要以摩擦力带动柱脚一起运动。正如柱础摩擦试验所显示，超出最大静摩擦力前，摩擦力大小取决于上部结构运动趋势的强弱，即运动所需加速度，这种运动趋势由柱脚变形或发生相对位移产生，表现为柱脚测得位移一定与础石顶面位移有微小差额。柱头及屋盖处加速度数值较小，若以单质点体系层间剪切振子模型近似考虑，结构“动力系数”，若仍取质点的最大绝对加速度比地面最大加速度放大的倍数：

$$\beta = a_{3\max}/a_{0\max} = 29.96/60 = 0.5$$

值得注意的是，结构为相对柔性结构，不同于钢筋混凝土等刚性较大的结构，各层振动反应峰值的到来并不同相位。随着输入加速度幅值由小变大，对整个质点振子来说结构“动力系数”并不恒定，各层最大加速度幅值及相应 β 值统计列于表 8.2。

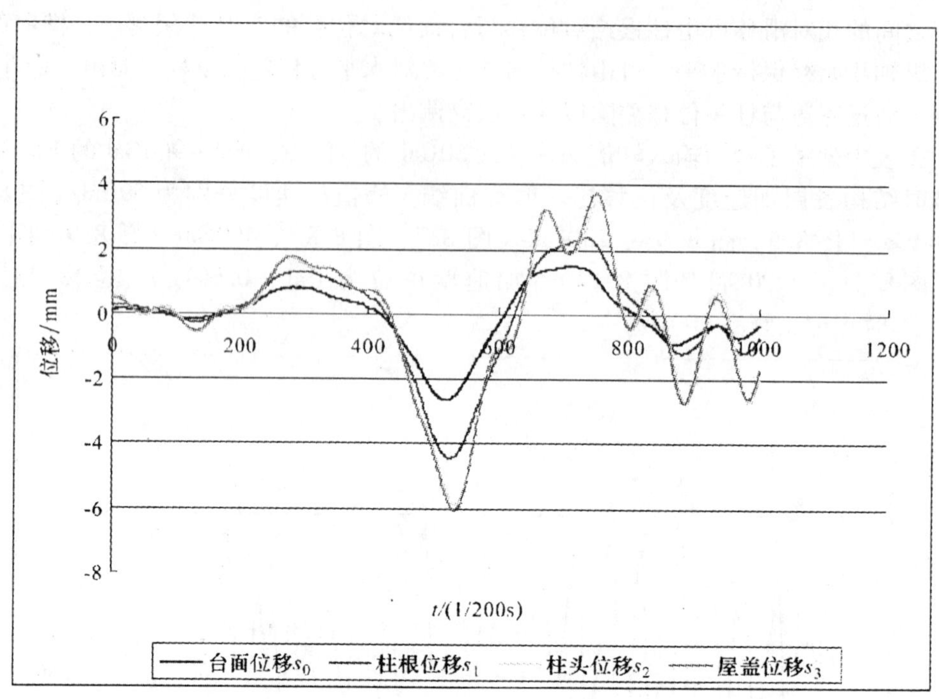

图 8.4　50Gal Taf 波各层位移比较

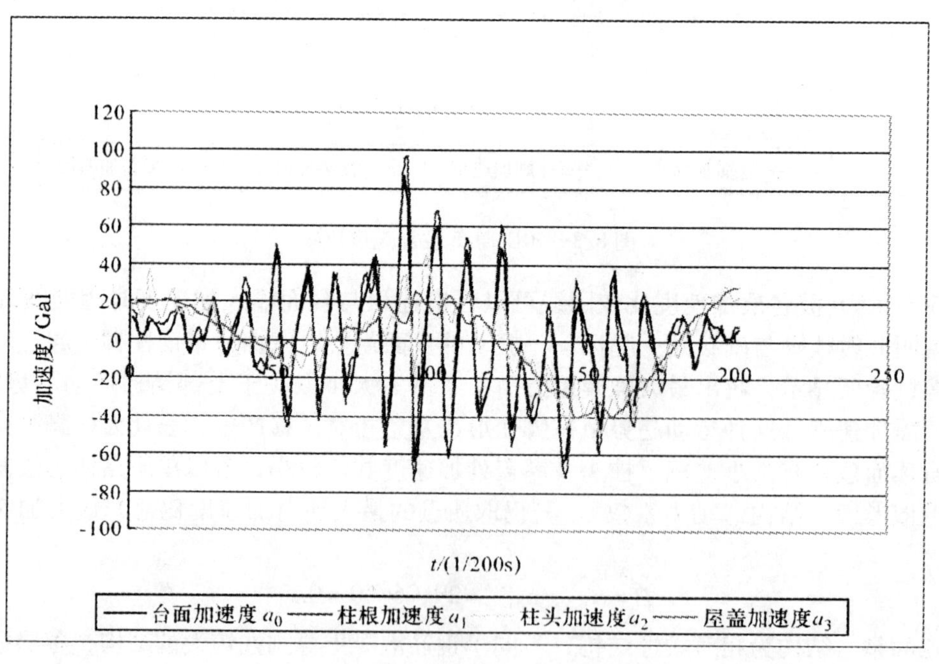

图 8.5　100Gal El 波各层加速度比较

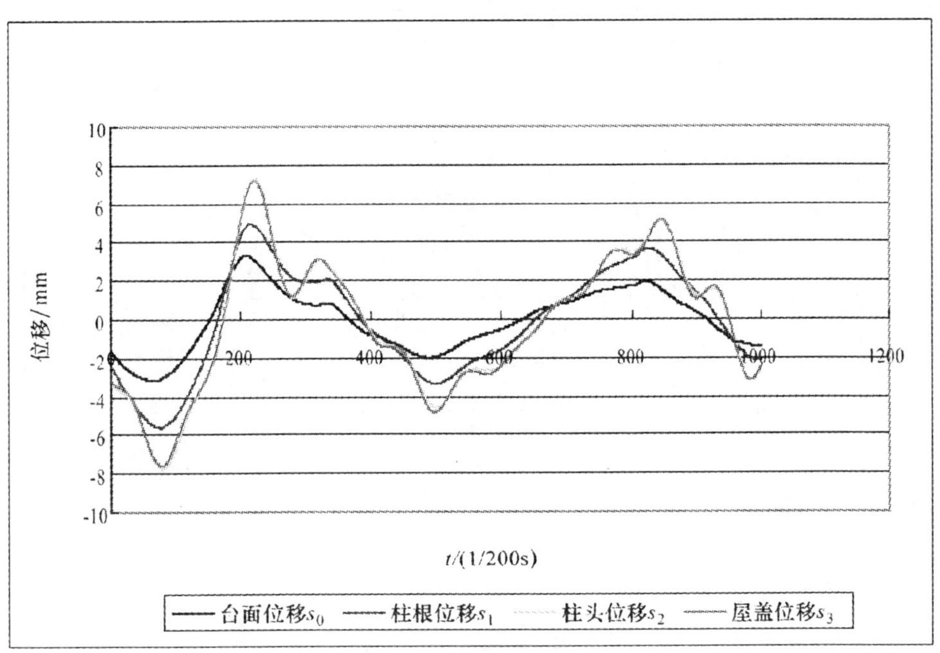

图 8.6　100Gal El 波各层位移比较

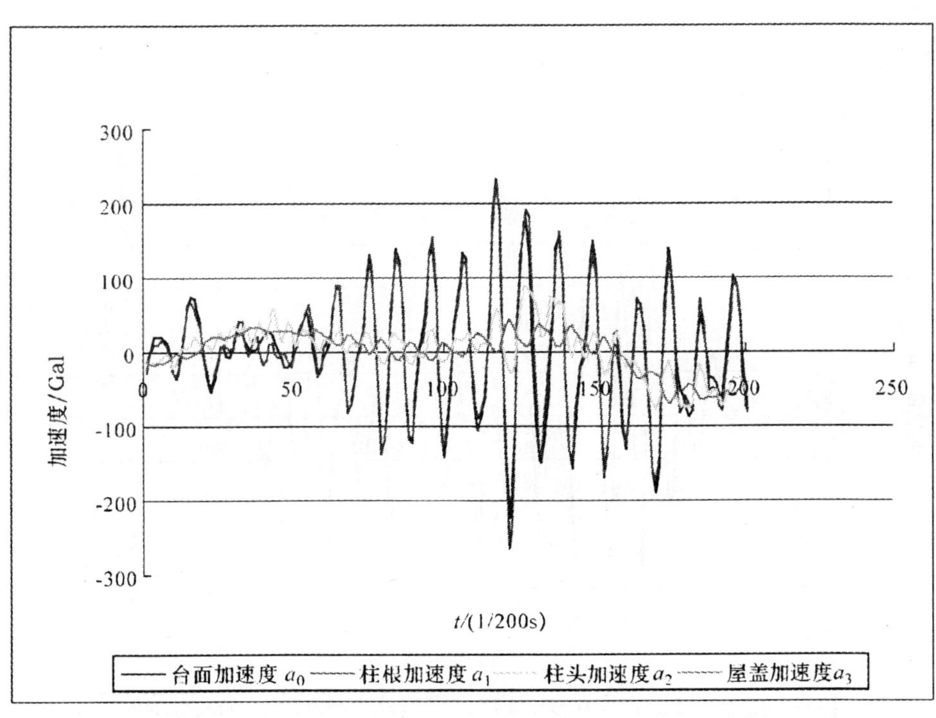

图 8.7　200Gal El 波各层加速度比较

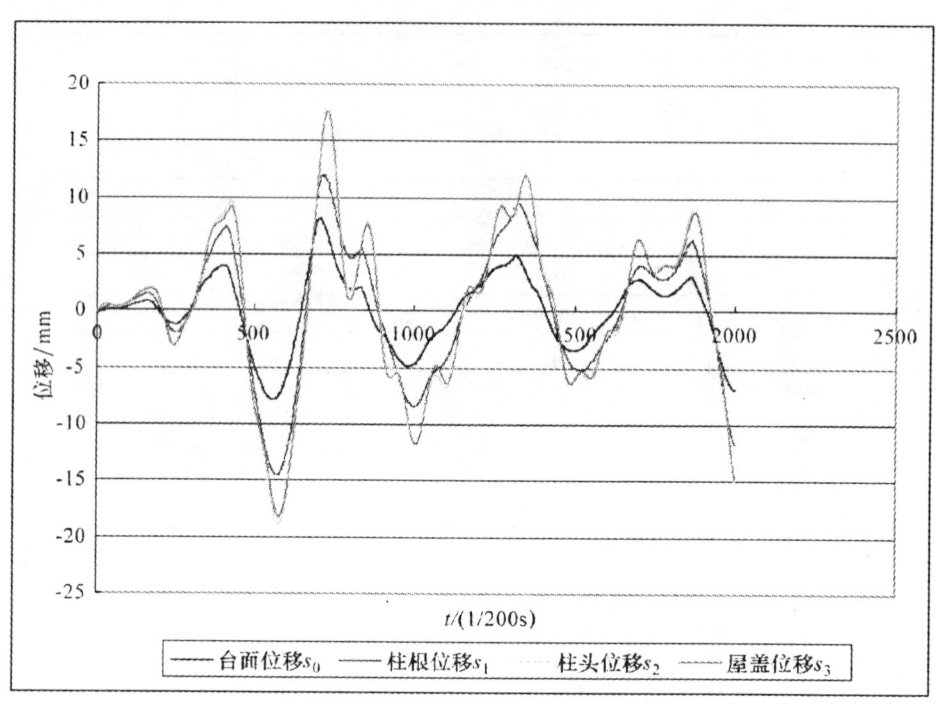

图 8.8　200Gal El 波各层位移比较

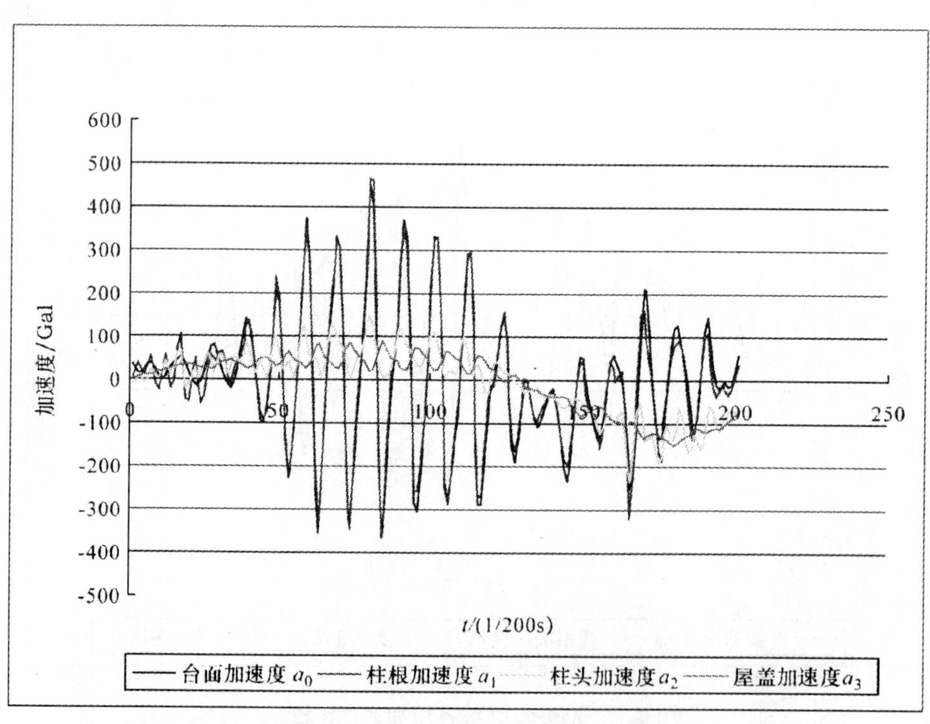

图 8.9　400Gal El 波各层加速度比较

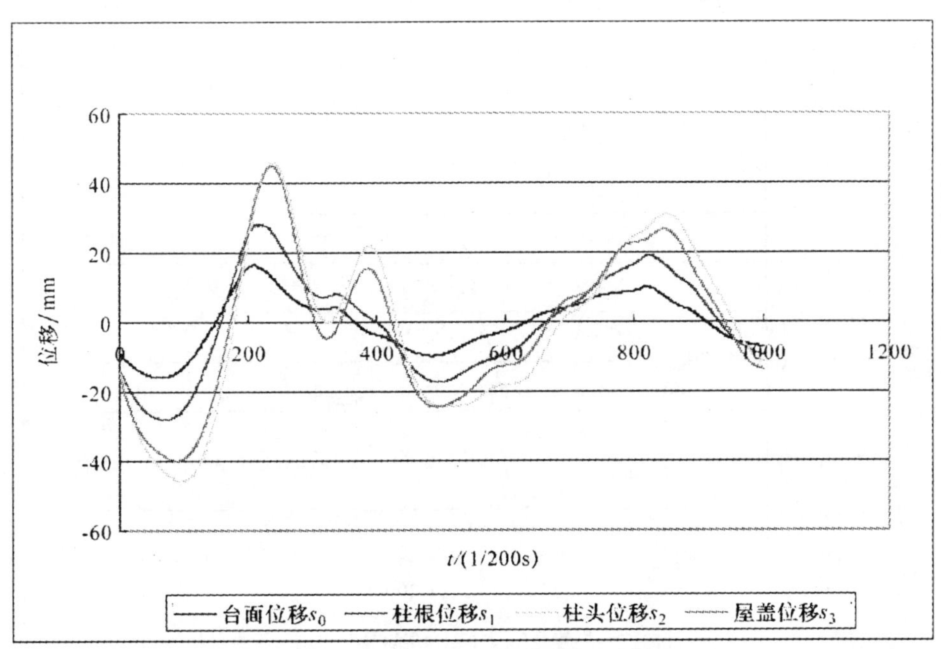

图 8.10　400Gal El 波各层位移比较

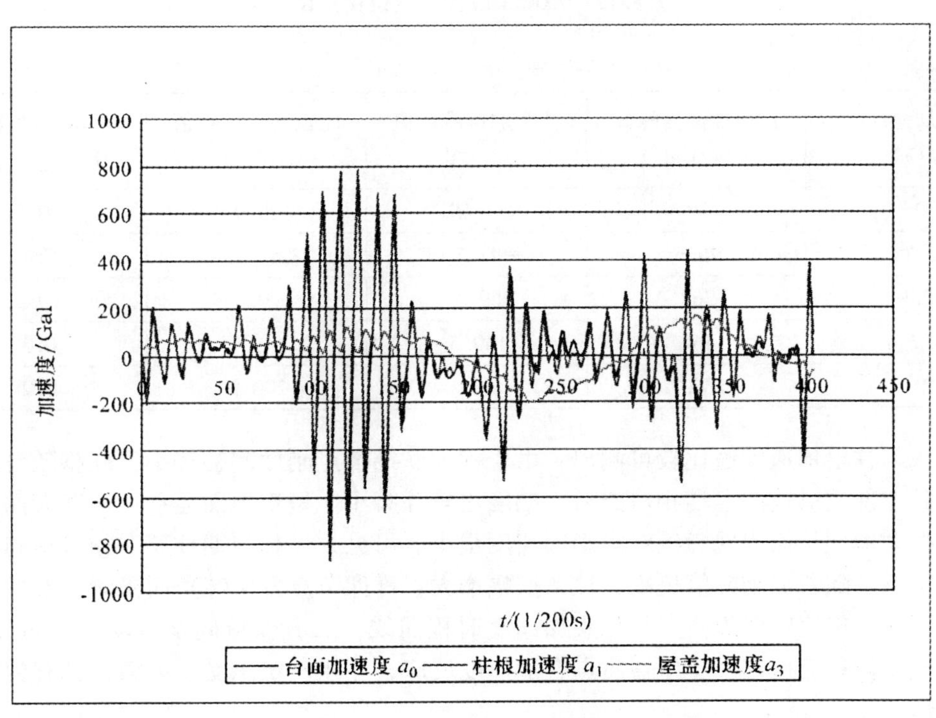

图 8.11　800Gal El 波各层加速度比较

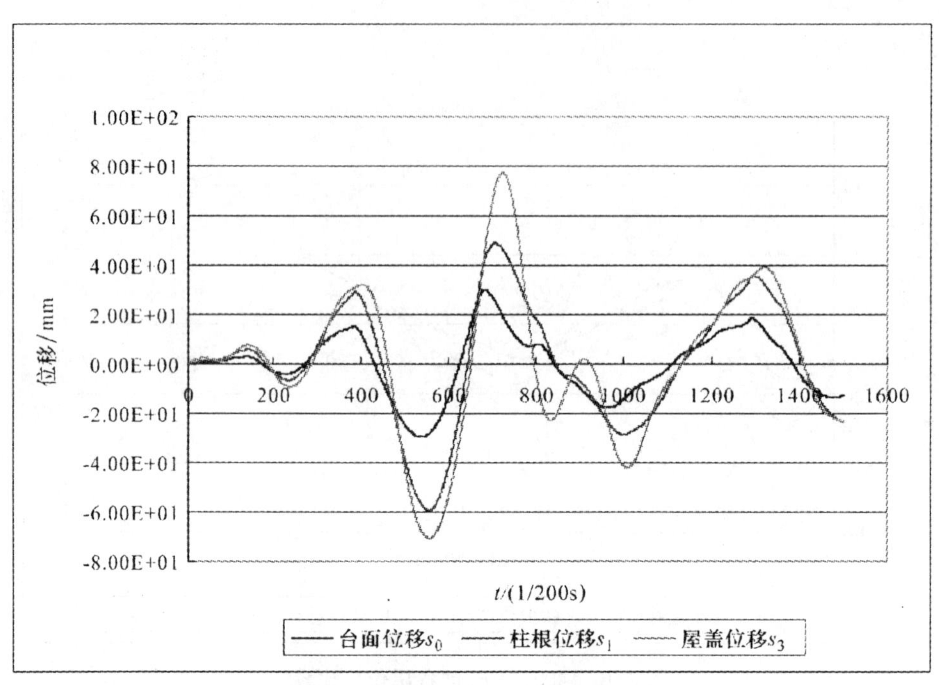

图 8.12　900Gal El 波各层位移比较

表 8.2

台面输入加速度峰值 a_0/Gal	柱根加速度峰值 a_1/Gal	柱头加速度峰值 a_2/Gal	屋盖加速度峰值 a_3/Gal	动力系数 β（a_{3max}/a_{0max}）
60	79	37.59	29.9	0.5
86.7	96.6	47.5	40.6	0.47
233.9	262	89.3	70.0	0.3
452	464	149.5	149.7	0.32
712.4	786.7		200.9	0.28

由柱头与柱根加速度值比较可测出，由于榫卯联结节点刚度起初较小，柱脚随台面运动时柱顶及其上部质量块的运动相对滞后，幅度也较柱脚小。呈现地面运动加速度大而上部质量因结构振动周期长而表现为绝对运动加速度很小。可见柔性长周期柱架对相对短周期地面加速度不敏感。随着振动幅值提高，柱架摆幅增大，榫卯节点发生转角而张紧，上部结构加速度相应变大。再比较屋盖质点与柱头加速度时程曲线，二者保持同步运动，无明显差异，斗栱层有较小侧移变形，由于屋盖质点有加速度反应，斗栱一定承受了剪力，且有剪切造成的侧移变形。

参看图 8.3 至图 8.12，将各级地震作用下各相邻构造层段的位移差及转角统计列于表 8.3。

表 8.3

台面输入加速度峰值 a_0/Gal	柱根与台面最大位移差/mm	柱头与柱根(高差 1500mm)		柱头与屋盖(高差 700mm)	
		最大位移差/mm	柱最大弦转角/弧度	最大位移差/mm	斗栱最大弦转角/弧度
60	1.9	1.7	0.001	0.4	0.001
79.35	2.6	2.4	0.002	0.4	0.001
244.9	7.2	6.5	0.004	1.6	0.002
404.2	13.2	21.6	0.014	7.6	0.011
888.6	32.1				

由 50Gal taft 波各层位移记录可看出柱头与屋盖间只有微小位移差，即斗栱层无明显变形或侧移发生，但柱根与台面间已有摩擦力，相对运动趋势表现为峰值处微小位移差，一方面可能由于柱脚稍高于台面，拾振器标高距台面约 15cm，上部结构摆动位移比台面大，因而柱脚位移应比台面位移幅值稍大；另一方面，由于柱脚与石镜面间的搁置断离关系，连接为非连续性，上部结构由台面摩擦力带动被动运动，当台面输入位移方向变换时，原惯性运动方向被迫换向，柱脚木材横截面参差不齐的纤维发生柔性变形会造成柱脚加速度随动滞后，柱脚惯性加速度瞬时大出，造成柱脚相对于古镜面的蠕动滑移，由图 8.4 可看出柱脚位移的滞后，柱脚位移大出础石顶面位移。这种滑移在输入加速度峰值还很小时就已经出现，幅度并不大，但随着振动持时累积，图 8.13 是输入峰值加速度 300Gal 以前，对已经小幅振动历时数小时后的柱脚现场拍摄的照片，可以清楚地看到这种蠕动滑移的累积，这种蠕动滑移也具有消振作用。可能由于试件内部结构误差，四个柱脚所出现的蠕动滑移并不同步，方向也不完全一致，有的柱脚甚至还有略微的扭转。

图 8.13　柱脚蠕动滑移的现场照片

柱头相对于柱根的摆动很明显，相对最大幅值 1.3mm，摆动周期 0.41s，与震前测得自振周期相近，与输入波的周期似乎无直接相关性，见图表7。分析其主要原因是结构较柔，自振周期长，是输入地震波周期的很多倍。榫卯的换向挤紧、斗栱的换向受力都会造成质点反应滞后于地震动的位移输入。在质点一个振动周期里台面输入位移有多次正反向相互抵消，总体表现为质点实际获得的地震能量并不多。质点基本处于一种悬浮状态。随着输入加速度的逐级增大，柱根与台面之间的滑移越来越显著，多次振动的滑移量会正反向抵消，差额会有所累积，实际残余滑移总量并不大。这种滑移是上部结构换向摆动前的蠕动滑移，并不是台面加速度超过柱底摩擦系数造成的上部结构整体滑移。

台面输入100Gal时蠕动滑移变得更加显著，多次振动后余滑移累积总量不大。这表明柱顶石在柱脚外围预留的滑移区域并不需要很大。视结构整体为单质点体系，质量集中于屋盖处，质点水平惯性加速度始终很小，上部结构会在水平石面上蠕动滑移，由摩擦力作功消振。

随着输入加速度的逐级增大，除了柱底蠕动滑移明显发生外，柱头的摆幅也逐级增大，台面输入400Gal时柱侧移角仅0.01弧度，台面加速度为900Gal时，柱头最大摆幅达30.2mm，侧移角0.02弧度，即使如此，这一侧移并未造成柱额榫卯连接破坏（见图8.8及图8.9）。由榫卯的几何尺寸可知，脱榫时柱头侧移可达50mm，低周反复荷载试验表明榫卯本身具有相当可观的张角抗弯能力。构件仍处于弹性阶段，但节点经历较大弯矩作用后有所松动，榫卯经多次挤紧挤压有塑性变形累积。这一点通过大震前后结构自振周期的变化可以测到。由于本模型未设“侧角”、“生起”，柱架摆动过程中，各柱头标高始终相同，测量显示各柱头侧移、弦转角也无明显差异，表明模型间架具有较好空间刚度。

“动力系数”小于1，充分说明了榫卯、斗栱的减振作用。如果不使用榫卯，柱架刚度会很大，若柱架及斗栱抗侧移刚度都很大，质点的加速度应接近柱脚测得的加速度，结构整体将接近刚体的反应特征。试验结果正相反，表明榫卯有显著的减振作用。木柱本身剪切和弯曲变形很小，柱架侧移柔度主要依赖于榫卯张角变形柔度，榫卯张角变形消耗了绝大部分振动能量，表现为柱头测得的加速度已经很小。若没有斗栱层的减振作用，质点加速度应为柱头加速度。柱架消耗的地震能量可由$\frac{1}{2}ma_1x-\frac{1}{2}ma_2x$求出，$m$为质点质量，$x$为质点绝对位移。斗栱的转动挤紧侧移变形又使由柱头传上的振动作用显著减弱。榫卯刚度增大后柱架弹性摆动幅值增大，柱头加速度较柱脚已经变小，以该振动作为对斗栱及以上结构的输入，屋盖质点又相对于斗栱振动，屋盖质点与柱头输入的加速度基本保持相对反象位，即说明斗栱层的减振作用，其小周期为斗栱层的自振周期，由图8.3看出约为0.02s，一个小周期消耗的振动能量约为$\frac{1}{2}m(a_3-a_2)\Delta x_{3-2}$，$\Delta x_{3-2}$为质点相对于柱头的位移量。图8.14为模型柱架和斗栱的现场照片。

斗栱层的变形比较复杂，台面输入200Gal以前屋盖质点与柱架间几乎无相对变位，输入为200Gal以上的位移比较图线中显示出屋盖质量块与柱头间有微小位移差，台面输入400Gal时最大为7.6mm，弦转角0.01弧度。屋盖相对柱头的水平位移差可能包括三种变形：斗栱剪切变形、斗栱整体转动和斗栱层间滑移。由于斗栱为横木顺长两层叠置，层间滑移的条件仍然是屋盖质点水平惯性力达到斗栱层间当时最大静摩擦力，振动起初屋盖质点绝对加速度较小，斗栱整体发生微小弹性剪切变形，斗栱层间无相对滑移，表现为质点随柱头同时摆动，位移相同；当较大的相对加速度输入时，且屋盖相对于柱头位移并不大，只有屋盖惯性力达到斗栱层间即时最大静摩擦力，才会引起斗栱层间相对水平滑移。屋盖质点加速度水平取决于斗栱所能传递的最大剪力。既使台面输入加速度幅值很大，柱架达到最大摆幅，而斗栱以上质量块的加速度仍可以维持在一个相对小值。

图 8.14　振动台模型柱架和斗栱的现场照片

即使台面输入的最大加速度接近 1000Gal，质点的最大反应加速度最大为 200Gal。但并不像一般的摩擦滑移隔震体系有一个较固定的上部质点最大隔震后加速度，且该加速度只取决于滑移面的摩擦系数。试验在台面输入 EL Centro 波峰值加速度 450Gal 时测得屋盖质点的绝对加速度峰值达到 149. 7Gal，柱脚加速度也不是只处于摩擦系数限值以内，显示结构提供了较大的恢复力或阻尼力。这说明结构各层间存在较大摩擦力。摩擦力变化的原因除去因接触面变形导致摩擦系数变化外，很可能由于斗栱相对柱架的摆动导致上部荷重块竖向变位，引起竖向加速度增加从而造成正压力增大，使柱底与础石间最大静摩擦力变大，上部各层间摩擦力同时变大。由于柱底面及础石面水平光滑度及材料均匀度都很好，摩擦系数变化的影响很小。质点竖向变位的情形应是主要原因。如图 8. 15 示。

每一攒斗栱像倒置的弹性球铰支座，栌斗顶在柱头中心，上部 5 个对称布置的小斗是梁架的支点，中部为矩形截面的栱材垒叠。屋盖质点相对柱头摆动，以摩擦力带动斗栱转动 φ 角时，梁架相对角顶点的位移为 $H\varphi$，斗栱高挑的一端因压重增加而被横纹压缩挤紧，试验可听到明显的挤紧声响。斗栱最远出跳端小斗处应发生竖向位移约为 $L\varphi$。由于一榀构架由两柱两攒斗栱构成，所抬梁架刚度很大，在两侧斗栱同时转动时，梁架及屋盖两端同时被抬相对柱头即时位置上移而并不倾斜。斗栱层间没有明显滑移发生，可观察到斗栱整体转动与竖向位移同时发生，可假定 $Y=\frac{H}{L}X$，方程两边对时间求导，有 $\ddot{Y}=\frac{H}{L}\ddot{X}$。即满足梁架屋盖相对柱头的水平加速度为 $\ddot{X}$，它同时也正以 $\ddot{Y}=\frac{H}{L}\ddot{X}$ 的竖向加速度被上举，在摩擦系数不变的情况下造成相对较大的层间摩擦力。斗栱转动造成支点后移，原竖直支承力变为以 φ 角斜向上方的支持力，其水平分力始终要把质量块送回初始的稳定平衡位置。对于这个支撑摆结构来说，重力始终要促使质量块回归到最低的最平稳的原位，重力始终充当着恢复力。

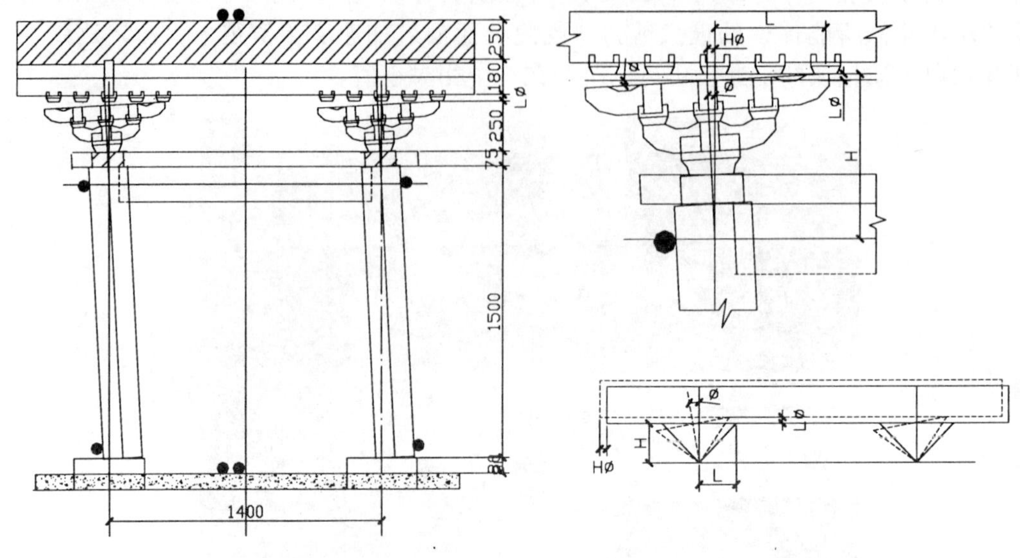

图 8.15

即使在结构遭受台面加速度为900Gal时，质点总体加速度最大只为200Gal。质点的绝对位移中，柱脚滑移占据了很大比例，质点与柱脚的相对侧移基本维持在400Gal时的水平，很显然结构吸收的地震输入受柱底最大摩擦力限制，超大的地震作用只能表现为上部结构整体滑移。

试验过程中同时记录了斗栱层层间侧移和屋盖质点加速度，图8.16、图8.17中显示了屋盖质点的加速度无量刚相对值与斗栱层层间位移的无量刚相对值之间的关系，二者密切相关，斗栱层转动越大，屋盖梁架获得的摩阻力越大。总体来看，不同时刻斗栱层间最大抗滑

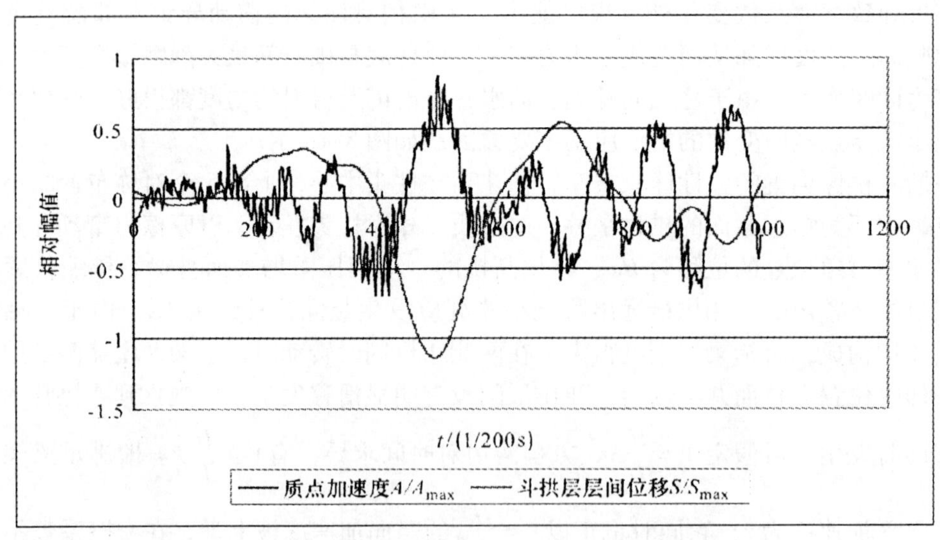

图8.16　400Gal Taf波质点加速度与斗栱层层间位移关系

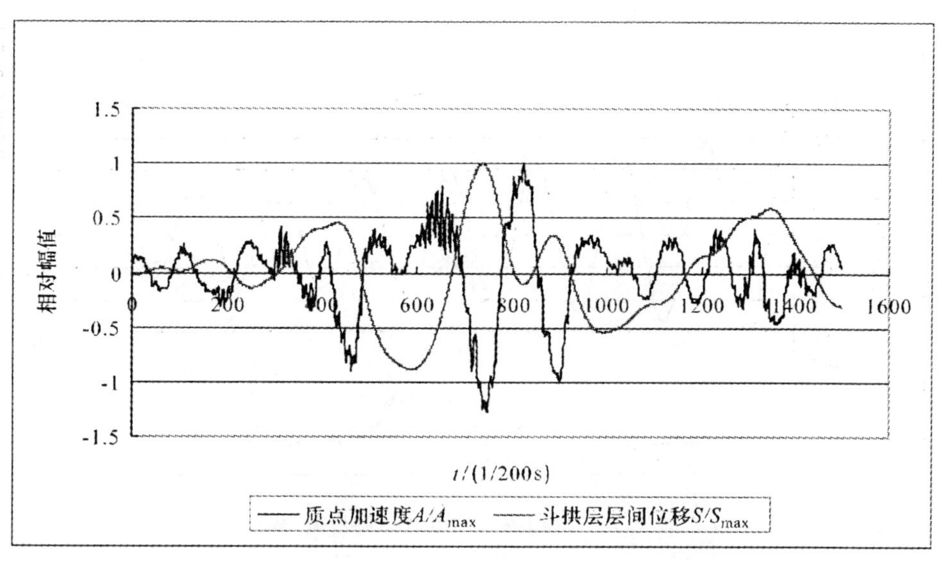

图 8.17　400Gal El 波质点加速度与斗栱层层间位移关系

移摩擦力并不相同，其大小与斗栱层弹性转角有关，而层间弹性位移转角可以较大，同时很难有层间滑移产生，即在质点振动剧烈时斗栱可以转动上举梁架，造成上部质量“超重”从而可以提供更大摩阻力来限制屋盖滑落。斗栱的弹性转动具有显著减振效果。

由于榫卯间的挤紧程度和斗栱构件接缝挤紧程度在不断变化，结构阻尼随位移振幅在变化，结构振幅越大阻尼越大。阻尼表现为滞后阻尼特性。

采用振动荷载法测得各级地震波输入前后结构自振周期及阻尼的变化如图 8.18、图 8.19 示，自振周期及阻尼比列于表 8.4。

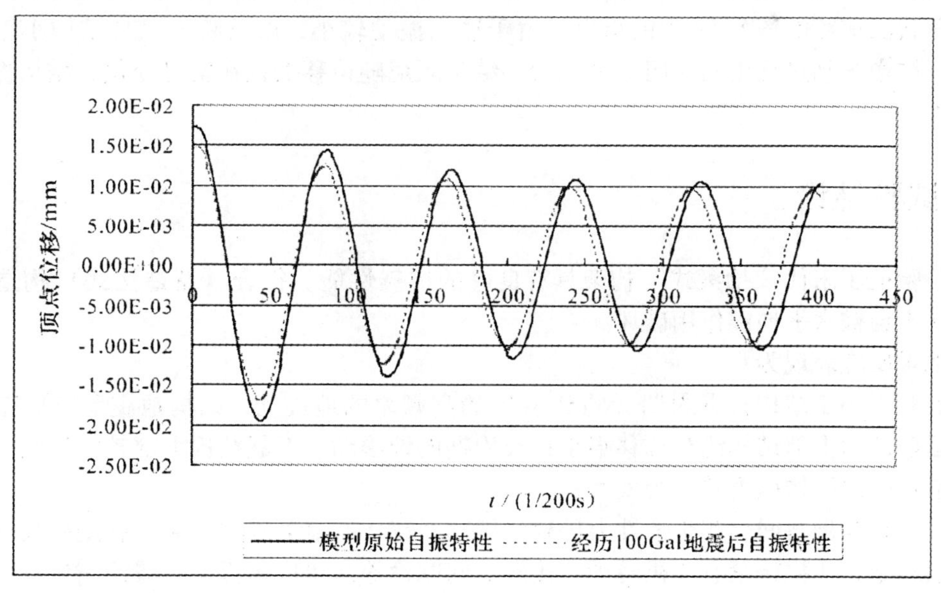

图 8.18　小振前后结构自振特性变化

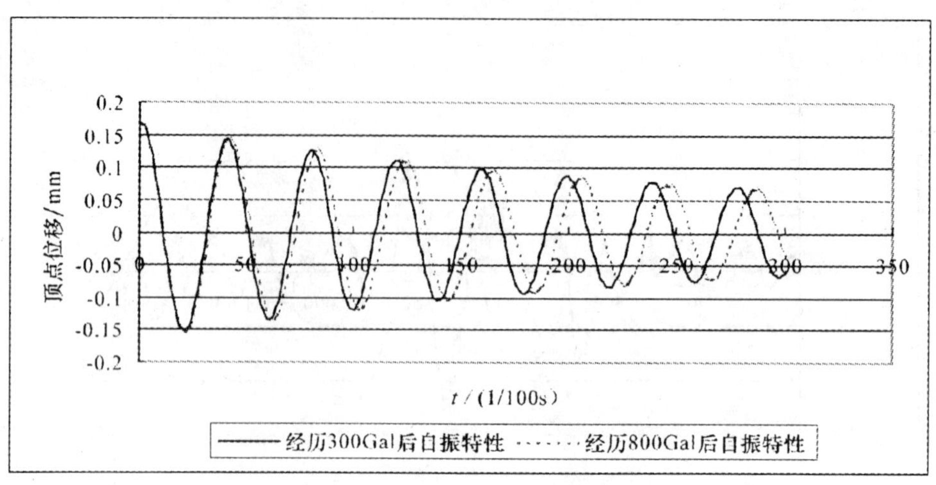

图 8.19　经历较大地震后结构自振特性

表 8.4

振动历程	0Gal 后	100Gal 后	300Gal 后	800Gal 后
自振周期/s	0.40	0.39	0.40	0.41
阻尼比	0.03	0.024	0.02	0.02

新安装的结构在起初小震作用下原来较松散联结变得紧密起来，联结挤紧使节点刚度增加，造成结构自振周期略有缩短，阻尼比由大变小；在经历大震以后结构用小敲击荷载测得的自振周期又增长，说明榫卯及斗栱中有塑性变形的发展，阻尼比又相应变大。需要说明，由于构架自身特点，阻尼为干摩擦滞后阻尼，且如上文所述，阻尼力与斗栱弹性转角有关，由振动荷载法测得的图 8.19 中的结果，由于输入振动较小，所反映的只是结构小振幅时自振阻尼，结构振动过程中实时阻尼是变量。结构阻尼随位移振幅在实时变化，结构振幅越大阻尼越大。

8.4　试验结论

试验验证了宋代“抬梁式”构架具有良好的抗震性能。符合《营造法式》构造要求的结构几乎不会被水平地震作用破坏。

其地震反应表现为：

（1）对于小于结构自震周期（约 0.4s）的高频率的地震动，结构地震反应形态为柱脚随地面运动，而上部结构绝对位移很小；长周期的地震动会引起结构上部较大反应，容易引起整体滑移，但结构内力并不会太大；

（2）柱脚与础石间会产生惯性力导致的蠕动滑移，有显著隔震效果，利用柱架弹性变形榫卯挤紧和缝、斗栱挤紧、斗栱转动、接触面间摩擦等多重措施都可以减振消振；

（3）榫卯连接必须具有足够的抗弯能力和抗张角刚度，用以承担结构最大底部剪力（柱底最大摩擦力）造成的节点弯矩；质点振动中所受的摩擦力及阻尼力与斗栱弹性转角有关，斗栱的转动会引起梁架竖向振动，造成质点竖向加速度变化，进而影响结构底部总剪力，斗栱构造实际上是一个支撑式“单摆”装置，可将上部荷重的水平运动动能转化为重力势能，进而通过结构构件竖向弹性变形能暂时储存，最终通过构架竖向和水平自由振动中各接触面间摩擦阻尼消散掉。上部木构架从柱脚往上，在地震剧烈时，整体可以相对于地面发生相对滑移。结构中的加速度反应受柱底摩擦系数限制，并不会太大，即使木结构本身柔性较大，布置在柱上的应变片显示的构件截面内力都很小。

试验证实古代抬梁式木构架是一个相当完善的被动控振体系。正如“抬梁式”所生动描述的那样：屋盖大梁如轿杆，斗栱和柱架是轿夫的躯干和腿，地震中的殿堂屋盖正象轿夫们肩抬着的一顶八抬大轿。地震剧烈时，结构是游离于地面的，古建筑殿堂结构似乎是“活”的，有灵性的。

第九章　殿堂结构地震反应分析

9.1　古代木作殿堂结构抗震措施总结

通过前述一系列结构试验，从中国古建筑的基本建造方法入手，我们可以概括中国古代木结构建筑的抗震方法主要有以下几点：

（1）房屋的上部结构修建在一个凸出地面的均匀坚固的夯土台基上，这种大台基做法可以适应各种下部实际情况很复杂的原始场地，很大的台基基本隔绝了地下复杂情况可能对上部结构的不利影响。夯土堆重和分层夯击相当于已经对原始地基进行了堆载预压处理，不均匀沉陷被夯土填平，而相对较轻的上部结构基本不会再对地基造成什么严重的影响了。

（2）在台基上镶入坚固的鼓形块石基础，使其顶面光滑水平、并高出地面，以支承上部简支柱，并保证上部结构在遭受较大地震作用时柱脚可在础石面上较容易地自由滑动，不受阻挡，利用这一机制来限制上部结构可能遭受的最大水平地震作用力。

（3）上部结构整体要做到布局均衡对称，底盘方正宽大，矮而宽。结构固执地坚持对称布置，并要求荷载的对称性，两者必须一致得到严格控制，如柱架应遵守“柱高不越间之广”；梁架遵守“举架高，茸屋（取进深）三分，瓦屋（取进深）四分”等原则，以使在地震作用下的上部结构各竖向层块保持小高宽比刚体特性，不在竖向平面内翻起，同时允许柱底水平方向发生可能位移，包括竖向位移、水平侧移以及整体相对下部有微小侧移和滑移。

（4）柱架为柱脚简支的平面框架体系，柱额节点因其榫卯联结而保证相对刚性；柱架层纵横向均为柔性框架，一般不设置刚性强抗侧力构件，在底层柱架中不使用斜撑、剪刀撑、抗震墙或桁架等，刚度大的填充墙于柱分开设置，与主体框架之间要保持一定空隙，以保证柱架体系在水平力作用下可自由变形、侧移摆动；柱架可以通过采用“侧脚”、“生起”、增加副阶等措施来提高抗震能力；从受力角度讲，坚固的土墙、砖墙是以抗风为主。

（5）斗栱铺作是屋盖纵横向梁系的垫梁支座，整个斗栱层可以起到良好的减震作用，其受力变形机理相当于人体的躯干对肩以上部分的支承和缓冲，栌斗则相当于腰锥，下层栱相当于肋骨和肋肌，梁底栱则相当于人的肩部，大梁相当于抬在轿夫肩上的轿杠梁。斗栱整体又形成横木层层垒叠的倒锥形球铰支座，支承着上部屋盖梁系，同层斗栱形成的斗栱群会构成“支撑式秋千”，使屋盖梁系在被地震激发侧移摆动后有重力充当恢复力，可自动恢复到原来稳定平衡位置；斗栱所用木材横纹抗压弹性模量较小的弹性硬木，各栱层层叠置，压缩刚度为串联关系，叠铺的层数越多，总抗压缩刚度越小。在竖向地震作用时，这种弹性变形具有显著的变形作功能力，如汽车减振弹簧一样对梁架起到减振作用，而它们所吸收的能量可以通过多个摩擦耗能机制吸收消耗掉。

（6）承担屋面荷重的梁架是具有良好的空间刚性的低矢高的平面叠层简支梁体系，被称作替力梁架，支承于平行于正立面方向的柱架及铺作上，纵向以檩条垂直搭载在梁架上，传来椽子负荷的屋面材料的重量。斜置角梁则作为重要的空间支撑来确保屋架体系的空间不变形性。

（7）屋面重量可以较大，当屋面太轻时可以考虑增加压脊、吊衡、吊钟、金顶等重量，这是为了确保下部各层结构构件间有足够的正压力，以产生足够的静摩擦力以维持结构构件连接不变位和上部结构系整体抗倾覆稳定性，对结构抗震是有利的。

（8）由“柱高不越间之广”，“举高取进深四分之一”等原则构建的单层小高宽比“盘层”可以多层垒叠，而构成多层阁、塔结构，因地震作用基本可以在底层被吸收，地震对上部结构的影响逐层显著减小，只要侧移造成的偏心弯矩不是过大，多层结构仍具有良好抗震能力。

这种构架几乎可适应于各种场地，高到山冈，低到楼船，凝结了我国古代几千年来力学、材料学、工艺学等多方面的成就，能安全平稳地应对地震灾害。它经历了上千年历史的历练和检验，成为了我国人民一直喜用的性能良好的抗震体系。这些抗震措施对我们今天的防震结构研究显然具有非常重要的意义。

9.2 殿堂及阁塔结构的抗震机理模型分析

结构从竖向分为三个层次：台基层、柱架层（含铺作层）、梁架层。各层都是独立的整体，层层垒叠而构成建筑整体。

台基是刚度均匀的整体。础石嵌固于台基顶面。础石本身是经过精心加工，顶面经过严格的定平安装工艺而造成水平光滑的柱脚支承面。

柱架层是由柱和搭头木（额枋）构成整体稳定的榫卯联结的框架，柱直接蹾立简支在柱顶石水平面上，地基承担竖向压重，础石顶面摩擦力提供对柱脚的侧向水平约束。《营造法式》中除了明确规定构件截面尺寸，及结构柱距跨度等尺寸，最有防震意图的措施应是“柱虽高不越间之广”，和“侧脚”、“生起”。四柱为一间，通常大型宫殿都由许多间连成，面阔和进深至少都有1倍间广以上的长度。殿堂结构的振动模型可如图9.1示。

根据地震反应等效原则，我们可将柱子和额枋质量集中到柱头，设柱、额枋及斗栱总质量为 m_z，柱根与础石鼓镜面间摩擦系数为 μ_1，屋顶梁架重量合为 m_l。参照前面各章节的分析：在地震作用下，要使原来静止的房屋绕某一侧柱脚在竖直平面内整体侧转起来的条件是水平倾覆力矩大于重量与竖向地震惯性力的抗倾覆力矩。即对于柱架层只要满足

$$(m_z + m_l) \cdot \mu_1 (g + a_{gy}) \cdot H < (m_z + m_l) \cdot (g + a_{gy}) \cdot L/2$$

式中，L 为通进深；H 为柱高；a_{gy} 为质点受地震影响竖向加速度的变化量。即

$$\mu_1 < L/2H \tag{9-1}$$

殿堂整体就不会发生竖直面内转动。

实验测得 μ_1 约为0.5，即使对于只有一间的房屋，只要 $H<L$，即柱高不越间之广，柱架就不会翻抬。式（9-1）即是限制房屋不发生整体翻起倾转的判别方程。

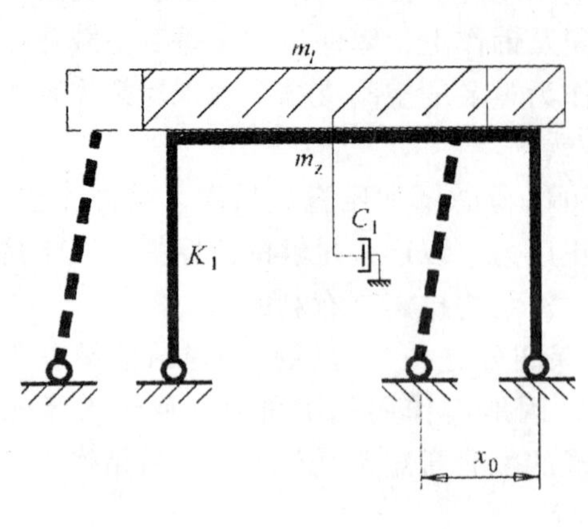

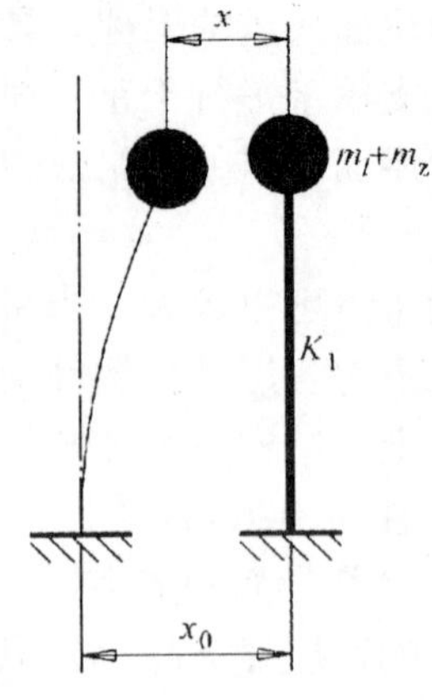

图 9.1

对于多间连成大面阔大进深房屋，由于间与间之间为榫卯相连，榫卯的约束作用需要在发生一定角变形挤紧后才发生，这使得它不能约束邻跨远侧柱脚抬起，因而多跨殿堂也须满足“柱虽高不越‘单’间之广”。

另外，由于柱底与基础水平断离，上部结构所能遭受的水平地震作用最大底部剪力为。

$$V_0 = \mu_1 (m_z + m_l)(g + a_{gy})$$

设质点遭受地震水平作用产生惯性加速度为 a_{gy}，若有

$$a_{gx} < \mu_1 (g + a_{gy}) \tag{9-2}$$

则房屋不会滑移，上部结构可能会发生侧移摆动；若有

$$a_{gx} \geqslant \mu_1 (g + a_{gy}) \tag{9-3}$$

质点相对于地面已有振动初速度，房屋将相对地面作水平滑移。式（9－3）可以作为房屋发生整体水平滑移的临界条件判断方程。

柱脚与鼓镜石面间的最大摩擦力限定了上部结构可能遭受的最大水平剪力。μ_1 越小，地震影响产生的上部结构内力越小，地震作用下结构安全性越容易保证，对结构强度、刚度要求也越低。古代匠师一直着力于不断改进础石加工工艺，至明清时，“鼓镜”也被称作“古镜”，础石顶面已经被要求打磨的非常光滑，北京故宫中大量存有的实物和其他早期建筑遗址上的础石顶面光滑程度相比要光滑很多。当大震时，柱脚可以滑移，而上部结构最大内力可以被控制得相当小。古镜面比柱截面略大一些，《营造法式》中要求“出柱径周 4 份，即柱顶石顶面在柱底以外预留了相当宽度的滑移区，目的即是为了防止柱根滑移后滑落到础石水平镜面以外踩空，而造成结构破坏。

铺作层是柱架层与梁架层或平座层之间的过渡层，斗栱本身由斗、栱、昂等构件分层铺排，以横木交叠形成一朵朵倒锥形球铰支座、水平向和竖向均可发生弹塑性变形。每朵斗栱在竖向平面内呈倒三角形，是倒置的球铰，其上支托着梁架，其下顶在柱头。梁架与柱架间斗栱的单朵整体转角和各层间摩擦系数决定了斗栱层所能传递的摩擦力的大小，限定了的其上梁架层所能发生的最大水平惯性加速度。小式建筑中省略了铺作层，因而其抗震性能与大式结构相比要差很多。

梁架层具有良好的整体刚度，整体可简化为带斜坡面的楔形块状“刚体”。

设梁架层刚块总质量为 m_l，水平地震作用的惯性力为 a_{gx}，房屋通进深（即梁架跨度）为 L，梁架竖向高度为 H_l，斗栱层与梁底面及其间各层水平接触面最小摩擦系数为 μ_2，用等效静力法来分析。按《营造法式》中“举折之法”规定“瓦屋四分”，即 $H_l/L=1/4$。取梁架层重心高度为 $H_l/3$。梁架层作为一个独立刚块，只要满足

$$m_l \cdot a_{gx} H_l/3 < m_l \cdot (g + a_{gy}) \cdot L/2$$

梁架就不会有绕一侧支点抬起倾转的趋势。

代入 $H_l/L=1/4$，上式即为

$$a_{gx} < 6\ (g + a_{gy}) \tag{9-4}$$

这很容易满足。

式（9－4）是梁架在竖直平面内不翻起转动的临界判别条件，即：只要梁架水平惯性加速度小于6倍重力加速度与同时发生的竖向惯性加速度之和，梁架就不会反起。而同时，若

$$a_{gx} < \mu_2\ (g + a_{gy}) \tag{9-5}$$

即：只要梁架水平惯性加速度小于重力加速度与同时发生的竖向惯性加速度之和乘以摩擦系数后的积，梁架就不会在柱架层以上发生水平相对滑移。与式（9－1）比较，如果 $\mu_2 > \mu_1$ 或考虑柱架榫卯和斗栱层的减震作用，既使 μ_2 略小于 μ_1，式（9－5）仍可能满足，梁架层仍不会滑移。式（9－5）即为梁架不滑移条件。

因为 μ_2 一般小于1，式（9－4）、式（9－5）相比，显然有梁架不会在滑移前翻起转动。

对于设铺作层的大型殿堂结构，若柱架层质量在总重中所占权重较大，若有

$$\mu_1 m_l \cdot (g + a_{gy}) > \mu_2 (m_z + m_l) \cdot (g + a_{gy})$$

即

$$(m_z + m_l)\ /m_l < \mu_2/\mu_1$$

梁架与柱架间就会有相对滑移的可能。反之，若梁架占有足够大的权重，使

$$(m_z + m_l)\ /m_l > \mu_2/\mu_1$$

始终成立，梁架将总不会脱离柱架滑移。

对质点取隔离体，按照质点自身动力平衡来考虑，质点在只有水平地震作用时所能产生的最大惯性力取决于 $\mu_1(m_z + m_l)$ 与 $\mu_2 m_l$ 中的较小者。

另外，以下对我国古代建筑中著名的“侧脚”和“生起”的分析结果则更加有趣。

《营造法式》中对柱还有侧脚和生起的规定：

（1）侧脚：“凡立柱并令柱首微收向内，柱脚微出向外”。对于横向柱架，外侧柱倾斜放置，柱头与中间柱头平高，即外侧柱斜长大于内柱高。在水平地震作用下，屋顶连同柱头侧移时，一方面，侧脚把一部分地震力转化为轴向力，同时压力变大的一侧柱柱头外倾，柱身挺起，梁架此时被置于一个倾斜面上，重力沿斜面分力成为恢复力的一部分，始终迫使梁架回到稳定位置。柱架侧摆时会使前方柱轴压力增大，侧脚会使前方柱柱顶升高，这可避免柱子因轴力增大被压缩变短而造成梁架前方向下倾斜而使梁 架容易滑落。假如梁架中使用月梁（栱形梁），侧脚柱利用屋盖自重向内倾，自然可以平衡掉大部分甚至全部栱脚水平推力。

（2）生起：“柱皆随举势定其短长，至角则随间数生起角柱，若十三间殿堂则角柱比平

柱生高一尺两寸；（平柱谓当心间两柱也。自平柱垒进向角渐次生起，令势圆和。如逐间大小不同即随宜加减，他皆仿此。）十一间生高一尺；九间生高八寸；七间生高六寸 ；五间生高四寸；三间生高二寸。”由于殿堂平面多为长方形，通面阔大于通进深，柱头标高沿纵向轴线由中间向两翼逐级升高。整个屋盖置于一个凹面上，无论左右侧移都会受到重力沿斜面分力及摩擦力的阻碍，屋架坐中是稳定平衡位置。

可见侧脚和生起的设置是为了控制梁架和屋盖的水平滑移。

古代阁、塔结构从外观看似乎与殿堂、厅堂结构迥然不同，但《营造法式》中并未大篇幅讲述其构建方法，在《总释》中有“说文‘楼’，重屋也”；在《柱》一章中在完成殿堂结构对柱的要求叙述后只以两个字“塔同”说明了对柱在阁塔结构中要求；在《阑额》一章提及“如殿阁即广三材一栔”。综合起来，这些要求间接地说明了阁、塔的做法只是殿堂的重叠罢了。

由古代多层阁塔结构的建造图像看，多层只是单层的重复。阁、塔的每一层相当于单层柱架上坐一个“平坐层”，“平坐”是顶面为平面的空间桁架平台，低层的平坐可作为上一层的“台基”，再在其上复建一层，层层垒叠。各层柱根在平坐上生根，有“叉柱造”，“缠柱造”等做法，但都不约束柱根弯曲和转动，仍相当于简支，每层高宽比都仍然遵守“柱高不越间之广”的限制。平坐层通常作为暗层，其空间不作为使用空间，柱更低，连接刚度很大，整个平坐层空间桁架中可使用斜腹杆，空间刚度很大，象经幢结构中的扁石盘。图 9.2 为应县木塔中平坐层“叉柱造”的照片，图中竖直杆是上柱叉下的四条柱肢之一。由于平坐中的柱也遵守“侧脚”的规定，中国的多层的木塔体形整体外形都明显下大上小。

图 9.2　应县木塔中平坐层叉柱造

阁塔结构为保证结构和荷载的对称性，平面多布置为正多边形，以正四边形、六边形、八边形最多。阁塔等多层结构的构建思想可以简单认为是“矮宽刚块叠置”。其抗震机理与殿堂相似，可以概括为：

（1）刚体层层分离叠置，利用柱脚在础石顶平面上磨擦滑移隔震；

（2）控制适宜的高宽比，以防止结构失稳倾覆；

（3）上部层间靠摩擦力防止层间相对错移。

基于这种技术的结构形式最早可见于北魏时期的敦煌壁画中，现存的很多阁塔结构如蓟县独乐寺观音阁（图9.3），应县木塔（图9.4、图9.5）就是典型例证。

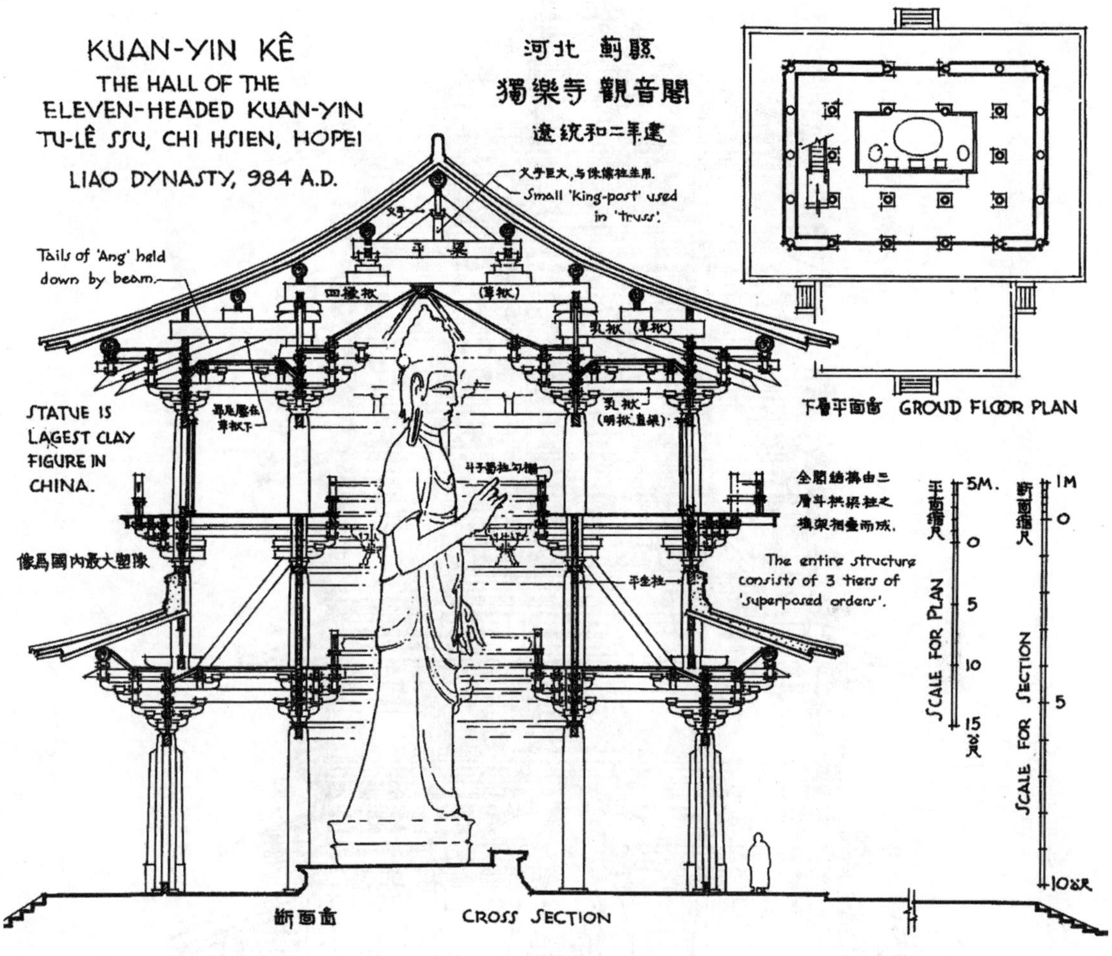

图9.3　独乐寺观音阁结构剖面图

作为地震多发国家，我国古代劳动人民在长期与地震灾害的斗争中，不断总结积累经验，在甘肃一带，地震后灾区至今流传着有关古建筑抗震技术的口诀，如“枋加栓，墙筑半，台子要高，架子要低，进深要大开间要多”等，在等级高的房屋中设多层斗栱等，表明古建木结构早已形成了一整套成熟的防震方法。经历了上千年的地震考验，事实证明是安全可靠的。令人遗憾的是，我们至今未能见到有一本专著，来系统论述说明其结构设计，结构受力和结构抗震方法。

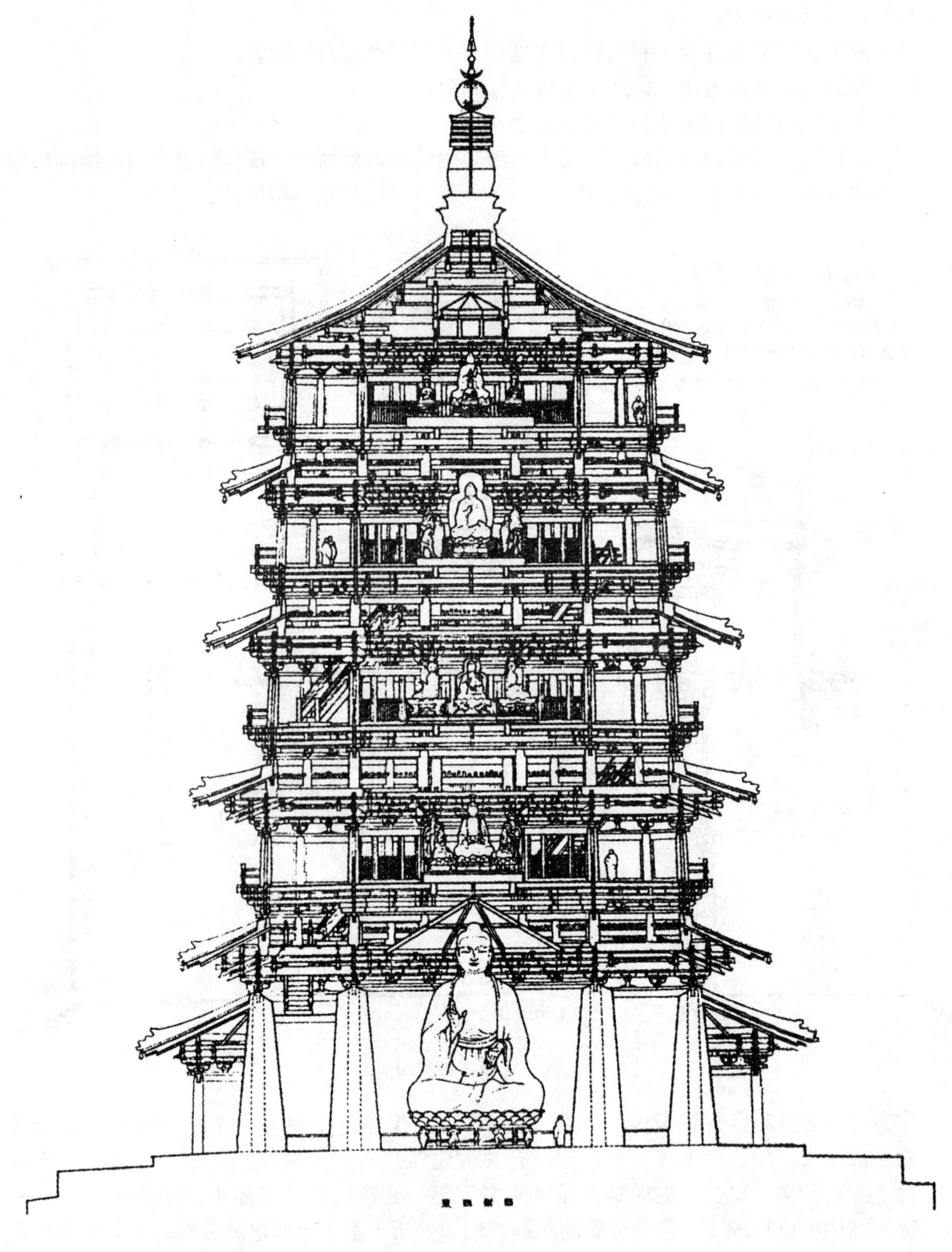

图9.4　应县木塔结构剖面

图 9.5　应县木塔的结构分层示意（引自《傅熹年中国古建史文集》）

9.3　单层抬梁式殿堂结构的地震反应分析

综合以上分析，古代殿堂结构由于其自身特点，在地震作用下可能呈现较为复杂的运动状态。单层结构的绝大多数质量可以集中到屋盖梁架重心处，殿堂可以认为可假定为单质点，在水平地震作用下，其运动方式仍可能有刚体整体摇摆及滑移、柱架剪切变形微摆、质点竖向振动三种。

9.3.1 整体摇摆及整体滑移

柱与基础之间断离平搁构造使殿堂上部结构整体与台基分开，假设上部结构为独立刚块。在地震作用时刚块可能受一个水平加速度 $a_{gx}(t)$ 和一个竖向地震动 $a_{gy}(t)$，可能发生滑移或整体摇摆。假定柱底水平摩擦力足以保证刚块不在地面上滑动，随着地震动的加大，刚块可以摆起来，绕两侧支点 O_1 或 O_2 点旋转，如图 9.6 所示。

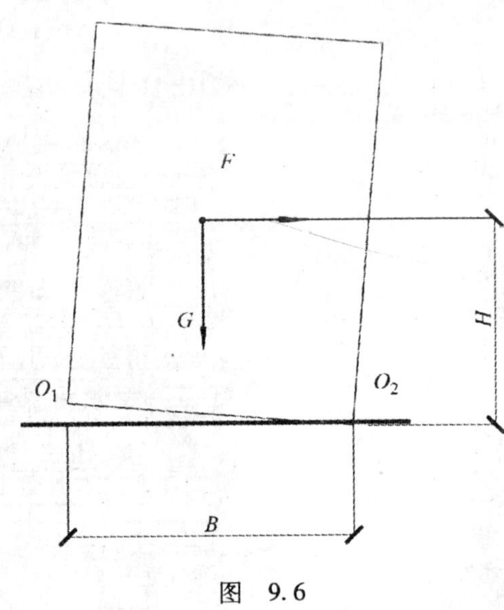

图 9.6

假设结构整体刚性很好，不会绕其他点转动，使刚块转起来的条件是水平倾覆力矩大于重量与竖向惯性力的恢复力矩，即

$$ma_{gx} \cdot H > (mg + ma_{gy}) \cdot \frac{B}{2}$$

或

$$a_{gx} > (g + a_{gy}) \cdot \frac{B}{2H}$$

这里 B 为刚块宽度，对于整体性和刚性好的上部结构来说即地震作用平面内最大柱脚间距离。H 为质点离地高度。

相反，若总有

$$a_{gx} \leqslant (g + a_{gy}) \cdot \frac{B}{2H}$$

刚块就不会发生整体绕一侧支点在竖向平面内侧摆转动。

而以上部结构整体为隔离体来看，在再无其他上部水平荷载作用的情形下，结构所能受到的最大底部总剪力受柱底最大总摩擦力限制，不会超过柱底总摩擦力。设柱底与础石顶面间摩擦系数为 μ_0，上部总重为 mg，则最大摩擦力为 $\mu_0 m(g + a_{gy})$，则质点最大绝对水平加速度 $a_{gx\,\max}(t) = \mu_0[g + a_{gy}(t)]$，这里“绝对”指相对于一个在震前和震中都恒不动的惯性参照系而言，而不是质点相对于运动中的地表或基础的加速度。只要有

$$\mu_0(g+a_{gy}) \leqslant (g+a_{gy}) \cdot \frac{B}{2H}$$

即

$$\mu_0 \leqslant \cdot \frac{B}{2H}$$

刚块就不会绕支点旋转摇摆。看来依照柱底摩擦系数的不同，使房屋高宽比处在一个适宜的范围，就可保证房屋在大震中平稳滑移而不会摇摆倾覆。

这一原理在宋代的《营造法式》中有充分的体现，在大木作制度二——《柱》一节中明确有“柱虽高不越间之广”，除亭、榭等小型建筑外的大多数正规殿堂建筑面阔和进深都大于两倍柱高，而前面实验表明木与石面间的摩擦系数 $\mu_0 \leqslant 0.5$，上述刚块不发生摇摆倾翻的条件正好满足。我国古代正是通过控制高宽比选择了房屋在地震中危险性较小的滑移运动而不是危险性较大的竖向转动。

上部结构与地面脱开，柱脚与础石间产生相对滑移的条件是地面运动水平加速度大于上部结构最大惯性加速度 $\mu_1(g+\ddot{y}_0)$，$\ddot{y}_0$ 为地面竖向加速度。

构架整体在水平摩擦面滑移时，结构受力情形很简单，以某个初速度滑出，只受摩擦阻尼力作用。振动简图如图 9.7 所示。

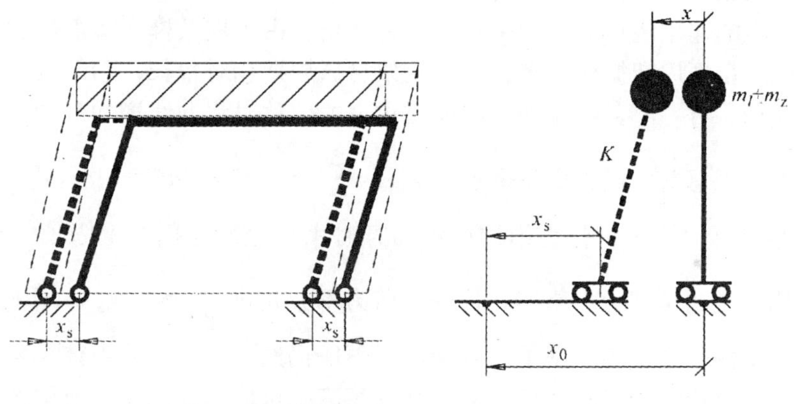

图 9.7

图中 x_0 为地面位移，x_s 为柱脚在础石顶面上的滑移位移，x 为质点绝对位移。

柱底只承受最大柱底摩擦力作用，动力方程为

$$\ddot{x} = \mu_1(g+a_{gy}) \tag{9-6}$$

适用条件为

$$\ddot{x}_0 \geqslant \mu_1(g+\ddot{y}_0)$$

由振动台试验结果来看，上部结构整体滑移只有当体系刚度很大时才可能发生，对柔性消振减振结构不会发生。

9.3.2 柱架微摆和柱脚蠕动滑移

对于与地面嵌固的绝对刚性结构物（$T=0$）来说，在地震时的与地面的相对位移、相对速度、相对加速度反应均等于 0，而绝对加速度最大反应则等于地震动地面最大加速度。而对于断离式绝对柔性连接的上部结构物（$T \to \infty$）的最大相对位移反应、相对速度反应和

相对加速度反应均分别等于地面震动的位移、速度、加速度。

事实上，古建筑殿堂结构上部结构并非嵌固刚体，虽然与基础断离，也并非绝对柔性连接，而是有较小刚度的体系，柱底摩擦力可以传递地震作用。柱和额枋等弹性构件通过榫卯连接构成间架支承着屋盖荷重，自振周期较长。柱架及斗栱都可以发生弹性侧向变形。如实验所证实，柱脚在加速度换向时就会产生蠕动滑移。

相对于震前恒不动参照系而言，质点绝对加速度为

$a_g^x(t)=\mu_0[g+a_g^y(t)]$时，上部结构与基础顶面会处于相对整体滑移状态；

$a_g^x(t)<\mu_0[g+a_g^y(t)]$时，上部结构柱脚与基础间会有蠕动滑移，始终有摩擦力作用，大小应为$(m_z+m_l)a_g^x(t)$。柱架受底部摩擦力作用，表现为柱脚似铰支座，可转动，柱架受剪力作用而发生侧移变形，即微幅摆动，柱脚随地面运动，柱头及其上质点绝对加速度却很小。如图 9.2 所示，有一个典型的状态，当地面震动的频率恰巧与结构自振周期相同时，简谐正弦波激振实验结果显示柱上质点几乎不动，只是柱脚随地面绕柱头榫卯中心摆动。

柱架变形取决于质点相对于柱脚的相对侧移量，质点与柱脚间相对位移决定了结构内力水平。但这一特性对多层阁、塔结构就会很有利，第一质点（一层平坐层及其上楼板处集中的底层质量）经过底层柱架榫卯及斗栱的减震作用，所受扰动就会很小，不会造成其上各层柱架产生较大振动反应。多层结构抗震验算的重点仍然是第一层柱架。地震起初，底层柱脚随地面摩擦力的作用绕柱头榫卯中心发生弦转角，由于柱及榫卯节点的弹性和时滞，柱架及质点会按照其自振周期振摆起来，由于柱架自振周期相对较长，新的扰动输入可以和这一长周期振动叠加，有一部分会抵消，或使质点自振位移时程曲线增加高频小幅振荡，看起来更加复杂，但柱底总剪力最大仍不会超过$V_{max}=\sum_{i=1}^{n}[m_i\cdot(g+a_{ig_{max}}^y)]$，$a_{ig_{max}}^y$为各层竖向加速度，$m_i$为各层质量。上式可作为结构抗震验算时水平地震作用的上限值，用来验算底层榫卯节点及各构件抗震承载力。事实上柱底总剪力不会超过$\sum_{i=1}^{n}m_i\cdot a_{ig}^x$。用$V_{max}=\sum_{i=1}^{n}m_i\cdot a_{ig}^x$作近似验算已经是偏于安全的算法了。看来多层阁塔仍然可以按单质点体系考虑。

综合考虑殿堂结构的滑移和微摆反应，其计算简图可取作如图 9.1 所示的简支刚架。柱脚为水平可滑移铰支，柱架顶节点是榫卯，柱架抗侧移包括柱本身弯曲变形和榫卯转角变形，榫卯的抗张角刚度和节点强度是结构安全的关键，榫卯节点取为弹性节点，张角与节点弯矩实验测得为近似线弹性。柱架抗侧移刚度可由实验确定的$P-\Delta$滞回曲线的骨架曲线确定，基本为线弹性，也可用实测周期等动模态参量来确定。结构阻尼的总体特性为干摩擦阻尼，结构变形越大，榫与卯、柱与础、斗与栱接触面间挤压力越大，造成摩擦阻力越大。阻尼特性为滞后阻尼，方便起见结构阻尼仍按粘滞阻尼列方程。振动简图如图 9.8 所示。

单质点系结构振动的动力方程为

$$m\ddot{x}-K(x_0-x_s-x)-C(\dot{x}_0-\dot{x}_s-\dot{x})=0 \tag{9-7}$$

式中，x_0为地面地震绝对位移；x_s为蠕动滑移位移；$\dot{x}_s$为整体滑移速度。适用条件为

$$\ddot{x}<\mu_1\ (g+\ddot{y}_0)$$

若要考虑侧脚及榫卯换向挤紧减震作用时，动力方程将为

$$m\ddot{x}-K(x_0-x_s-x)-m(g+\ddot{y})2x^2/H_z^2-C(\dot{x}_0-\dot{x}_s-\dot{x})=0 \tag{9-7a}$$

适用条件仍为

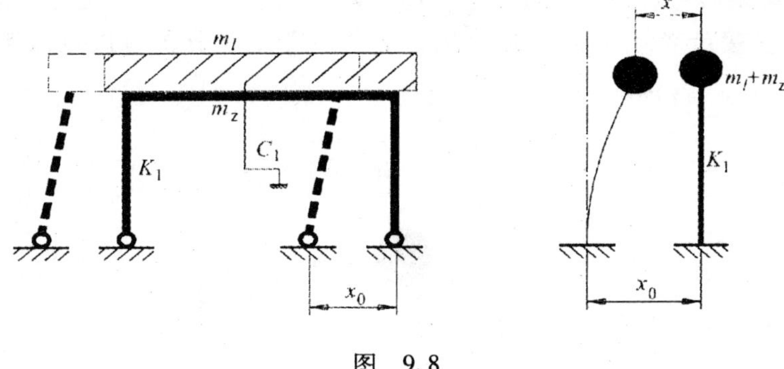

图 9.8

$$\ddot{x} < \mu_1 \ (g + \ddot{y}_0)$$

对于有斗栱的结构，还应考虑斗栱的作用。若结构按照单质点体系简化分析，K 应取为柱架和斗栱的串联抗侧移刚度。较精确的分析可在额枋位置增加柱架层质量集中点，体系变为两质点体系。简图为图 9.9 示。

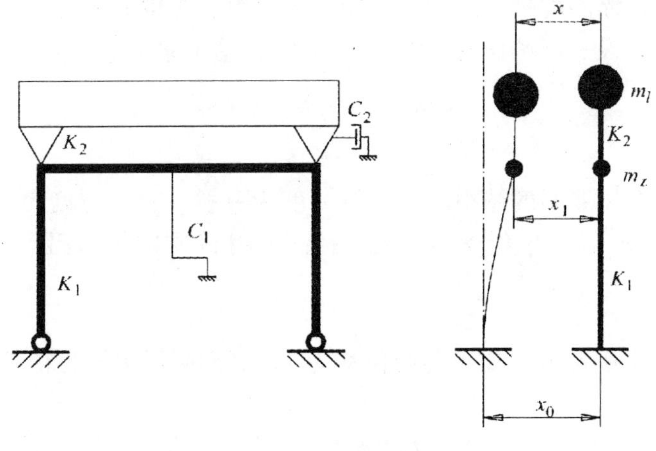

图 9.9

两质点系结构振动的动力方程为

$$M\ddot{x} - K \ (x_0 - x_s - x) \ - C \ (\dot{x}_0 - \dot{x}_s - \dot{x}) \ = 0$$

适用条件为

$$\ddot{x} < \mu_1 \ (g + \ddot{y}_0)$$

式中，$M = \begin{bmatrix} m_z & 0 \\ 0 & m_l \end{bmatrix}$，$K = \begin{bmatrix} k_1 + k_2 & -k_2 \\ -k_2 & k_2 \end{bmatrix}$，$C = \begin{bmatrix} c_1 + c_2 & -c_2 \\ -c_2 & c_2 \end{bmatrix}$。

针对不同结构，各层动模量需要以实验测定为依据确定。

柱架质量相对屋盖质量很小时，用单质点系作为简化方法分析，只考虑第一振形，恢复力刚度为柱架与斗栱的串联刚度，阻尼为榫卯与斗栱共同联合阻尼，精度就可以满足要求。

9.3.3 竖向地震作用

按照前面的静力分析和实验来看，较大的水平地震作用会引起斗栱绕柱头在竖向平面内转动，从而引起梁架质点的竖向地震反应，造成梁架及柱架内力发生变化。除此之外，竖向的震动本身也会直接造成结构受力的变化。竖向地震反应分析可以用以下振动简图如图9.10示。

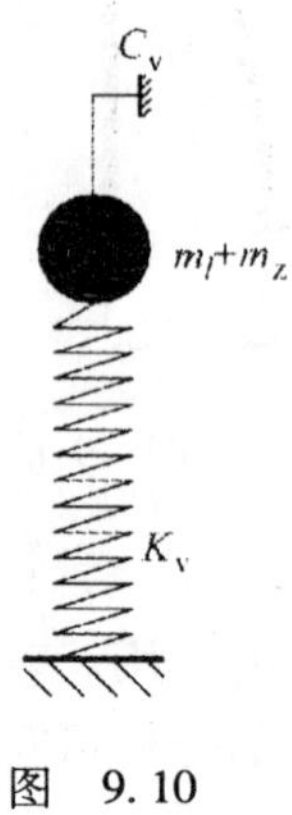

图 9.10

柱及斗栱竖向抗压缩刚度越小，此种作用效应越小。斗栱为横纹受压，总体抗压刚度为各层抗压刚度的串联。设一层铺作的压缩刚度为 K_{vi}，总压缩刚度即为

$$K_v = \frac{1}{\sum \frac{1}{K_{vi}}}$$

铺作层数越多，总压缩刚度越小。足材栱高度为一材一栔，宽度为10份，受压面积为齐心斗的斗底面积，$A_{qxd}=16$ 份 $\times 16$ 份。参照所用材质的横纹受压模量即可计算 $K_{vi} = \frac{1}{E_{hwy} \cdot A_{qxd}}$。

设地面竖向振动位移为 Y_0，质点竖向位移为 Y，竖向阻尼仍设为粘滞阻尼，竖向振动方程为

$$M(\ddot{Y} - \ddot{Y}_0) - K_v Y - C_v \dot{Y} = 0 \qquad (9-8)$$

考虑斗栱转动影响时为

$$M(\ddot{Y} - \ddot{Y}_0) - K_v Y - k_{vdg} \cdot \frac{H_{dg}}{L_{dg}} x - C_v \dot{Y} - c_{vdg} \cdot \frac{H_{dg}}{L_{dg}} \dot{x} = 0 \qquad (9-8a)$$

式中，k_{vdg}为斗栱层压缩刚度；c_{vdg}为斗栱层竖向阻尼比；H_{dg}为斗栱的总高，L_{dg}为斗栱的出挑总长；x、$\dot{x}$为梁架质点的绝对水平位移、速度。

由于结构内力与地面输入的水平加速度和竖向加速度同时相关，对于复杂的地震输入，古建殿堂结构应采用式（9-6）、式（9-7）、式（9-8）式联立进行即时时程分析。

按照以上方程，可以编制征对古建殿堂结构的计算机实程分析程序，进行结构地震反应实时监测与控制。

第十章　厅堂构架

10.1　厅堂构架平面体系的计算简图

因为厅堂结构在民间的应用十分广泛，虽然形式多样，但它们的结构原理一定非常简单，否则在古代的技术背景下不可能被广泛安全的应用。寻找“简单”原理，既是我们解析的目标，同时也为我们指明了有效的分析方法。

理解《营造法式》中对厅堂的命名，是结构解析的一个好窍门。厅堂构架仍然是平面杆系结构，结合上文对各种榫卯连接的力学特性，斗栱的特性的研究结果，正确选则支座条件就可取得各种构件的计算简图。对于大梁的斗栱支座，它是只能传递竖向压力和水平摩擦力的铰支座。而梁与柱连接的榫卯则要区别榫卯形式，其节点连接刚度，和其在构架中所处的位置逐一斟定。按照符合历史条件的基本原则，厅堂构架都以最基本的静定结构进行分析，对于一些偏于安全的超静定的情形有所取舍。原因之一，这种叠合组装结构本身允许一定的尺寸误差，榫卯不一定同时都处于严密挤紧的受力状态。其二，静定的基本结构是结构最终处于濒临破坏前的极限状态，是必须由设计控制好的最危险状态。

《营造法式》中列举的厅堂结构草样有 20 余种，下文将各种草样的计算简图一一列举出来，似乎是简单枯燥的罗列，但对于新厅堂的建造，古建厅堂的维修加固却是至关重要。所给出的计算简图中对各种构件支座条件的选则，确保了厅堂构架结构安全的最低要求。包括保证每榀构架结构几何不变性的最低要求，每个构件最简明的计算边界条件。计算简图中杆件相交处以圆圈表示铰接节点，杆件直接连通为有抗转角能力的刚性节点。

（1）十架椽屋分心用三柱（图 10.1）。

结构计算简图为图 10.2。

所谓“分心”，就是大梁架跨中设柱，中柱作为两侧梁栿的一端支座。

（2）十架椽屋前后三椽栿用四柱（图 10.3）。

结构计算简图为图 10.4。

（3）十架椽屋分心前后乳栿用五柱（图 10.5）。

结构计算简图为图 10.6。

（4）十架椽层前后并乳栿用六柱（图 10.7）。

结构计算简图为图 10.8。

（5）十架椽层前后劄牵乳栿用六柱（图 10.9）。

结构计算简图为图 10.10。

（6）八架椽屋分心用三柱（图 10.11）。

结构计算简图为图 10.12。

（7）八架椽屋乳栿对六椽栿用二柱（图 10.13）。

结构计算简图为图 10.14。

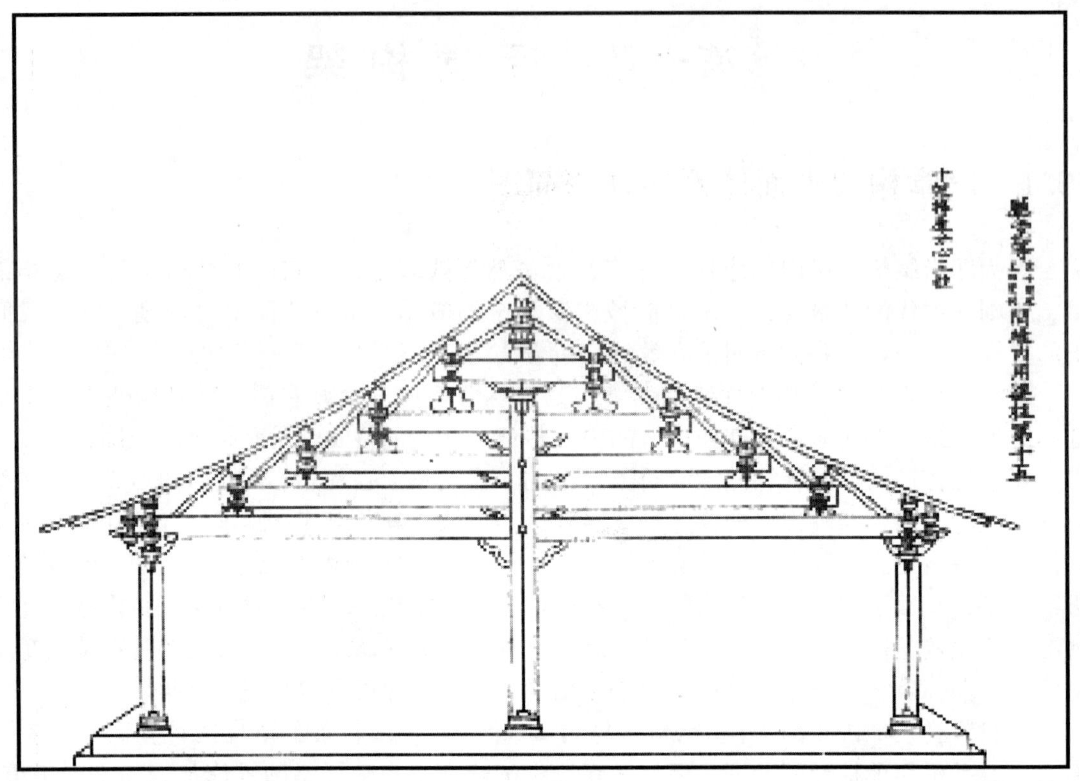

图　10.1

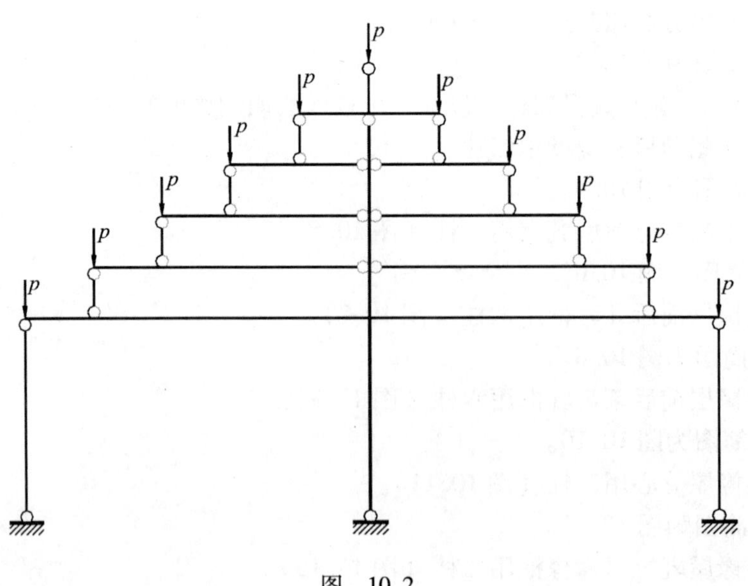

图　10.2

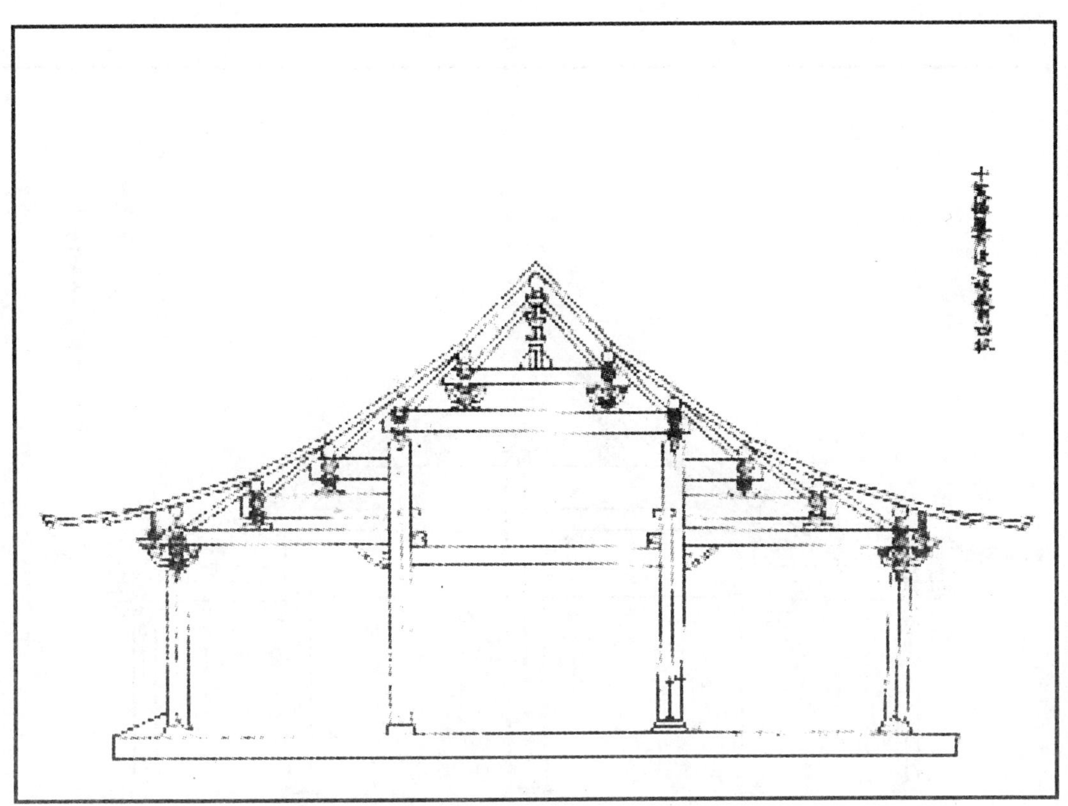

图 10.3

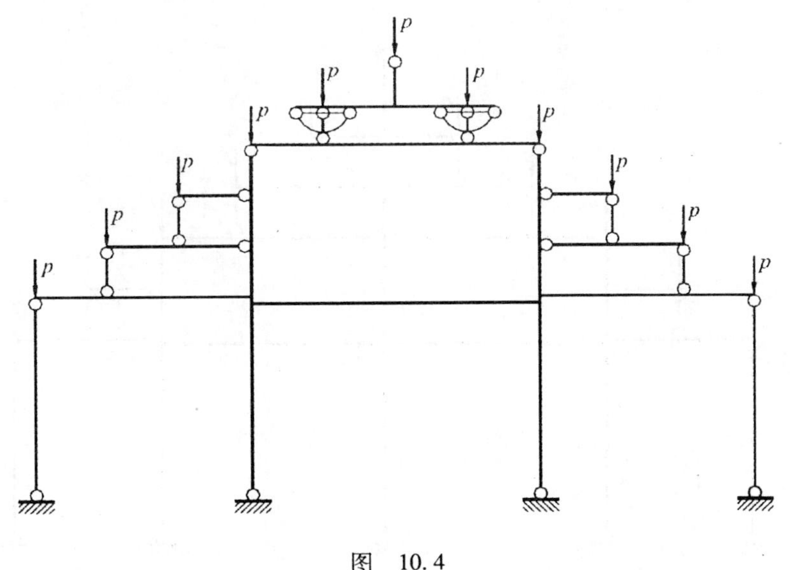

图 10.4

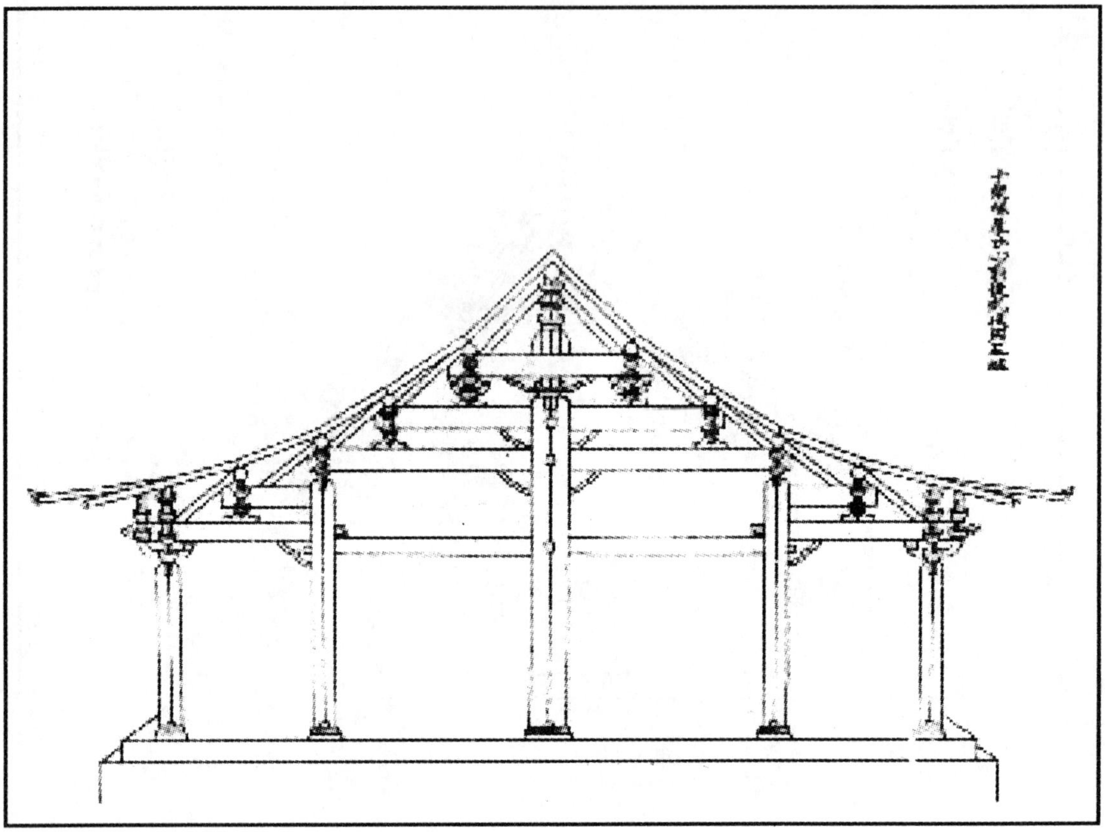

图 10.5

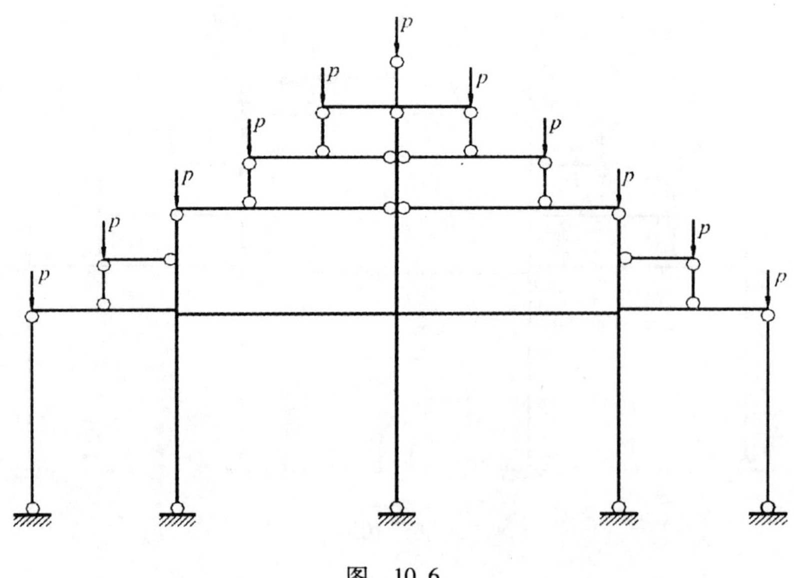

图 10.6

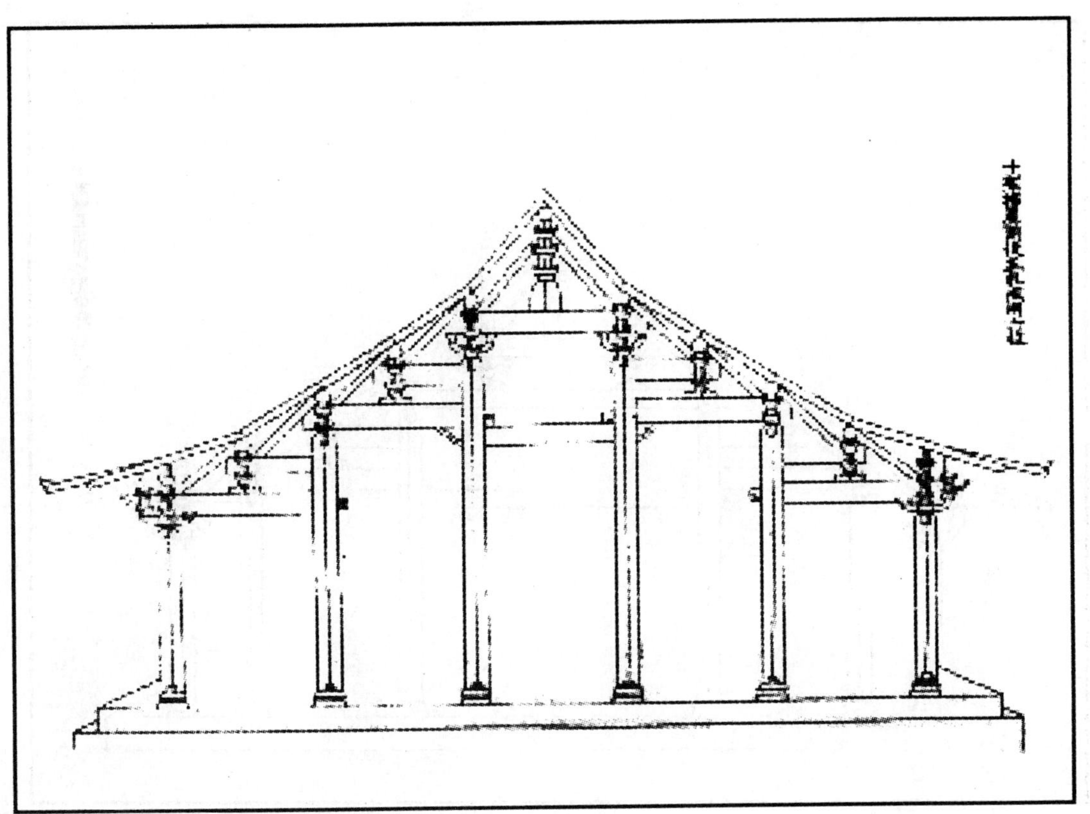

图 10.7

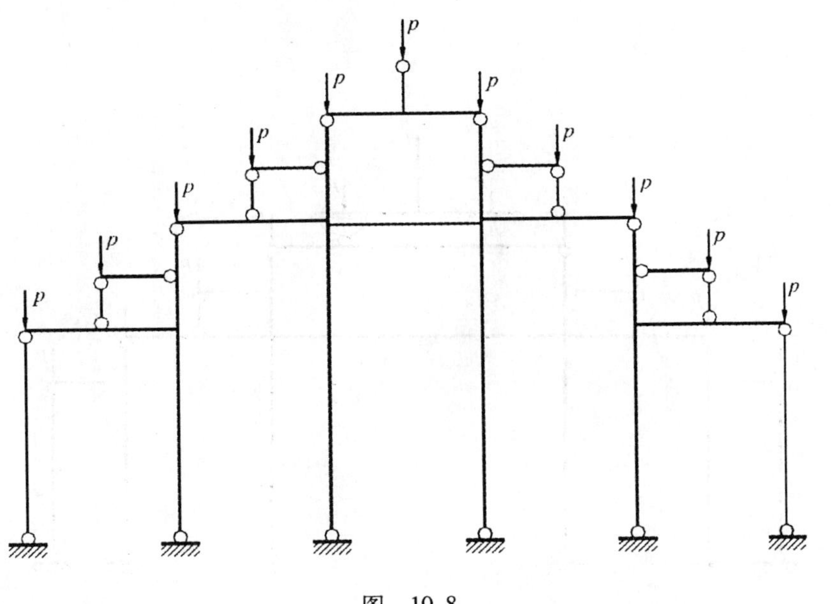

图 10.8

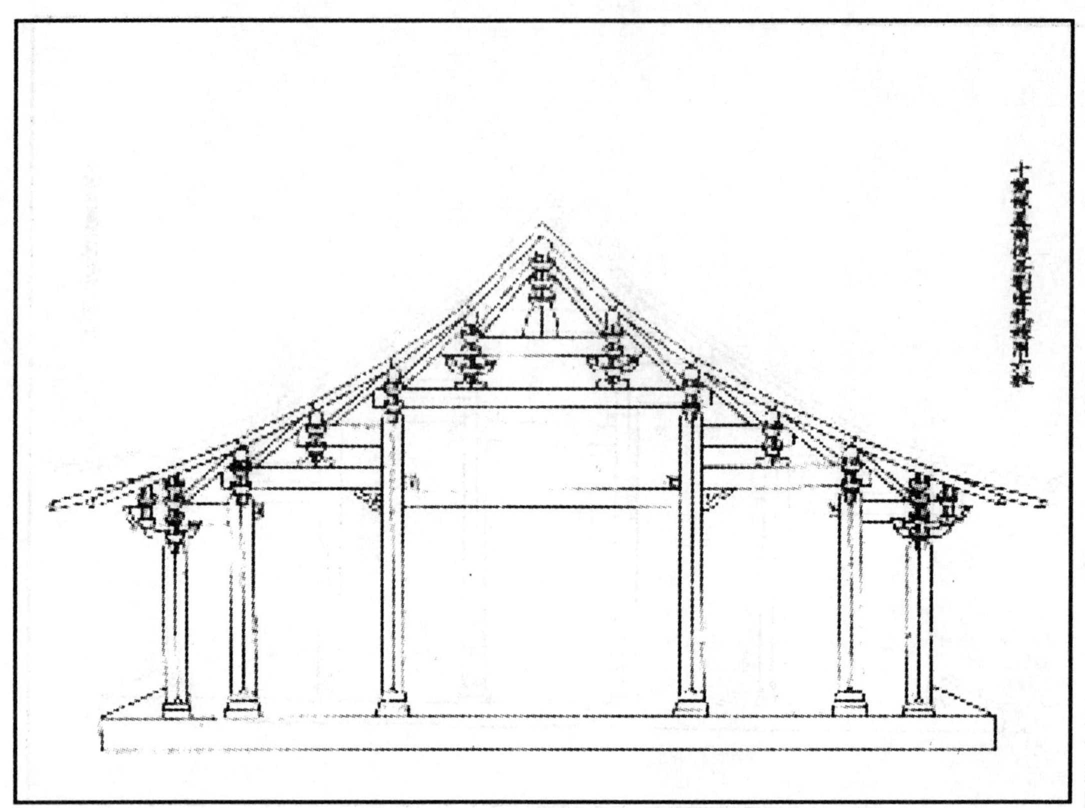

图 10.9

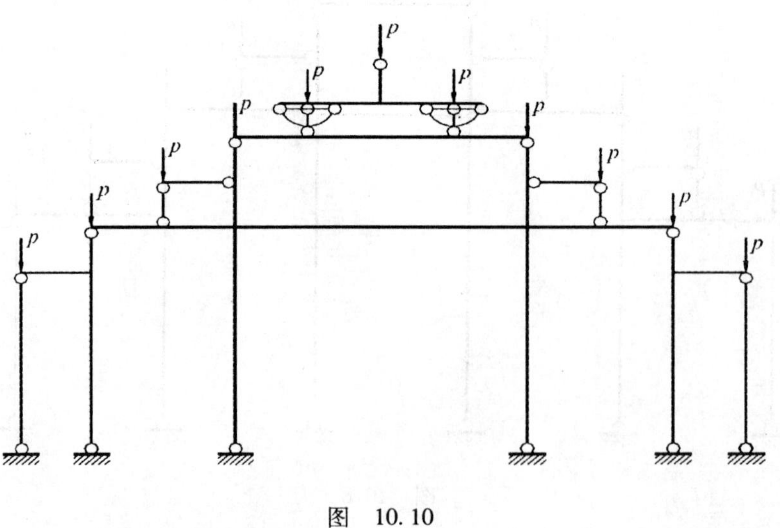

图 10.10

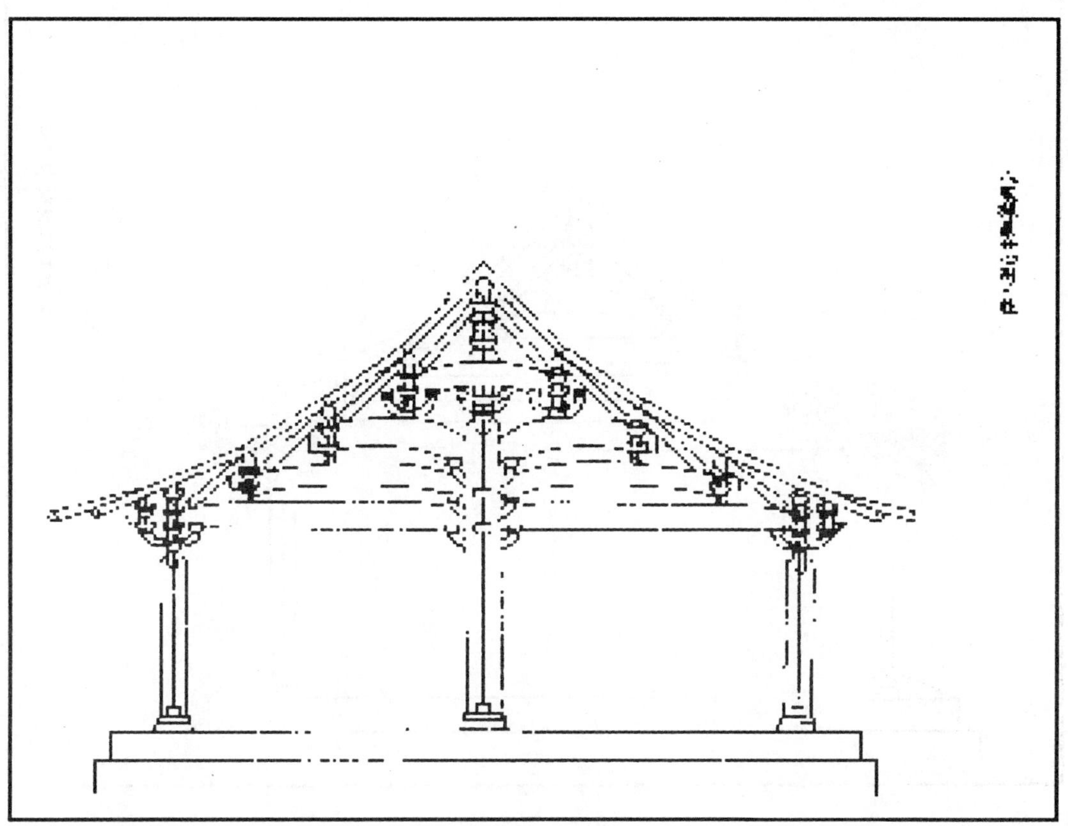

图 10.11

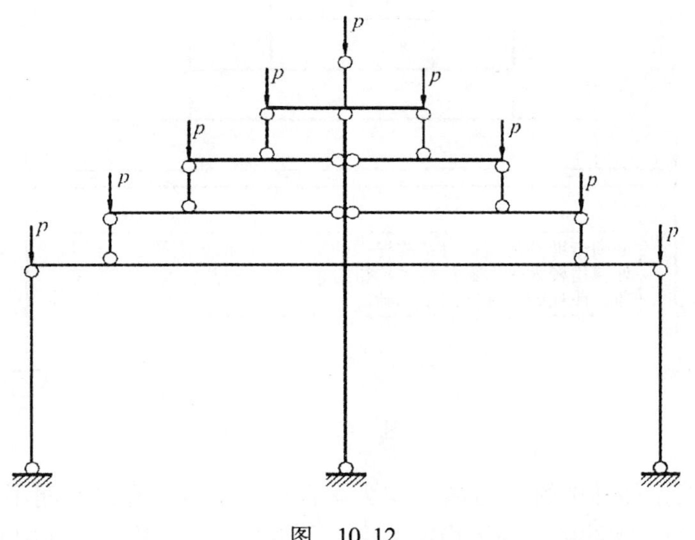

图 10.12

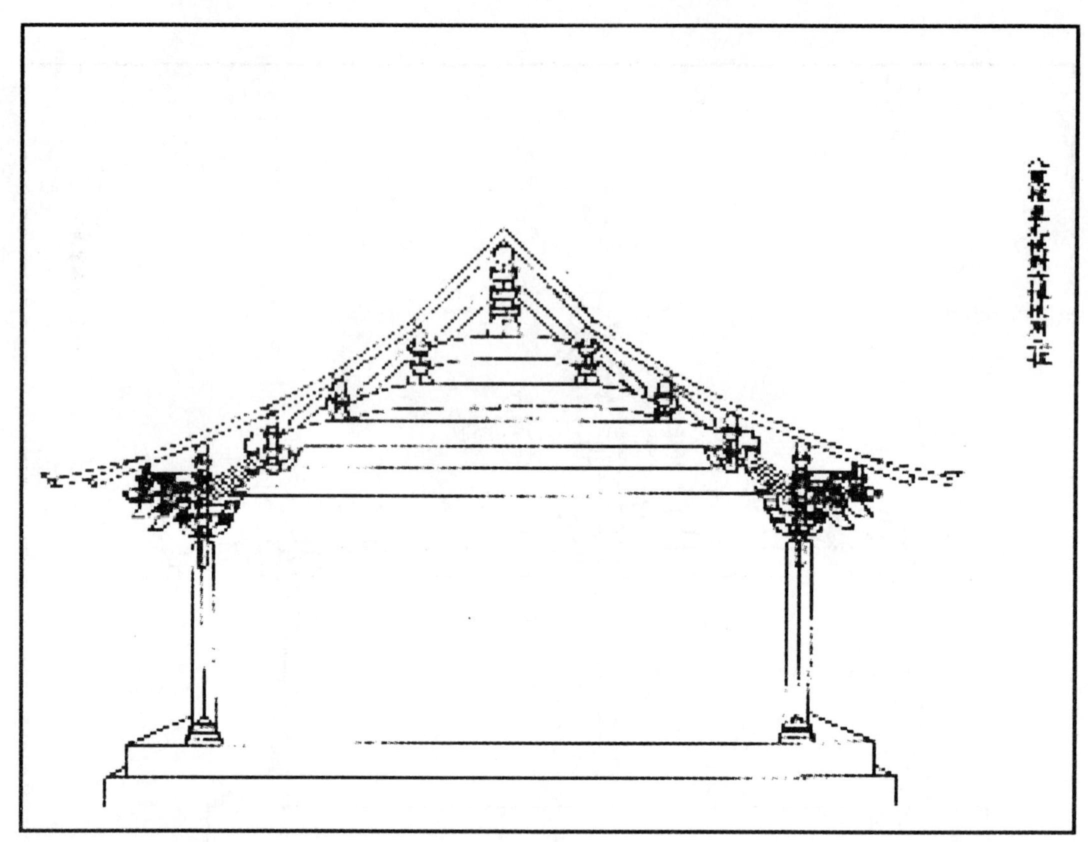

图 10.13

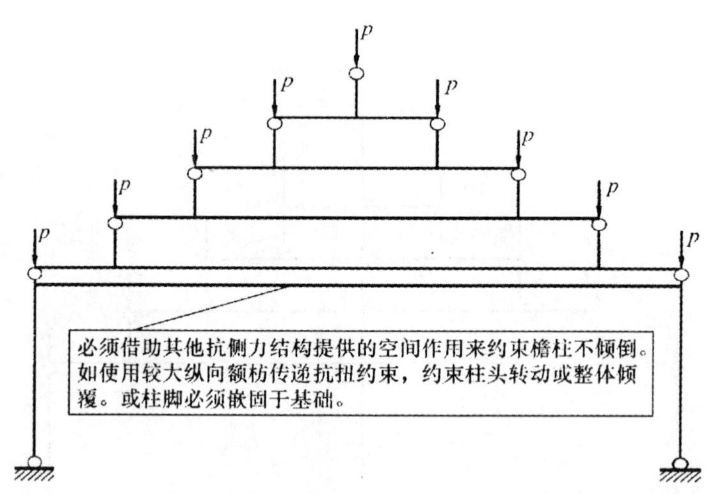

图 10.14

注：《营造法式》图样中的“通檐”作为单榀构架来看，它的空间不变性很值得怀疑，其檐柱必须借助其他空间约束来保证稳定的直立。否则，只以构架平面内来看，檐柱上下都是铰接，显然是一个机动体系。

（8）八架椽屋前后乳栿用四柱（图 10. 15）。

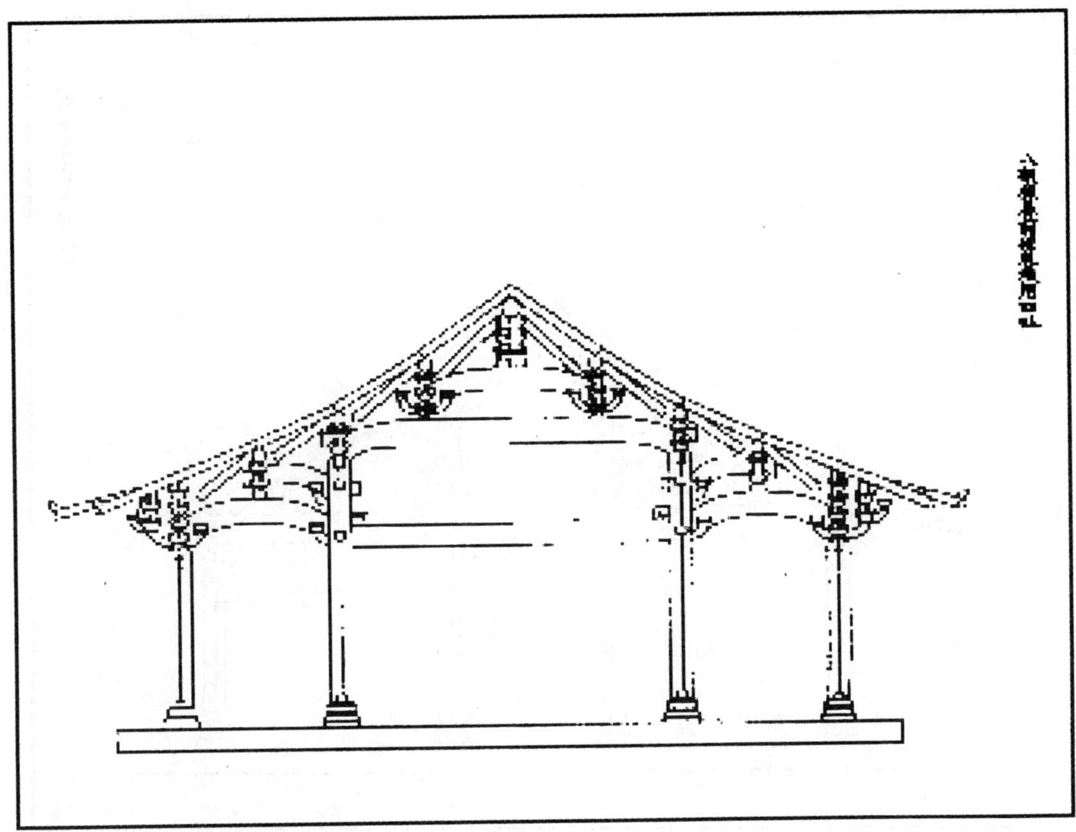

图　10. 15

结构计算简图为图 10. 16。

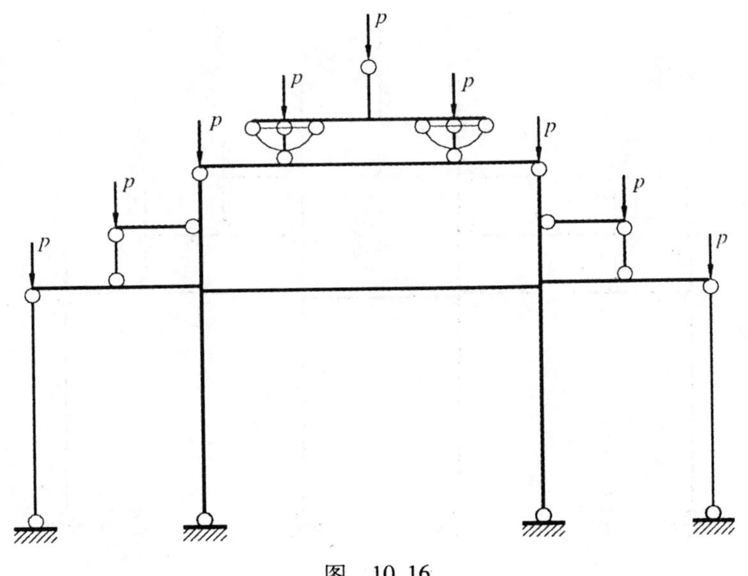

图　10. 16

（9）八架椽屋前后三椽栿用四柱（图 10.17）。

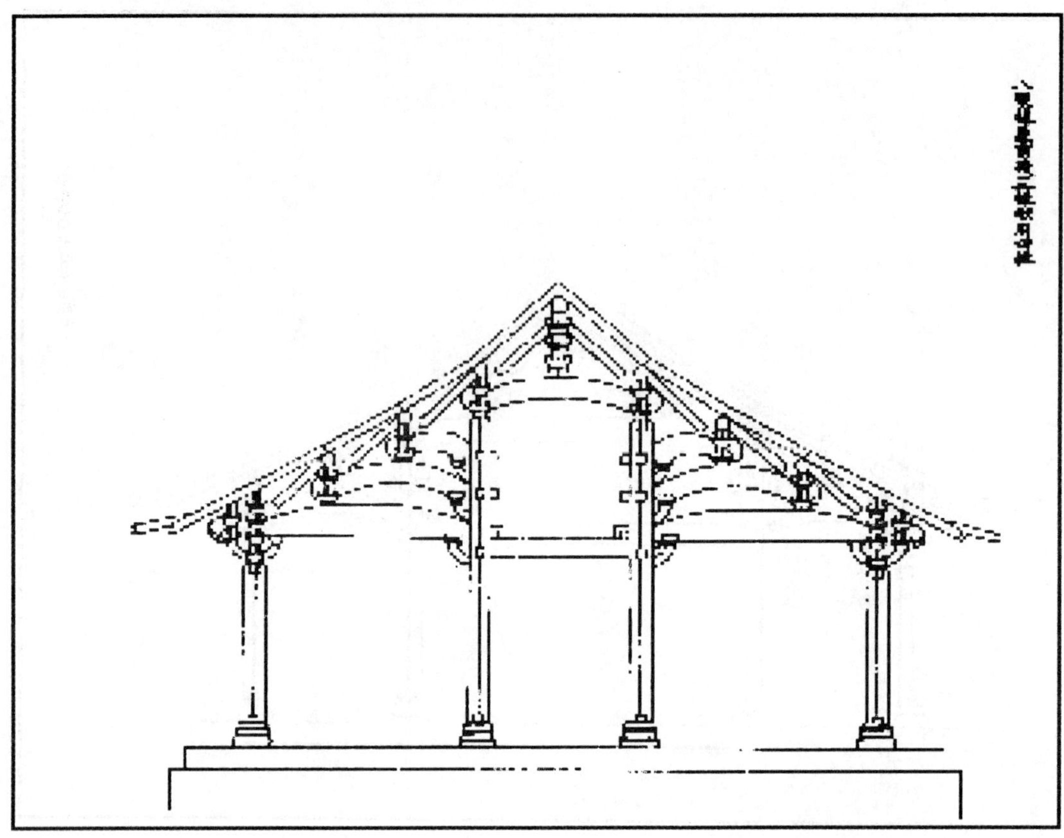

图 10.17

结构计算简图为图 10.18。

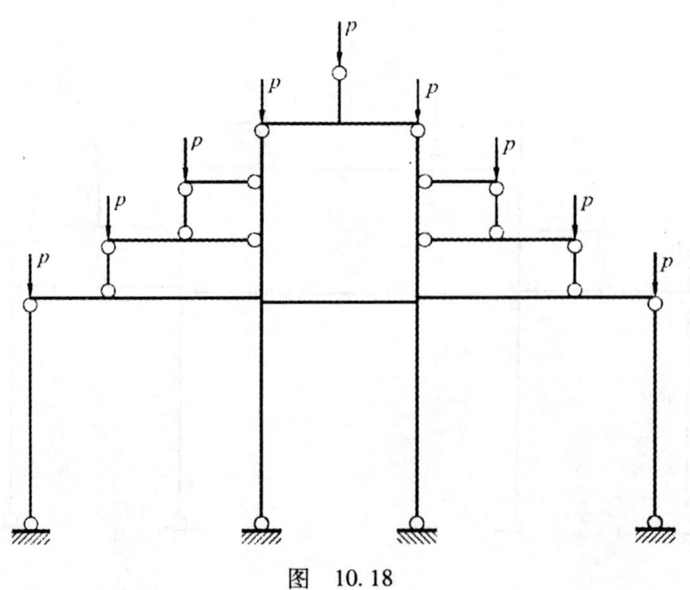

图 10.18

（10）八架椽屋分心乳栿用五柱（图 10.19）。

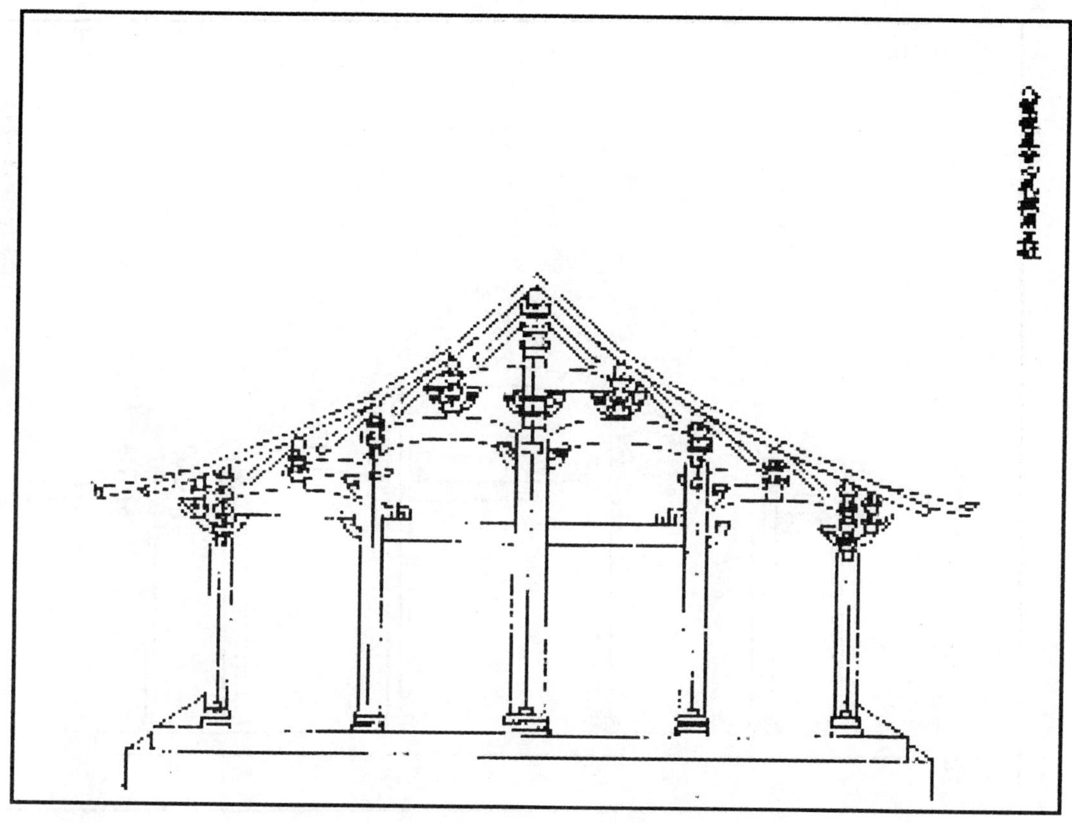

图 10.19

结构计算简图为图 10.20。

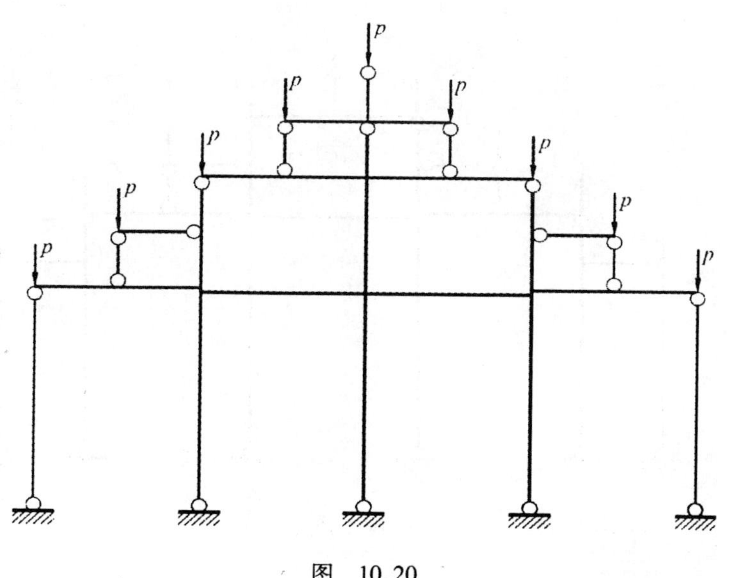

图 10.20

（11）八架椽屋前后劄牵用六柱（图 10. 21）。

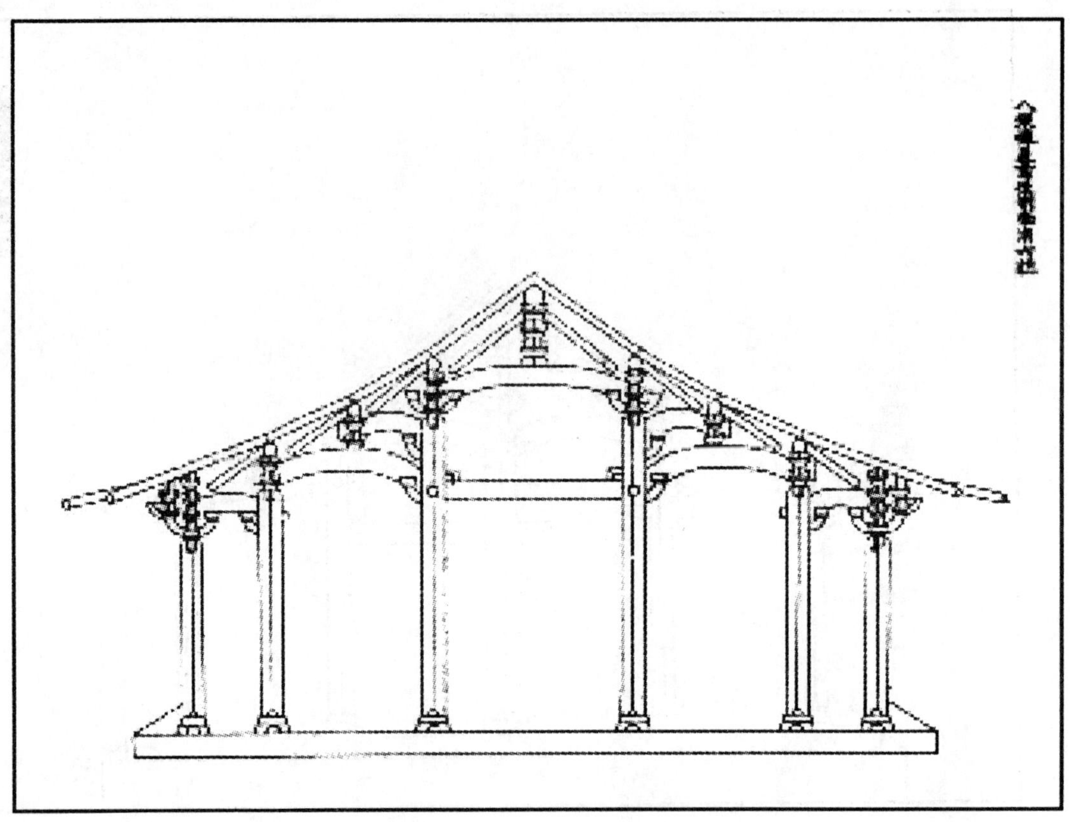

图 10. 21

结构计算简图为图 10. 22。

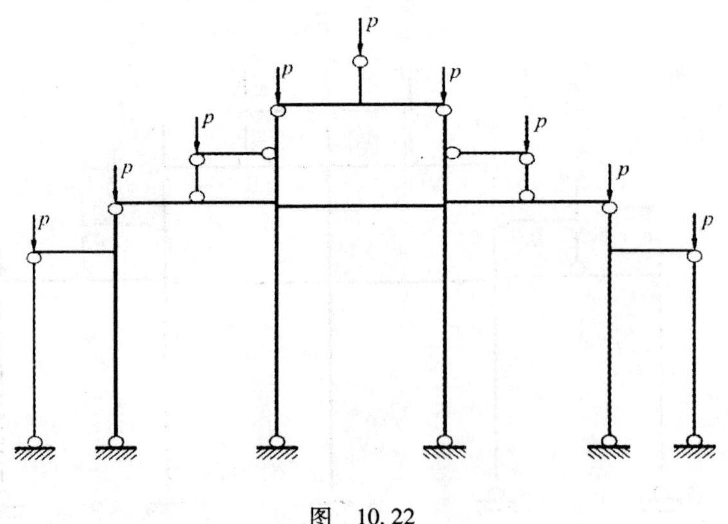

图 10. 22

（12）六架椽屋分心用三柱（图 10. 23）。

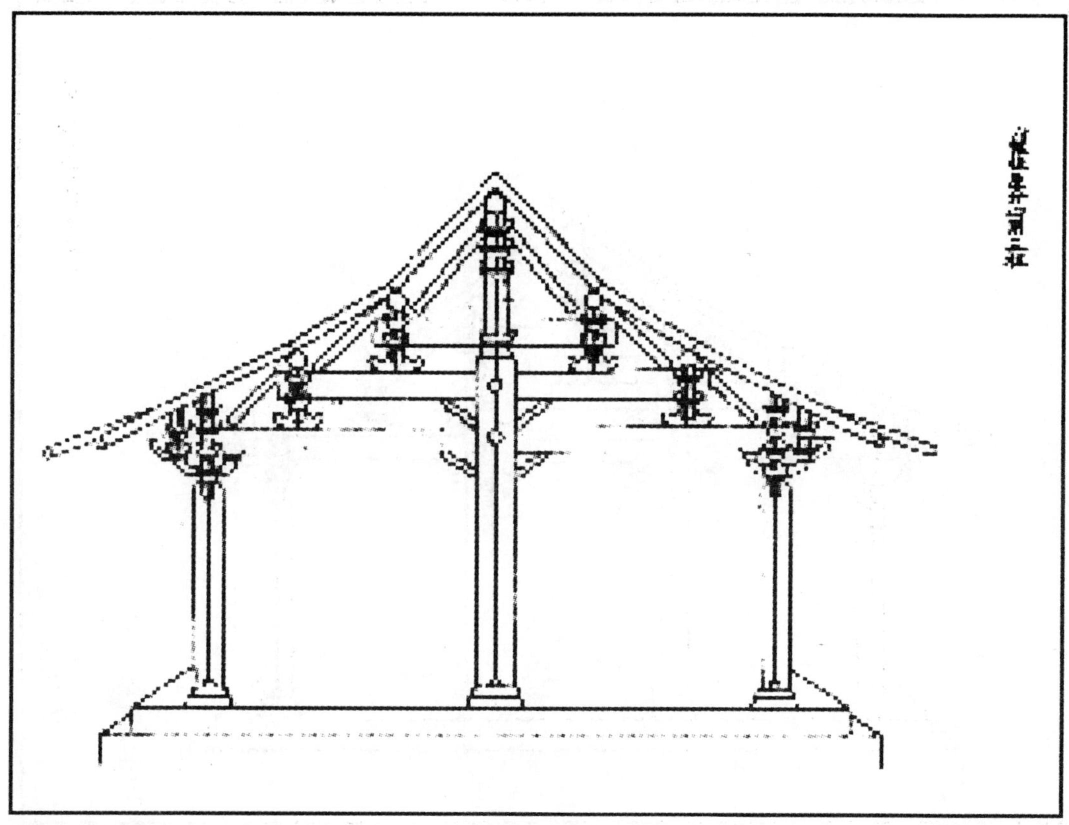

图 10. 23

结构计算简图为图 10. 24。

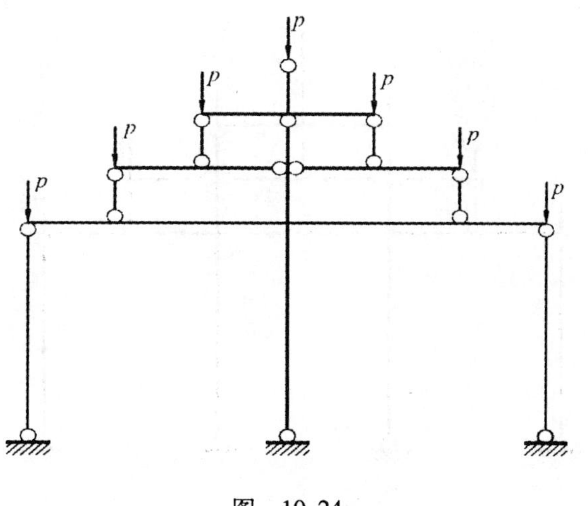

图 10. 24

（13）六架椽屋乳栿对四椽栿用四柱（图 10.25）。

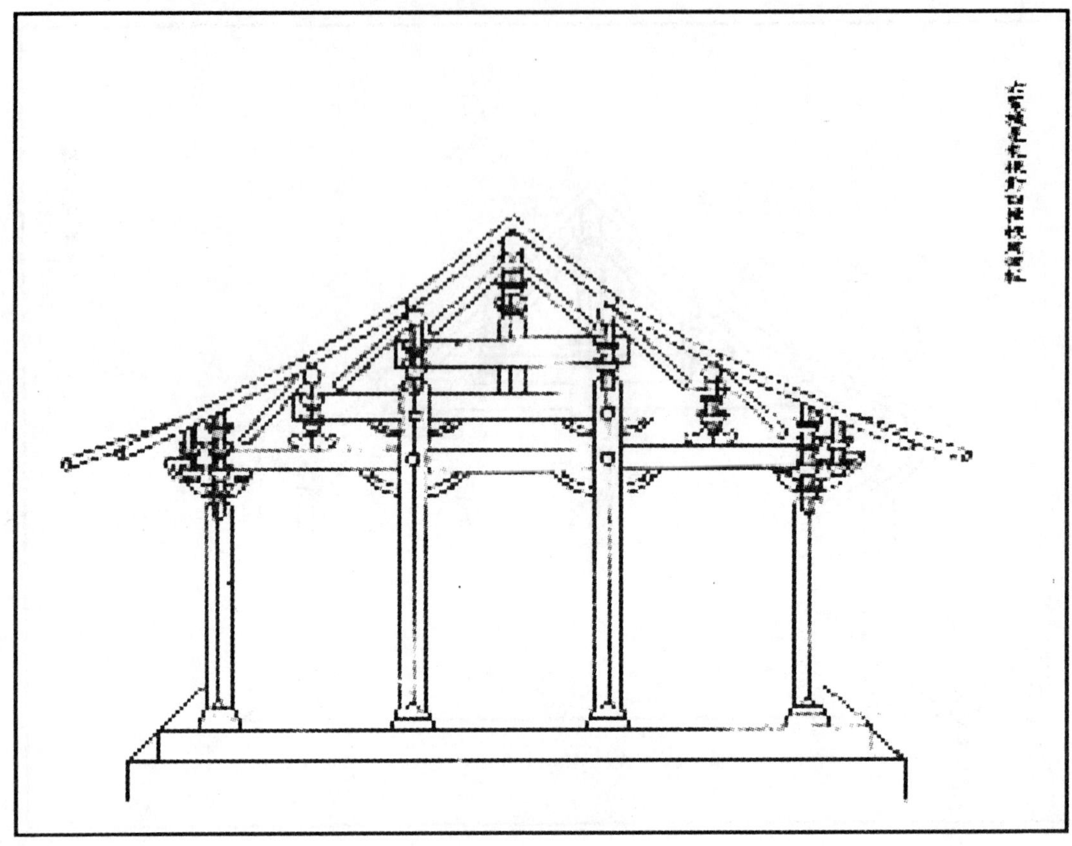

图　10.25

结构计算简图为图 10.26。

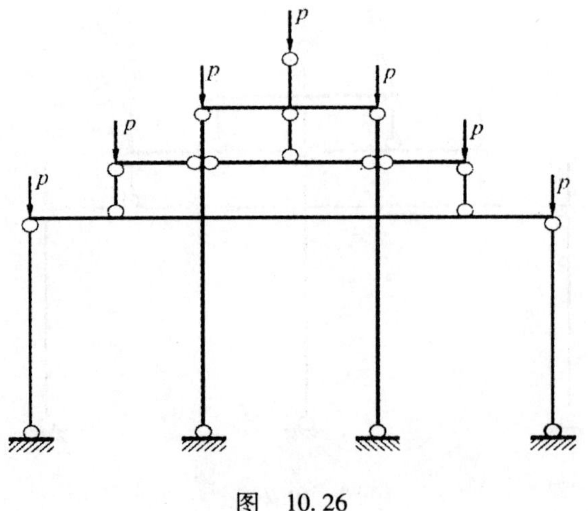

图　10.26

（14）六架椽屋前后乳栿劄牵用四柱（图 10. 27）。

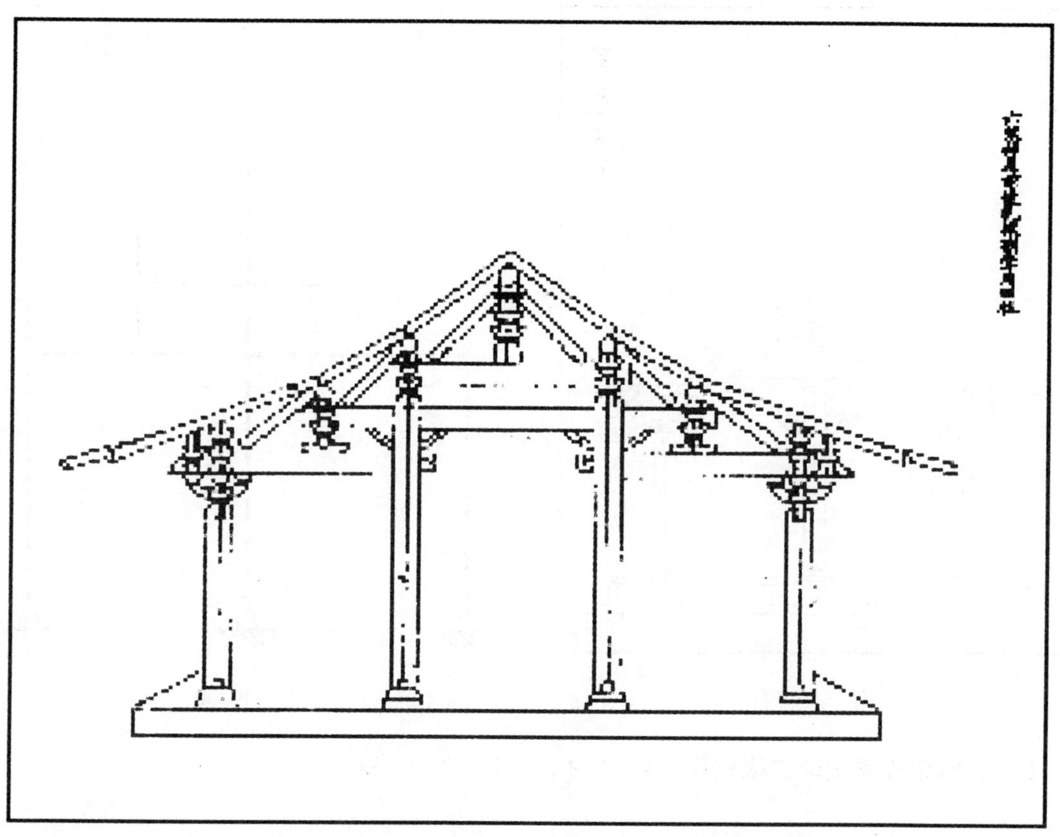

图 10. 27

结构计算简图为图 10. 28。

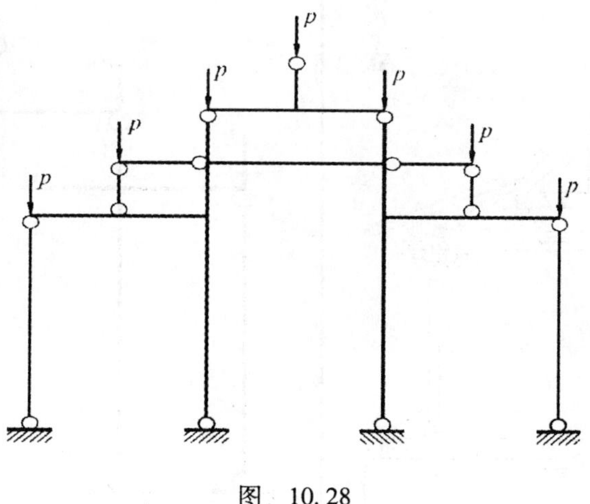

图 10. 28

（15）四架椽屋分心用三柱（图 10.29、图 10.30）。

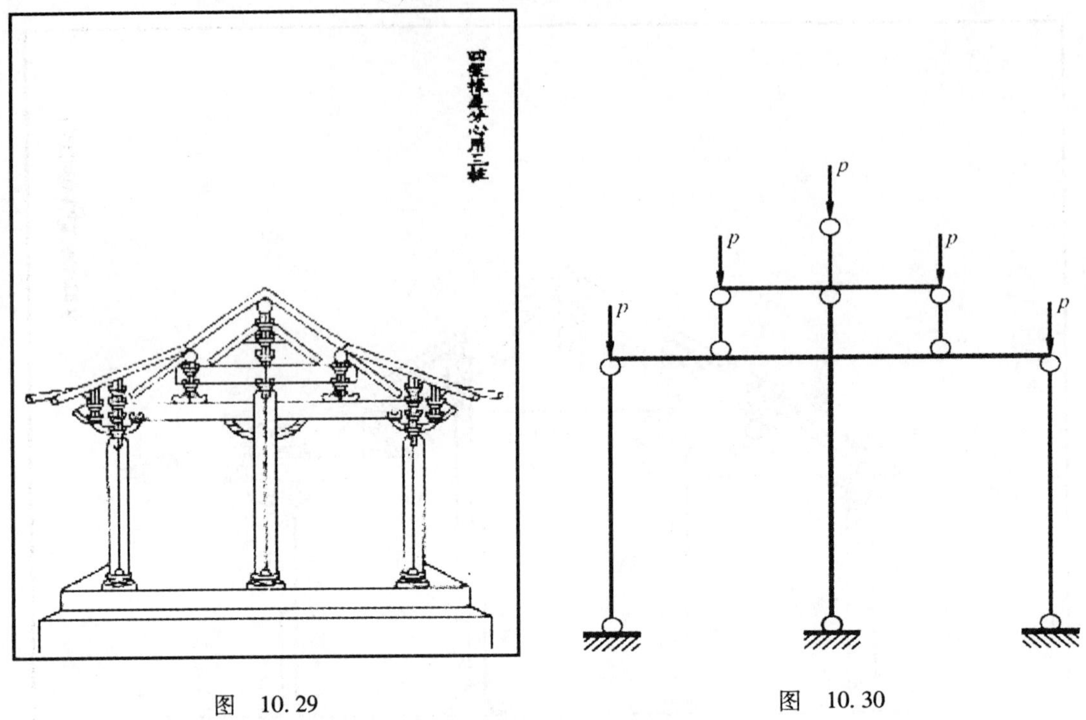

图　10.29　　　　　　　　　　　　　　　图　10.30

（16）四架椽屋劄牵二椽栿用三柱（图 10.31、图 10.32）。

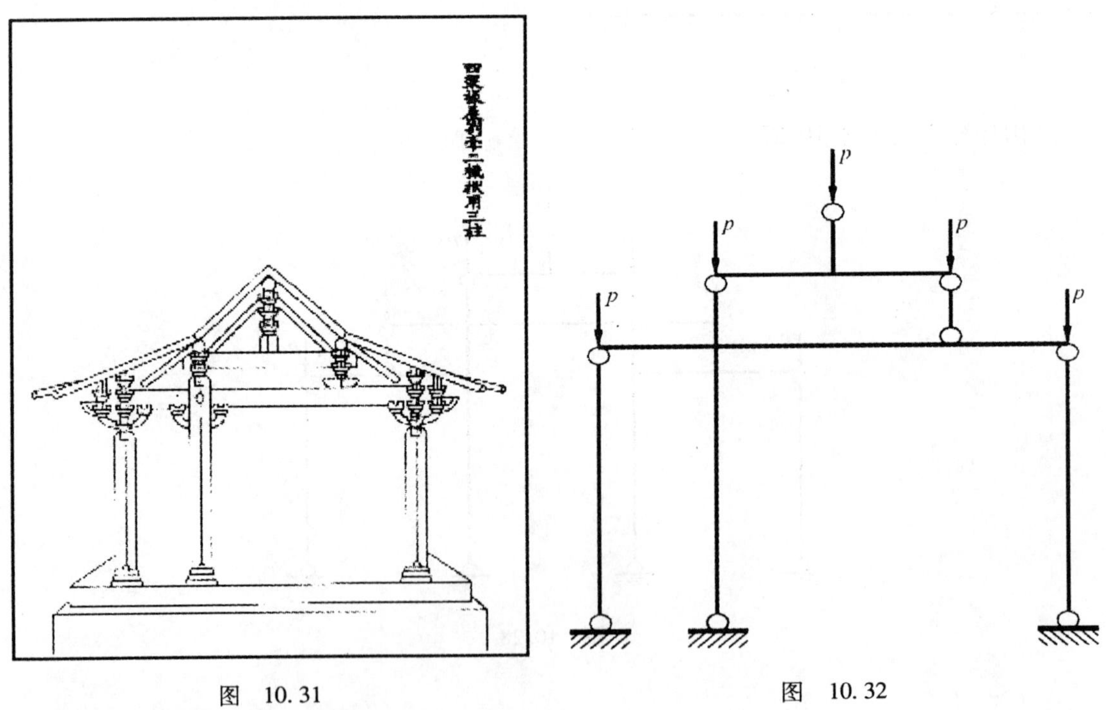

图　10.31　　　　　　　　　　　　　　　图　10.32

（17）四架椽屋分心劄牵用四柱（图 10.33、图 10.34）。

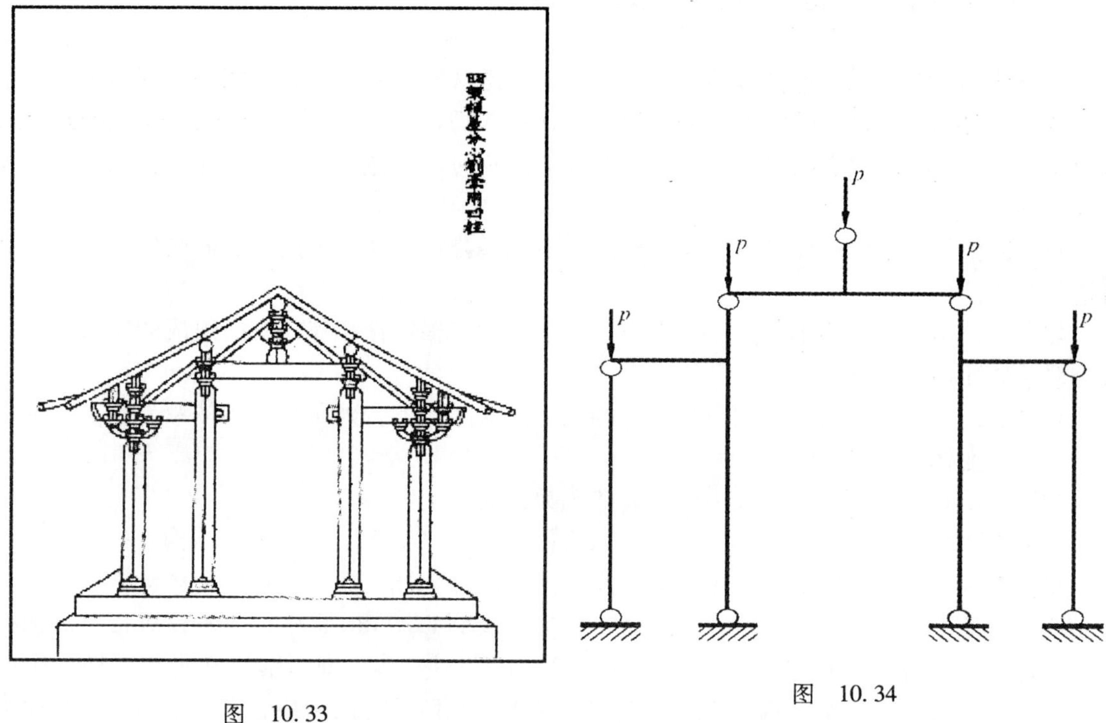

图 10.33

图 10.34

（18）四架椽屋通檐用二柱（图 10.35、图 10.36）。

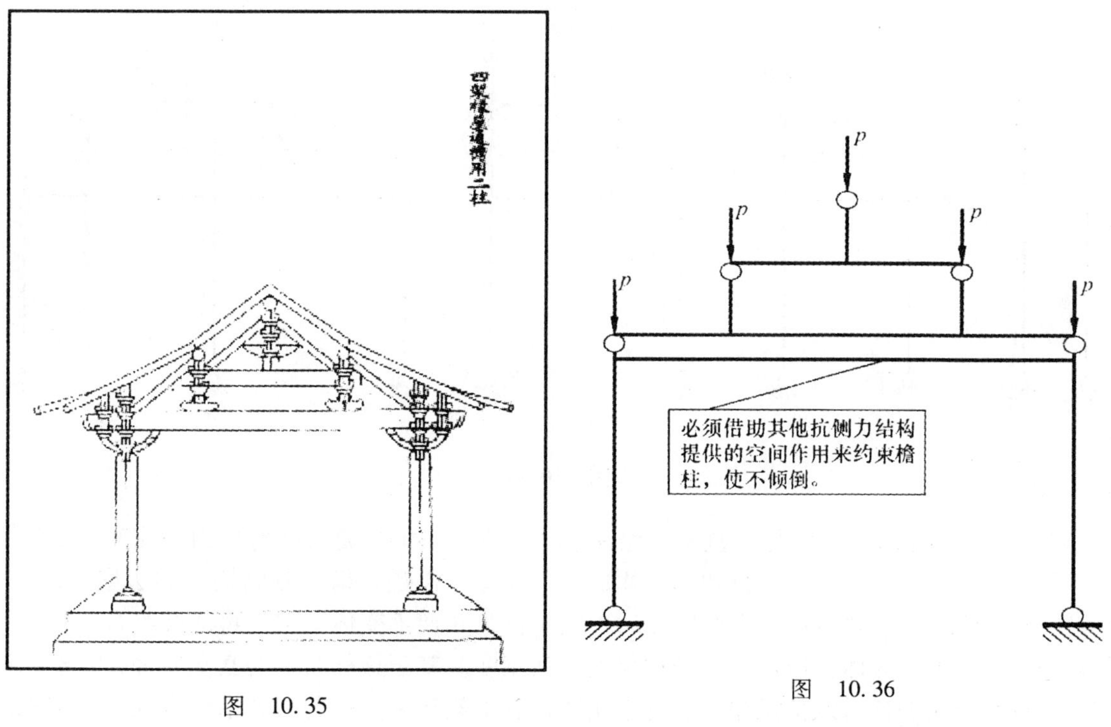

图 10.35

图 10.36

10.2 厅堂构架平面体系的机动分析

一个结构体系受到任意荷载的作用后，若不考虑材料的应变，必须能保持其基本空间几何形状和位置不变，这样的结构称为几何不变体系。而假如尽管只受到很小的荷载的作用，就会引起几何形状的改变的话，这类结构就被称为几何可变体系。可用的厅堂构架首先必须是几何不变体系。

对于这种较简单的平面杆系结构，利用如下几条公认的几何不变体系的简单组成规则就可进行判断：

规则一，两个刚片用不全交于一点也不全平行的三根链杆相连，则所组成的体系是没有多余联系的几何不变体系。

规则二，三个刚片用不在同一直线上的三个铰两两相连，则所组成的体系是没有多余联系的几何不变体系。

规则三，在一个刚片上增加一个二元体仍为几何不变体系。

在所有厅堂构架中“劄牵”（图 10.37a）就是一个典型平面几何不变结构。劄牵的含义在这里为：一个一椽袱，前端通过斗栱支座简支在檐柱上端，后端靠穿榫与内侧柱嵌固。基础镶嵌在大地上，合为一个大刚片。劄牵与内柱形成倒“L”形曲杆，与檐柱铰接，即为一个二元体。按照规则三判断，“劄牵”结构即为几何不变体。劄牵结构又可被看做一个刚片，对称再摆放一个劄牵结构，它们与大地一起仍是几何不变的刚片，在其上搭设一个简支梁，自然也是几何不变体系，如同“四架椽屋分心劄牵用四柱”，如图 10.29、图 10.30 所示。

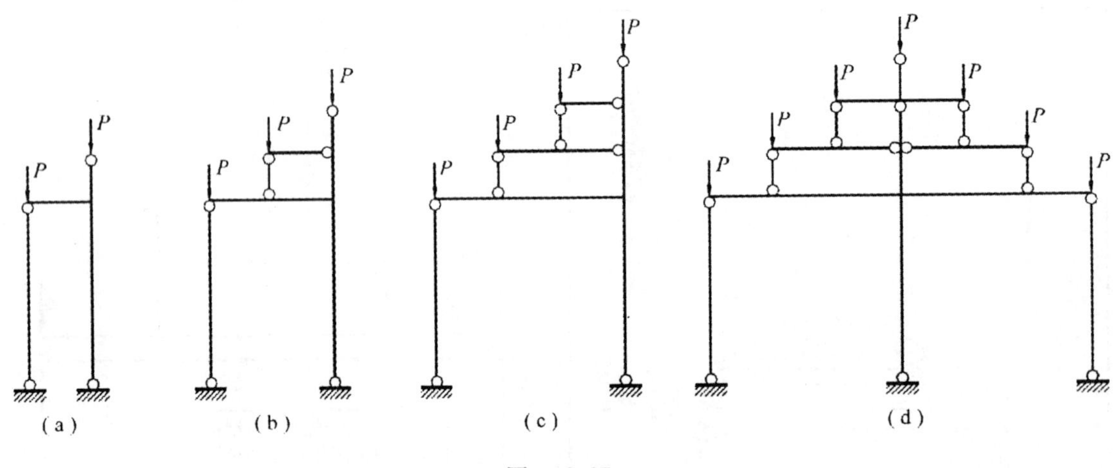

图 10.37

“乳栿”（图 10.37b）与“劄牵”结构基本相同，不同的是梁的跨度由一椽变为二椽平长，其上又叠加了一个由一椽栿和蜀柱构成的二元体，仍是几何不变结构。如法炮制，“三椽栿”（图 10.37c）、“分心”（图 10.37d）结构都是几何不变体，它们再复叠组合，只相当于在地面上增加二元体，所形成的结构仍然几何不变。基于这样简单的基本原理，六架椽屋前后乳栿劄牵用四柱、八架椽屋前后乳栿用四柱、十架椽屋分心前后乳栿用五柱、十架椽层前后并乳栿用六柱应运而生。这种组合起来的结构，为巩固整个构架的整体性，通常再增加一个“顺栿串”。

顺栿串上并无荷载，本身只是一个拉结杆。但它与两侧内柱的联结最好用刚接，可以协调两侧内柱柱头弯矩。在有水平荷载作用或两侧竖向荷载偶然不对称时它才会发挥作用。顺袱串两端通常使用长榫穿透两侧内柱，露出的榫端头上或于柱心位置穿一个销键，以确保能传递拉力。它是古建木结构中为数不多的有受拉要求的杆件之一。

“分心”构架（图 10.37d），梁架与唯一的中柱结为一个刚片，与前后檐柱相连，多一个铰链，似乎是双保险。然而，这个“双保险”并非“多余”。我们时刻不能忘记，这种木构架结构本身由下往上，是由木构件层层叠放构成，并不使用胶粘，构件间的水平接合面并不具备抗拉力的能力。尤其是斗栱支座，它只是一个层叠受压结构。当有较大的水平荷载导致屋架重量偏向一侧檐柱，大梁另一端就有翘起的趋势，使压力减轻的檐柱的支承变得不可靠，严重时该檐柱将失去铰链作用。古建筑木结构中的柱都是按受压或弯压构件设计，柱中不能出现拉力，这使得屋顶传来的竖向压重与结构安全形成了一个有机的体系。缺少了竖向恒有的压力，这个体系反而并不可靠。更进一步分析，椽子选用单跨简支，为榑条设置不约束转动的桁碗都是这一体系的有机组成部分。“分心”结构除最下层梁出于构架几何不变性的要求必须与中柱固接以外，其上层各梁与内柱采用铰接要优于刚接，且最下层梁抗弯刚度不宜过大，要始终保持两端与檐柱紧密接触，保持压力和摩擦力。否则，在水平荷载作用下，如果发生屋盖重量侧移，“天平”一侧会翘起，使檐柱失去压力，这些“摇摆柱”就会变得极易倒掉。所幸由于柱底最大摩擦力的限值并不会过大，地震和风所能造成的最大水平荷载不足以让这个“天平”一侧翘起。

“通檐”结构的几何不变性确实值得怀疑。通檐用二柱，对草样中的构架，梁架直接简支在檐柱上，这是一个几何可变体系。除非檐柱列的竖向稳定有依靠，比如利用两边不同体系的其他稳定结构，如几何不变的稍间构架或刚度大的硬山墙，通过额枋或普拍方提供空间侧向约束，即通过阑额抗扭和屋盖构件联系的空间作用来提供的空间水平支撑，使这一榀构架中的檐柱先站稳，然后才能在其上面通过斗栱支座简支大梁架。

10.3 厅堂构架竖向荷载作用下内力分析

厅堂榑以上做法与殿堂相同，除檐椽有伸臂外，其余椽都采用均匀单跨简支于榑，榑也是单跨连续简支于构架的梁端和蜀柱上端，梁柱主构架都是承受节点集中荷载。由于平面布局规整，椽跨、榑跨都很均匀，这些集中荷载被调整得基本相等。如图 10.37 中所示都用“P”表示。

下面以一个三椽栿为例，作一个简单分析。设一椽平长（水平投影长度）为“L”，代表 150 份°。间广即榑长即为 300 份°，即 $2L$。檐柱高最大取高 300 份°，亦为 $2L$。按举高 1:4，横梁与上层横梁间距即为 $0.5L$。荷载分布如图 10.38。计算做出其内力分布图，如图 10.39。

弯矩计算稍微复杂一点，在内柱与主梁节点使用了弯矩分配法，图中是进行弯矩分配之后的结果，在距今 1000 年前的宋代不一定作这样复杂的计算。但根据匠师的经验，一定有过成熟的估算。三椽栿在跨内一椽位置作用一个集中荷载，其跨中最大弯距相当于一个两端

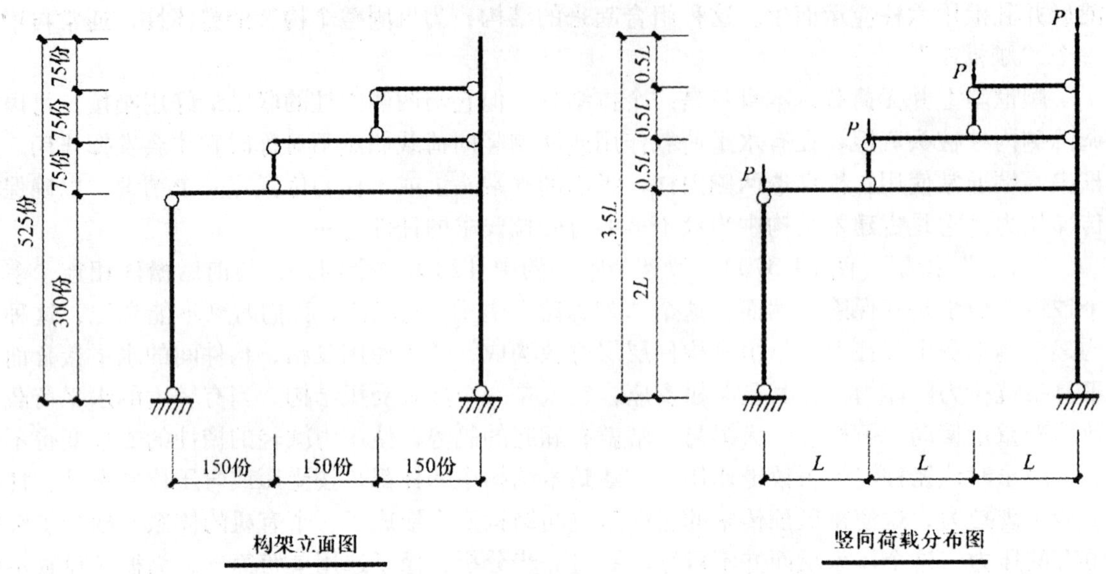

图 10.38　厅堂三椽栿构架竖向荷载分布简图

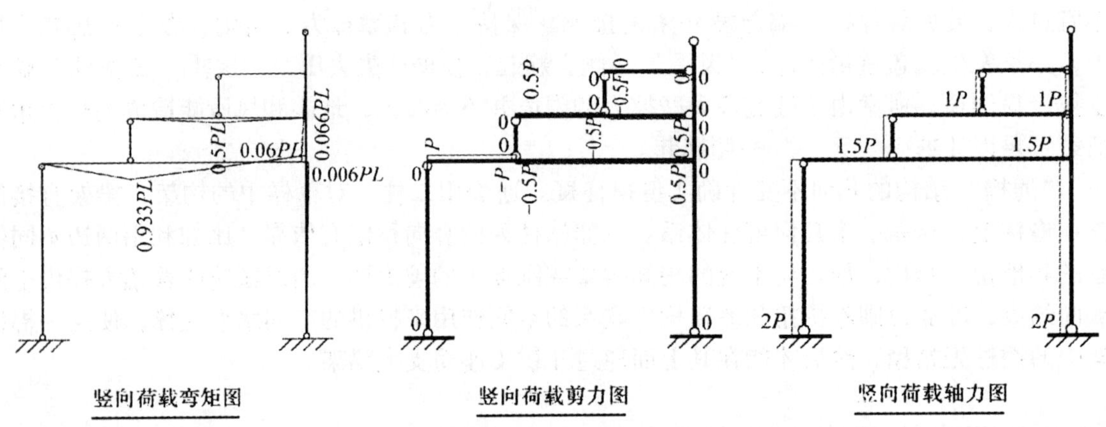

图 10.39　厅堂三椽栿构架竖向荷载下内力简图

简支的六椽栿在跨内距两端各一椽位置同时作用一个集中荷载时的跨中弯矩，其值为 PL。三椽栿的内柱支座负弯矩，考虑最大的情形，按绝对固端考虑，最大取二分之一跨中正弯矩 $\frac{1}{2}PL$。而构造来看，梁全跨不变截面，入柱榫头最细处截面宽度缩为原来一半，木材的弯曲应力正好与跨中最大弯矩截面的应力保持同样水平，刚度强度都满足要求。更加之，在此节点往往使用雀替，用料不多，但对节点的刚度和承载力都是成倍的加强。从这一点讲，这是至今都值得叹服的。

如果再考虑三椽栿之上的乳栿与劄牵和内柱有一定的固接，蜀柱根与其下梁栿还有固接成分，这将使梁架整体刚度更大，这些小梁又可分担部分支座弯矩，各梁跨中和柱端弯矩都会减小，结构偏于更安全。

对劄牵、乳栿及分心结构的分析都可采用同样方法，不再赘述。

10.4 厅堂构架水平荷载作用下内力分析

对厅堂各构架的水平荷载作用下的内力分析更为简单。由于梁柱为分别为水平和垂直正交分布，檐柱为两端铰接的摇摆柱，水平力几乎完全由内柱抗剪承担。而这个最大总剪力始终不会超过柱底总摩擦力。

仍以三椽栿构架为例，荷载分布如图 10.40 示。水平荷载作用下的内力图如图 10.41 示。

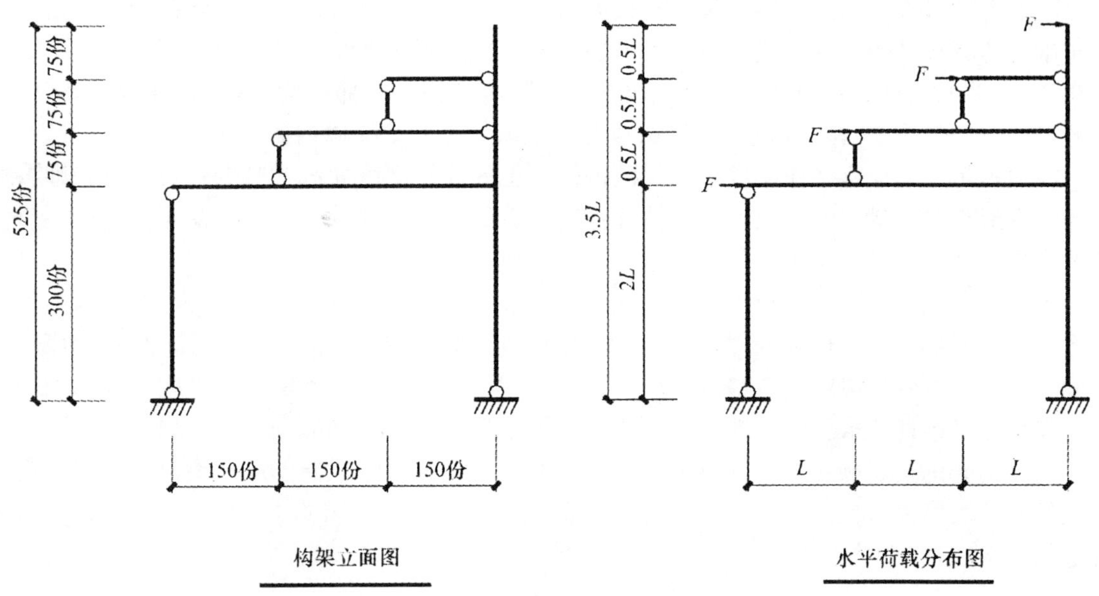

图 10.40　厅堂三椽栿构架水平荷载分布简图

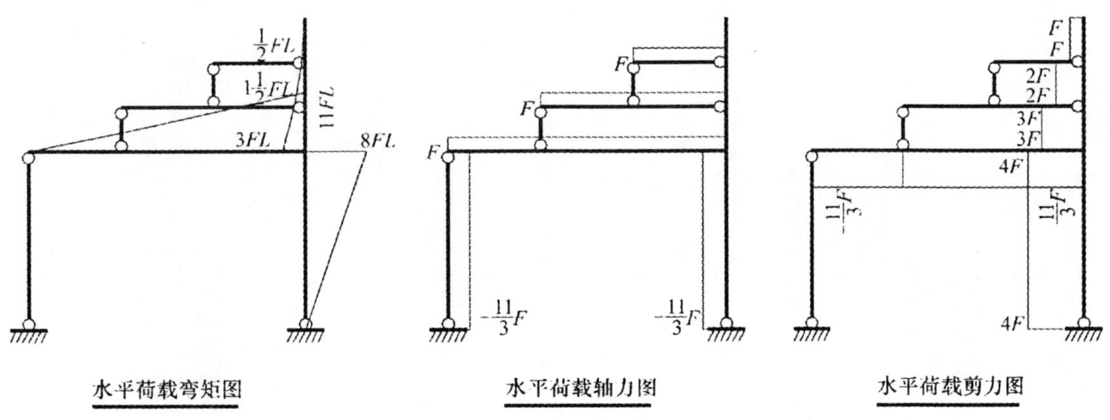

图 10.41　厅堂三椽栿构架水平荷载下内力简图

水平荷载作用下的内力图显示的最突出的特点是剪力和弯矩都集中于中柱，这使结构应对地震作用的处理变得极为简单明确。只要选取合适的中柱，处理好主梁和中柱的节点，整个结构的抗震安全性就可以得到保证。这也许是至今所有抗震结构中最简捷的处理方法。

如果再考虑三椽栿之上的乳栿与劄牵和内柱有一定的固接，蜀柱根与其下梁栿还有固接成分，这将使梁架整体刚度更大，这些小梁又可分担部分支座弯矩，各梁跨中和柱端弯矩都会传递分散减小，会使结构偏于更安全。

对劄牵、乳栿及分心结构的分析都可采用同样方法，不再赘述。

与殿堂结构一样，厅堂结构所有柱都采用柱脚端平面与础石顶平面顶实简支，这一大的前提条件决定了任何时候，作用于结构的荷载所产生的柱底总剪力始终不会超过柱底总摩擦力。因而，只要控制好内柱柱脚底与础石顶面的摩擦系数，就可成功限制任何时候结构内部所可能产生的最大内力水平。假设结构梁架各受力节点所能出现的最大竖向荷载为 P_{max}，木柱与础石的摩擦系数为 μ（该值在 0.5 左右），对于上例三椽栿，有 $4F = 2\mu P_{max}$，即 $F_{max} = 0.5\mu P_{max}$。从抗震的角度讲，该结构是极高效的隔震结构，上部机构可能出现的影响结构内力的最大惯性加速度（不含机构滑移加速度）被限制在 $0.25g$ 以内。

在地震等振动或水平作用发生时，两侧檐柱上的斗栱则恰如汽车减振弹簧支座，即可通过弹性变形吸收能量，又可通过摩擦消耗掉所吸收的能量，使结构按长周期振动，并不与任何波发生共振。可见，斗栱在厅堂里也可起到高位隔震、耗能的效果。

由于厅堂构架整体性较殿堂结构差，檐柱通过柔性支座斗栱和梁架相连，而梁架与内柱联系紧密，形成一个刚性大的部件板块，房屋重量相对集中于与梁架和内柱，在水平作用过于剧烈时，厅堂各柱脚统一滑移的可能性较小，相比之下，梁架推动斗栱外闪，或从檐柱斗栱上滑落的可能性较殿堂大。这也是厅堂结构等级低于殿堂结构的一个主要原因。

厅堂构架的抗震验算，在保持那些已有数百年使用经验的成熟的结构形制的同时，仍然应以控制柱底摩擦系数为出发点，采用荷载极值法进行基本结构的内力及构件计算，以选用合适的材料和构造方法。

第十一章　古建木结构修复、加固与新造

11.1　修复与加固的意义及原则

中国古代木结构建筑是我国古代文明中最瑰丽的一页，随着历史的变迁，在长期自然灾害的破坏和人为灾祸的吞噬中，现存的遗构并不多了。古建筑各个重要发展阶段标志性的文物建筑都有极其珍贵的历史价值，艺术价值，科学价值。对她们进行研究和保护是十分必要的。诚如一位古建筑老专家所说：对于古建筑文物，我们这一代能搞明白的我们尽量搞清楚，我们搞不明白的留给后人去搞，但至少不能让它们毁在我们手里。

从鸦片战争以后的一个多世纪，对中国古建筑来说，几乎是经历了灭顶之灾。列强掳掠，战火频仍，到解放初期，全国几为焦土。大量古建筑毁于战火。虽然从我们的研究结果看她们对地震灾害的防御技术甚至高于现代建筑结构，但她在被主人的遗弃和受他人的侵害时却显得那样孱弱。正如梁思成先生在上世纪初叶考察时所见，大的寺庙里常常是栖兵之所，士兵们拿斗栱烧火做饭或取暖，失去保护的古代木结构在火灾中是极易焚毁的……之后又经过了历次动荡，除了要遮风避雨、赖以生活的正寄居其中的古建筑不能立刻烧毁以外，很多古代典籍、书本、图样都被当成“四旧”烧掉了。英法联军在圆明园烧杀劫掠，是烧毁了建筑的“国库”，到这个阶段“民库”也基本烧尽了。

就是在这样的历史关头，在这片水深火热的文明古国的废墟中，20 世纪 20 年代，以梁思成先生为代表的一批仁人志士，开始了艰难的古建筑文物考察、抢救工作。他们的足迹几乎遍及全国，但可找到的保存完好的古建筑已经不多了。梁思成把当时还能看到的古建筑拍摄了很多珍贵的照片，为了怕丢失，并把它们保存在天津一家银行的地下金库里，但令人痛惜的是大部分照片的底片在抗日战争时期被地下水淹坏了。至今保留下来的除了一些测绘资料文本，就是他精心绘制的一些图版。这些图版几乎是现代但凡古建筑研究都必然会被引用的。古建筑的保护工作是极其艰辛的，往往倍其事，功其半，但这项工作是伟大的，是无以替代的。

近现代，我国的考古工作者已经做了大量的研究保护工作。尤其是近代以梁思成、刘敦桢为代表的中国营造学社，对我国古建进行了较详实的实地测绘，整理保存了一大批珍贵资料，成为我们今天从事古代建筑研究的基础资料。由梁思成先生发起主张的“整旧如旧”的文物修缮保护原则受到古建筑保护学术界的广泛认同，也已是目前全世界普遍公认的文物保护原则。建国后我国的古建研究保护工作也取得了一定的成绩，近几年，由于旅游资源的开发利用，国家文物局古建修缮司在国内开始对一些重要的古建筑进行了抢修加固。1992 年开始内部颁行《古建筑木结构维护与加固技术规范》。规范以“残损点法”作为结构鉴定加固的基本方法，基本贯彻了“整旧如旧”的原则要求。

从今天对古建结构的研究来看，一个好的经得起历史评判的修复或加固方案首先应该建立在对古建结构更深入透彻的认识上，保留建筑原貌还要重在保留其“构造思想、构造方

法和结构特点”这些真正宝贵的内核。我国古代建筑显然有其循序渐进，不断完善的发展过程，各时期建筑结构特征都是古建技术发展轨迹链上重要而不可替代的环节，保留古建筑原有的形制意义尤为重大。只有这样，才能最大限度保留和保护古建木结构这一个独特的结构体系。事实证明古建木结构经得起时间和恶劣自然灾害得考验，是“经久可以行用之法”，是中华民族对世界文明的杰出贡献，是我们最可宝贵的财富之一。在未来可持续发展的时代，这种结构体系仍将会放射出独特的光芒。成功地完整地保留这些伟大的“物质的”和“非物质的”遗产的意义决不能轻视。

11.2 古建筑保护方法探讨

有一些很重要的古建筑文物常常被称为“保存完好”或“基本保存完好”，但经过数百年甚至上千年的风雨剥蚀、地震损害、人为损害、材料糟朽、病虫灾害，还有甚至错误的“加固”，其实已是“风烛残年”。在当代对她们进行必要的保护、修缮维护也已经是势在必行，甚至是刻不容缓的。但即使在科学技术已经比较发达的今天，要做好这件事并不容易。除了要制定相关的法律法规，采用谨慎的态度和科学的方法是必须的。根据已有经验，对古建筑的保护修缮要有一整套严格的程序，并确保其能可靠地得到执行才行。

古建筑文物往往经历过数百年甚至上千年多种自然或人为灾害侵蚀，加之木材本身老化，结构机体会有很多复杂的损伤，其表现形态往往错综复杂、并不能直接进行简单的分析定论。对其健康状况和抗震能力的评估事实上很难进行。最一般的作法，可以按照现代工程检测、鉴定、加固的程序进行，但检测、鉴定的依据一定必须是适合古建筑的依据，加固的手段也必须遵循“整旧如旧”的原则。

根据对其结构原则的理论研究成果，我们可以针对每一具体结构按其建造时形制特点建立“历史结构健康档案”，作为评估监控的依据和修复的目标。以木结构殿堂为例，本书前几章所述的结构原则内容可以作为健康档案中必要的明确条款。如针对抗震能力，要看台基是否坚固平整，有无不均匀沉降，沉降位置和大小，局部沉降的危害性等；柱顶石古镜面是否水平、光滑，有无障碍物；柱架是否稳固，关键榫卯有无残缺；斗栱和梁架有无歪闪、裂断或过大变形等，对会造成结构不可收敛变形的“差异”要作为健康监测的重点内容。结构的方、圆、平、直等几何特征和结构布置及受力的对称均衡等也是检测的重要内容。这几点，在残损点法中尚未明确其意义。

本书中所述的古代建筑木结构殿、阁、塔结构的“多层叠置”构建方法是古建木构抗震的精髓要领，而针对这一显著特征的加固保护方法，在目前已知的方案中均未明确提及。由于以前缺乏研究，对古建筑木结构这种“积木”式的叠压结构“只传递压力”不敢定论，致使在一些加固工程中拼命的增加拉结，各构件之间用现代高强胶粘连等错误的作法屡屡发生，为害不浅。错误的加固方法犹如“庸医狼药”，反而直接破坏了原结构自有隔震、减震性能，反而加大了结构构件地震作用下的应力，造成不应有的损害。

还有人认为“柱脚不嵌固”是中国古建筑明显的“缺点”，加固时必须“纠正为牢固嵌固”!? 这种在对古建筑结构根本无知的前提下所采取的武断的“加固”着实令人吃惊。在对应县木塔的加固方案中，有人提出采用底端嵌固，上下不分层的刚性钢桁架体系给塔做“内衬”，这会完全破坏了原有松散拼装体系，使这一古代杰作与当今钢结构高层建筑无异，这完全损坏了木塔本身的科学价值和历史价值。这与其说在挽救塔的生命不如说使活生生的木塔变成钢骨木乃伊。

一个好的经得起历史评判的加固方案首先应该建立在对木塔深入透彻的认识上，保留建筑原貌首先要保留其“构造思想，构造方法，构件材料，和构造性能”。不能把诸葛亮整修成李逵。我们在研究中深刻认识到古建木结构是一个独特的完善的结构体系，事实证明他经得起时间和恶劣自然灾害得考验，是“经久可以行用之法”。所以，我们力主：“保留原材原构，以原选材对称更换不可用构件”的加固方法。这是最经济，最简单可行，最有意义的加固方法。这里强调“对称更换”是指在一个结构层如果要更换局部个别构件，一定也要对称更换与其相呼应的对称位置的同一个构件，即更换构件不能破坏结构传力的对称性，“对称”是中国古建筑的“命脉”。

日本对木结构古建筑所采用的保护方法也不无可取之处，他们规定“定期更换旧材”，几乎每五十年更换一次构件材料，虽然结构完全“脱胎换骨”，但成功地保有了原有结构形制和建造方法。让她的灵魂“活”了下来。

除了对结构的加固、保护、恢复，防火是着实需要永远重视的。对于采用原木建造的古建筑木结构来说，火灾是毁灭她们的最快方式。是否项羽曾经真的一把火把阿房宫化为灰烬尚未考证清楚，但英法联军火烧圆明园却是铁的事实，这在中国乃至世界文明史上极其丑恶的罪行所留下的创伤，至今在每个中国人心中挥之不去。对于古建筑的防火保护在现代的技术层面基本不存在问题，实时监控的自动喷淋系统和其他消防设施都可用，但重在管理，要有专门的法律和人员监管。

对中国古建筑来说，通常在几十年甚至上百年才发生一次的超大的地震灾害发生时，构造良好的房屋的柱子发生些许滑移，结构并不倒塌，这对受它庇护的使用者来说不但完全可以接受，也是值得庆幸的。即使因为各种复杂的原因，木结构在破坏前都会发出挤压摩擦的咯吱声或木纤维断裂的劈啪声，而且它的破坏具有相当的延性，这可以给予有经验的使用者充足的逃生机会。木结构的抗震能力是可以信赖的。

但在诸如沿海台风频发地区，这些结构却很少见。同样是水平荷载，木结构对地震和风的抵御能力却有差别。木结构可以利用它们先天的“松散”，由下往上逐层消能减震，有效降低地震对上部大屋盖结构的破坏，但这种相对“松散”却对抵御不可琢磨的大风十分不利。大风常常可以直接掀掉屋瓦，或由下往上掀起局部或全部大屋顶，这对于这种积木式垒叠构建的结构是致命的。古建筑的对风灾的防御往往是系统问题，它与房屋建筑的选址和周围的围墙、其他遮挡物有关，可以说和“风水”息息相关。很多重要的木结构建筑往往选址于大风难以袭击的山坳，宫殿往往修建于四周有高大城墙遮蔽的内城。这些周围环境的变化对于古建筑文物来说也是不容忽视的外在影响因素，也应在健康评估和修缮维护中予以重视。南方沿海地区的建筑房顶上常常要用压瓦砖，或增加房顶重量，很多是为防风考虑的。在杭州的六合塔和日本的五重塔中都有一根很大的悬空的中柱，除了增加房屋总压重外，它更像我们现代所说的质量调频阻尼器，除了抗震作用，它对抗风振同样有效。相当于在结构内部安装了一个自振周期固定的单摆，当上部结构被激振时，扰动会使单摆振动起来，振动的能量就被单摆吸收，在外部激振过后，再由单摆缓慢地释放，通过结构系统中的摩擦机制逐渐消散掉。这种在古代已得到成熟应用的技术，在近十几年的减振技术研究领域仍是热点。

古建筑保护是一个综合性很强的课题，它不仅是“建筑的”，也是“结构的”。在对古建筑的研究中不断学习，实在也是非常有趣的一件快事。中国古建筑中几千年的历史积淀实在也是后辈取之不尽的智慧宝藏。

11.3 古建木结构的修复与防震加固

我国现阶段修缮方法主要有清理维护、落架重修、铁件加固、残点贴补等。时兴的新技术在古建加固领域已开始跃跃欲试，如采用水泥、树脂灌浆料等加固糟朽的古木构件，基于纳米技术的古建加固构想也已出现。但能否做到“整旧如旧”，“是加固而不是破坏”，这些新技术是否可用、是否可行，尚正在商榷之中。回顾前些年已经进行的大型古建修缮工程，我国已经取得了一些可喜的经验，但也有令人痛心的不少教训，生搬硬套现代西方传来的结构体系对中国古建进行强行“矫正”，“加固”，反而破坏了原有结构体系，在抵御地震灾害时能力降低，造成了不应有的或更严重的破坏。

正如前述对古建筑震害的研究分析，主要有“柱脚滑移”，“斗栱歪闪”，严重的有单侧基础沉降，构架榫卯折断拔脱，或构件损毁等。由于符合设计构造要求的木结构古建筑本身具有良好的耐久性和抗震能力，对古建筑结构的常规保养和维护手段主要应是修复。即可对已偏移的结构使其恢复原位，对变形损坏的榫卯进行补强，对损坏的小构件进行修补更换等。坚持“修复”原则，保留原材原构，应允许以与原选材性能相近的新木材对称更换不可用腐朽旧构件。

由于古建木结构是按“单体构件拼装，结构层层叠置”的方法构建起来的，可以按照结构特点分层顶升，进行局部检修更换。这种方法既经济，又简单易行，易于维持古代木构原有风貌，严格保留原建筑的结构方法、结构构造，不增不减。可以很好地贯彻“整旧如旧”的修缮原则。

对基础不均匀沉降等严重隐患要尽早顶升纠正，对难以修复的榫卯可以考虑加固。常用铁条或钯锯加固榫卯，这样对结构外观影响较小，但铁件使用要顺应榫卯受力机理，以保证其抗弯抗拔能力为原则，要注意节点刚度分布均匀对称以免造成剪力集中。铁条截面的确定应遵循与原榫卯抗力等效，刚度等效的原则，不宜过大或过小。也可以用新木材对破损榫头、卯口进行局部更换，新换部分与原结构接茬应选在构件内力较小的截面进行。如对柱可以墩接，对额枋可以更换榫头，梁端额枋的搭接位置可以选在弯曲和剪切应力都较小的跨中位置。

古建筑的修复要系统地考虑她们最初的建造背景，修复过程要从根本做起，按照她们最初的建造方法，一步一步按程序进行。

下文以应县木塔整修工程作为假想例，对上述方法做一个粗略的陈述。加固工程可按以下步骤进行。

11.3.1 修缮加固原则

贯彻“整旧如旧”的文物修缮总原则，维持应县木塔原有风貌，严格保留原建筑的结构方法、结构构造，不增不减。最小量加固确已丧失承载能力或变形过大已经丧失应有构造功能的部件。

11.3.2 木塔现状调查及成因分析

对木塔的外观进行准确量测，发现塔身总体并无太大倾斜，但二层柱偏东、三层柱偏西倾斜严重。

根据现场测量分析，造成木塔现状的主要原因除了构件及联结节点的老化，二楼内筒的炮击损伤和后期加衬柱的错误加固方案的影响较大。由于数根环向连系杆件断裂，使二层柱架内环连接失效，内槽柱侧向约束严重缺陷导致柱失稳、扭转、侧倾，有栱臂严重弯折，加之风荷、地震多次作用，变形累积所致。

结合古建木构架模拟地震振动台试验可知，抬梁式木构架由于柱额榫卯连接和斗栱构造作用，上部梁架及平座以上各层地震反应加速度很小，像被轿夫抬起的轿子，地震中底层柱底位移和柱身转角最大，底层榫卯连接破坏也最严重。应县木塔可能由于底层墙体在柱滑移变位后参与了受力，夹持着底层柱架，使底层结构变形不再发展，而使结构地震位移反应表现为二层较大，三层以上依次减弱。

内部调查发现，已有错误的加固方案对塔的内柱内侧增加了“加固”用的附加柱，使底层和二层的内外槽柱上下连通，严重破坏了古建木构架柔性抗震、隔震的受力体系，导致震害上移至第三层。这样做会放大上部结构所遭受的地震作用，而上部各层构件用材已逐层减小，遭受地震时易于损害。因此，对木塔修复和抗震加固要解决的最重要的问题是“保持结构原有构造，修复榫卯连接机能，恢复构件原建位置，保证结构整体统一性。”已加上的错误方案加固构件应拆除，确因柱承载力退化须加强的柱，可采用高强胶加固或更换。但应注意不能改变柱与其相关构件的连接构造和性能，以免引起结构刚度不对称变化。

塔的上部几层尚无严重破坏。

11.3.3 加固方案的讨论

充分利用古代大木作结构“散件拼装，竖向分层”的特点，将受损轻微的上部三层整体顶升使其在不被扰动的情况下与下部结构脱离，对下部两层采用逆作法，从上往下按铺作、柱架、平坐逐层拆卸修复，再把上部三层平稳落回原位。可以概括为“外架上层顶升，构件修补，整体复位”。整个修复过程必须坚持按其最初修建时的各基本步骤严格执行，其中关键步骤和技术要点如下述：

（1）取正。

按照《营造法式》中记述的取正方法确定木塔初建时的正位。《营造法式》的颁布时间稍晚于木塔初建时期，但非常接近，其中方法可以代表木塔修建时期的技术水平。取正作为确定塔心位置的依据，塔心一旦确定，按照结构平面正对称布置的特点就可以确定斗底分槽和底层柱的准确位置。

（2）定平。

按照《营造法式》中的定平方法重新定平，采用地基加固方法或者局部将柱托换固定，重新铺设柱下基础，并修复台基的方法，可以恢复底层各柱脚标高，并校正柱顶石顶平面使之水平。为上部校平，对已经损坏或变形过大的柱进行墩接或对称更换。

（3）确定柱侧脚。

从塔心位置垂直向上的铅垂线即是塔轴心线，测量各柱相对塔轴心线的空间角度和柱脚、柱头距塔轴心的距离，利用平面布置的对称性，容易推算出原有柱侧脚。推算值还可用《营造法式》对侧脚的规定进行验证，最终确定加固后应保留的侧脚值。

（4）确定柱枋联结所采用的榫卯形式。

对损伤严重的榫卯节点可以采用现存完好的榫卯形式进行复制和更换，作到形制统一。事先要确定需要更换或修补的节点，准确测量，做好新件，以备上部顶升后可迅速更换。

（5）斗栱、罗汉枋等其他构件的修复处理。

对于构造功能明确，破坏状况明显的散件，若不能原位加固，可以选用复制更换的方法，上部结构顶升后很容易操作。

（6）顶升：

①可行性：

古塔建造是按照筑基、定平、立柱架、铺斗栱、托梁架或平座，平座上再立柱架，层层复叠建造而成。结构竖向自然分层，层间无拉结。栌斗是其上各层荷重的集中点，栌斗底面简单搁置在柱顶上的普拍枋上，栌斗底面是绝好的上部整体顶升分离面位置。顶升后保持三层平座始终水平就可以很好维持上部三层的整体稳定。

②顶升高度的确定：

将上部体块的最下平座从原标高顶起一个足材高或两材高（48～50cm）就可获得足够空间以更换其下铺作层和下部各层构件。顶起一个足材高，就可以使华栱与栌斗无损伤分离，从而可以更换失效栱材、散斗、素枋直至普拍方、柱架等。塔柱为叉柱造，若柱叉肢部分长，老柱不易取出，则需调高顶升高度直至老柱可抽出，新柱可以叉入。

③顶升技术要求：

顶升必须做到各支托点同步、缓慢加力顶升，使上部结构垂直上升，底座始终水平，以免由于施工造成上部体块倾斜、抖振、局部破坏等；顶升点应选在大梁及受力栱材支座附近，并注意局部加垫板缓冲保护，避免局压破坏；顶升机械从进场就位开始每一个举动等都必须经过精心设计，严格控制，以杜绝施工意外碰撞造成文物破坏或油渍污染。

对古建筑的重大修缮加固应在尊重原有结构本身结构特色的前提下进行，保留结构的特异性，才能做到顺其自然，维持本色。才是对它有意义的保护而非“改新”。整个工程过程必须作到严格管理不能有丝毫马虎，现场工作人员的增多本身就可能带来意想不到的变化，工程的管理必须慎之又慎。

古建筑防震加固的第一原则就是把它恢复到原有健康的防震体系。

包括坚持简支柱的柱脚摩擦滑移隔震；恢复足够强度的榫卯联结；保持铺作的竖向隔震减振垫层，和自动复位的支撑摆减振功能，及其对梁架的可靠支承；保证梁架各构件健康传力；确保屋盖保有足够重量；作好屋面瓦作的防水功能，这与结构长期耐久可靠工作是息息相关的。

对确已无法恢复的，仍要坚持保留原有形制，可以更换构件，难以更换的位置，可以按其受力特性，采用局部铁件加固等措施。最低限度的要求，可以利用现代结构在古建筑内部进行加固，可以把它的各个层部分别加固成空间稳定牢固的刚块，起码作到“屋有三分”，保持其最基本的传力体系。

11.4　古建筑木结构的新造

有几千年历史的中国古代建筑木结构是一个独特的结构大系，它的以木为主材，精湛的构造，完美的结构性能对现代结构技术来说有许多值得借鉴学习之处。它就地取材，因材施用，构造简单，传力明确，耐久可靠，这些特点使他具有永远的生命力。

只是从近代开始的建筑结构科学体系已经几乎完全建立在由西方传来的工业时代的自然科学新体系之上，工程技术人员已日益陷入应接不暇的、更多更趋复杂的、穷其一生也难以学完的公式推导和数学运算中去了。或者另有一大部分人已完全投身于忽视资源枯竭，忽视环境污染，且技术已经相当成熟的钢筋混凝土结构，钢结构的工业化复制生产中去了。中国的古建筑和它的木结构都已经快被设计院里的结构工程师们遗忘殆尽了。

由于人类历史文明的传承和延续，中国古建筑以它那代表一个五千年古国文明的强烈符号在一些建筑师的脑海和笔端久久挥之不去，难以割舍。使他们建造了一些半中半西，半土半洋的仿古新建筑，来寄托他们心中的梦想。缺少对古建筑结构的研究，缺少结构技术的支持是一个很令人遗憾的重要原因。

在中国边远的农村，很多居民仍居住在难以割舍的木结构传统建筑中，即使有机会新建住宅，他们仍然顽固的愿意建造传统的木结构。在经济发达的地区，地产商开发的别墅建筑中，木结构别墅一直是许多有能力的购买者的终极追求目标。木结构舒适、安全，和她人性化的亲和力在大多数居住者心中都有难以割舍的情结。

在注重可持续发展的今天，人们逐渐认识到，木材是唯一可再生的绿色建材资源。

虽然人类文明发展到今天，已经不可能再回到自给自足的自然经济时代，以木材建造可循环利用的生态建筑却不是再无可能。

今天，在木材资源充沛的北美、北欧，大量现代木结构建筑已悄然兴起。加拿大、美国、俄罗斯、挪威等国每年都有大量的木材出口。配以现代结构技术，如钉联结、胶联结、钢件联结的新型木结构房屋已经开始在世界市场抢得一席之地。

这些新型木结构技术比之中国古代木结构技术可以说各有千秋。中国古代木结构纯粹使用木件，使用简单精湛的榫卯联结，自然防震的完善体系等方面无疑仍然具有不可替代的先进性。古为今用，中西结合，相互取长补短将是必然的发展趋势。中式木结构可以引进现代新的木材加工技术，比如使用本身就具有防火、防腐、防虫功能，且材质更均匀，强度更高的胶和集成材作为结构构件用材，可以改善原有构件易开裂，防火、防虫等方面的不足。西式木结构则可借鉴中式的榫卯、斗栱、隔震减振技术。这将是一个可喜的结果。

中国古代木结构技术的古为今用并不紧紧局限在“木结构”这样一个狭小的范围，它的隔震、减振、结构自动复位技术显然对于已经较发达的钢筋混凝土结构、钢结构来说都有可用之处。中国古建筑木结构式的结构体系本身就是一个相当完善先进的防震体系，适宜设计的前提下，它完全可以使用其他建筑材料来建造。在中国历史上，明末清初，吴三桂就用黄铜建造了一座小型的“金殿”，至今完好保存在云南昆明。

况且，截至目前为止，尚没有一个新建筑抗震结构体系能像中国古代殿堂结构一样。已具有了上千年成功抵御大地震考验的经验。

致　谢

本课题的研究自1996年开始，在导师赵鸿铁教授指导下经过历时10年的调查考证、实地测量、文献搜集整理工作，基本完成了古建筑木结构构造理论研究。调研期间得到国家文物局古建修缮司和山西省文物局古建筑研究所的大力协助，他们对我们的现场测量、搜集资料等工作提供了便利条件。其间，西安建筑科技大学著名古建筑专家林宣教授、赵立瀛教授、王崇昌教授、太原理工大学李世温教授和国家文物局古建修缮司晋鸿逵司长、杨新工程师等都对课题研究提出了宝贵建议。1996年，80多岁的林宣教授，不顾年势已高，对我们的古建筑结构研究倾注了大量热情，把他保留的珍贵资料和已有研究成果悉心传授给我，对研究的重点目标、途径、方法，重要文献、重要文物地点都悉心指点，使调研工作在较短时期内取得了丰硕的成果。

1999年，课题得到国家自然科学基金资助，为课题的深入开展创造了良好的经济条件。在赵鸿铁教授带领下中国古建筑结构及其抗震研究进入实验研究阶段，从课题研究总体方案筹划、试验内容、试验步骤、方法、目标、结论分析，赵老师都倾注了大量心血，答疑和讨论常常持续到深夜。重点试验阶段，赵鸿铁老师坚持现场亲自指导操作，常常连日奋战，不顾辛劳。论文更是逐句逐字校对修改。恩师严谨认真，孜孜不倦的治学态度令我们每一个学生感佩至深。

试验期间，西安交通大学俞茂宏教授多次亲临实验室现场观摩指导，结合多年研究积累的宝贵经验为我们的试验提出了非常有益的建议。

西安建筑科技大学丰定国教授、姚谦峰、许淑芳、陈平教授也多次到试验现场观摩指导，提出过宝贵建议。

试验准备阶段还得到西北建筑工程学院赵均海教授的热情帮助和指导，他的研究经验对我们试验方案的确定有很大帮助。

原博士学位论文初稿中关于中国古建史部分，承蒙建筑历史学专家刘临安教授悉心审校。

在此谨向他们致以最诚挚的感谢！

同时，在此向与我共同开展研究工作的薛建阳博士后、高大峰博士及课题组成员李君华、葛鸿鹏、谢启芳、傅果等一并致以最诚挚的感谢！

西安建筑科技大学结构工程实验室配合完成了全部试验，张兴虎高工、刘旭、彭群珍、龚安礼、郭歆、赵建德、卢彦福老师付出了辛勤的劳动，西安交通大学孙清博士、赵歆冬博士在试验数据较检方面作了重要工作，对他们的支持和帮助表示衷心感谢！

本书是在我的博士学位论文的基础上经过历时三年多的反复修改、补充、校对后完稿付印。其间又经过多次实地考察，补充研读了《考工记》、《天工开物》等古籍内容，使文中立论依据更加充实确凿。

我的爱人冯海蓉在我的调研、实验、资料打印工作中都付出了很多辛勤的劳动，承担了很多其他杂务，给了我很多的支持、鼓励和建议，本书的出版对于功不可没的她来说也是一件十分快慰的事。

本书的出版前夕得到了厦门大学建筑与土木工程学院凌世德院长、张建霖教授、王绍森教授的大力支持与推荐，并得到了厦门大学中青年教师出版基金的部分资助。在此也对他们表示诚挚的感谢。

张鹏程

2007 年 11 月 11 日

参 考 文 献

半刚性钢框架的内力性态分析，郭成喜，建筑结构，2002
柴泽俊古建筑文集，文物出版社，1998
超限高层建筑结构振动台模型试验与分析，吕西林、卢文胜，现代土木工程的新发展
地震工程，姚谦峰、苏三庆，陕西科学技术出版社，2001
地震工程学，胡聿贤著，地震出版社，1988
叠层橡胶隔震支座的动态稳定性和力学特性研究，张敏政、孟庆利、裴强，地震工程与工程振动，2002
独乐寺观音阁动力特性实测分析，魏剑伟、李铁英、李世温，太原理工大学学报，2002
独乐寺勘测资料，1991
多层基础滑移隔震房屋滑动抗倾覆稳定性判定，熊仲明、王清敏、丰定国、姚谦峰，西安建筑科技大学学报，1998
傅熹年建筑史论文集，文物出版社，1998
干摩擦在调谐质量阻尼器系统中的应用，田志昌、张黎明，工程抗震，2000
工程断裂力学，陆毅中编，西安交通大学出版社，1987
工程隔震概论，〔新〕R. I. Skinner W. H. Robinson G. H. Meverry 著，地震出版社，1996
工程结构的振动〔英〕R. Wilson 周正威译，同济大学出版社，1992
工程结构减振控制，周福霖著，地震出版社，1997
工程软设计理论，王光远，科学出版社，1992
古代大木作静力初探，王天著，文物出版社，1992
古建筑与雕塑史论，陈明达，文物出版社，1998
古建筑震害特性分析，杨亚弟、杜景林、李贵荣，世界地震工程，2001
耗能减振结构的抗震分析与设计方法，欧进萍、吴斌、龙旭，振动工程学报，1999
滑移隔震结构振动分析，姚谦峰、梅占馨、吴敏哲，西安建筑科技大学学报，1999
滑移减震多层砖房的研究与试建，楼永林，第二届全国建筑振动学术会议论文集，1997
滑移摩擦隔震系统在多向地面运动作用下的试验研究，朱玉华、吕西林，地震工程与工程振动，2002
基础隔震结构的能力谱分析方法，周云、安宇、梁兴文，世界地震工程，2002
基础隔震结构简化模型的振动参数识别，杜永峰、张迪、党育、姚云龙、韩建平，世界地震工程，2001
基础滑移隔震房屋计算恢复力曲线的确定，熊仲明、王清敏、丰定国、姚谦峰，西安建筑科技大学学报，1999
基于空间状态理论的结构抗震设计方法，陈荣毅、沈祖炎、沈鹏程，现代土木工程的新发展
建筑结构构造资料集（下册），古建木结构，方复，中国建筑工业出版社，1990
建筑史论文集第六辑，清华大学建筑系编，清华大学出版社，1984
建筑物の免震防振制振，〔日〕武田寿一，中国建筑工业出版社，1997
建筑物基底滑移隔震的讨论，鲍臻，第二届全国建筑振动学术会议论文集，1997
建筑物基底滑移隔震滑移量的计算，李亮，第二届全国建筑振动学术会议论文集，1997
结构动力学，〔美〕R. W. Clough J. penzien，王光远等译，科学出版社，1981
结构抗震实验方法，丘法维、钱稼茹、陈志鹏著，科学出版社，2000
结构随机振动，欧进萍、王光远，高等教育出版社，1998
抗震结构设计，丰定国、王清敏、钱国芳编，地震出版社，1990

考工记图说，戴吾三编著，山东画报出版社，2005
梁思成文集，中国建筑工业出版社，1982
林徽因文集，建筑卷梁从诫编，百花文艺出版社，1999
刘敦桢文集，中国建筑工业出版社，1982
论中国古建筑之系统及营造工程，龙非了，华中建筑，1993
罗哲文古建筑文集，文物出版社，1998
摩擦耗能框架体系动力分析，周强、吕西林，地震工程与工程振动，2001
木结构－北美洲独特的建筑方式，刘廷杰、卞祖珉，时代建筑，1998
木结构古建筑结构特性的计算研究，方东平、俞茂宏、宫本裕、岩崎正二、彦坂熙，工程力学，2001
木结构古建筑结构特性的实验研究，方东平、俞茂宏、宫本裕、岩崎正二，工程力学，2000
木结构设计手册，中国建筑西南设计院主编，中国建筑工业出版社，1993
祁英涛古建论文集，中国文物研究所，华夏出版社，1992
清代官式建筑构造，白丽娟、王景福编著，北京工业大学出版社，2002
清式大木作操作工艺，井庆升，文物出版社，1985
清式营造则例，营造算例，梁思成，1934
试论中国古建筑抗震机理，王崇昌、樊建江、王蕾，西安冶金建筑学院学报，1993
朔州崇福寺弥陀殿修缮工程报告，文物出版社
谈中国古建筑的维修与保养，邓其生，文物古建筑保护工作研究
图解隔震结构入门，日本免震构造协会编，科学出版社，1998
图像中国古建史，梁思成，〔英文原著〕，费慰梅编，梁从诫译，百花文艺出版社，2001
外国建筑史，陈志华著，中国建筑工业出版社，1997
西安古城墙研究，建筑结构和抗震，俞茂宏、张学彬、方东平，西安交通大学出版社，1993
西安钟楼抗震能力分析，陈平、姚谦峰、赵冬，西安建筑科技大学学报，1998
刑台地震照片集，国家地震局，地球物理研究所，海洋出版社，1985
一类斗栱木结构恢复力特性的模型试验，张文芳、李世温，东南大学学报，1997
营造法式，(宋)，李诫著，(赦编)，商务印书馆
营造法式大木作研究，陈明达，文物出版社，1988
营造法原，姚承祖等编，中国建筑工业出版社，1986
中国地震考察，第二卷，国家地震局，地球物理研究所，地震出版社，1990
中国地震历史资料汇编，蔡美彪，科学出版社，1987
中国古代建筑技术史，中国科学院自然科学史研究所主编，科学出版社，1985
中国古代建筑史，刘敦桢主编，中国建筑工业出版社，1984
中国古代建筑文献注译与论述，李书钧编著，机械工业出版社，1996
中国古代木结构有限元动力分析，赵均海、俞茂宏、杨松岩、孙家驹，土木工程学报，2000
中国古建筑木结构斗栱的动力实验研究，赵均海、俞茂宏、杨松岩、孙家驹，实验力学，1999
中国古建筑木作营造技术，马炳坚，科学出版社，1997
中国建筑的力与美探析，慎铁刚，力学与实践，1995
中国建筑类型及结构，刘致平编，中国建筑工业出版社，1987
中国建筑史，〔日〕伊东忠太著，陈清泉译补，北京：商务印书馆，1998
中国特大地震研究（一)，郭增建、马宗晋主编，地震出版社，1988
中华人民共和国国家准·古建筑木结构维扩与加固技术规范，1992
自动复位基础隔震体系的试验研究，黄襄云、王清敏、丰定国、姚谦峰，工程抗震，2000
组合基础隔震房屋模型振动台试验研究，吕西林、朱玉华、施卫星、上田荣、冯德民、三山刚史，土木工

程学报，2001

Active Saturation Control of Hysteretic Structures, Asano, Koichiro ; Nakagawa, Hajime, Computer - Aided Civil and Infrastructure Engineering 13, no. 6 (1998): 425 (8 pages)

Analytical and Numerical Study of a Smart Sliding Base Isolation System for Seismic Protection of Buildings Madden, Glenn J. ; Wongprasert, Nat ; Symans, Michael D. , Computer - Aided Civil & Infrastructure Engineering 18, no. 1 (2003): 19 - 30 (12 pages)

Coupled Building Control Using Acceleration Feedback Christenson, Richard E. ; Spencer, Jr. , B. F. ; Hori, Natsuko ; Seto, Kazuto, Computer - Aided Civil & Infrastructure Engineering 18, no. 1 (2003): 4 - 18 (15 pages)

Experimental analysis of dynamic response and failure of RC columns under strong vertical ground motion Shijie Cui, Hong Hao, Hee Kiat Cheong, Structural Engineering For Young Experts, Volume 1, 2002. 8, TianJin

Experimental and theoretical study on seismic resistant behavior of laminated column Zhenyu Wang, Hui Li, Bo Wu, Structural Engineering For Young Experts, Volume 1, 2002. 8, TianJin

Experimental study on cyclic behavior of suarely confined HSC columns Tatsuo Kajihara, Yuping Sun, Kenji Sakino, Structural Engineering For Young Experts, Volume 1, 2002. 8, TianJin

Seismic Control of Civil Structures Utilizing Semi - Active MR Braces Hiemenz, Gregory J. ; Choi, Young T. ; Wereley, Norman M. , Computer - Aided Civil & Infrastructure Engineering 18, no. 1 (2003): 31 - 44 (14 pages)

Special Structures : past, present, and future Richard Bradshaw; David Campbell; Mousa Gargari; Patrick tripeny. , JOURNAL OF STRUCTURAL ENGINEERING/JUNE 2002

Study on the seismic behavior of Chinese ancient wooden buiding by shaking table test Jianyang Xue, Hongtie Zhao, Peng Cheng Zhang and Dafeng Gao, Structural Engineering For Young Experts, Volume 1, 2002. 8, TianJin

The experiment on prestressing flexible supporting system Zhe Wang, Yuanqing Wang, Zhaofan Li, Structural Engineering For Young Experts, Volume 1, 2002. 8, TianJin